房地产开发新兵入门丛书

商业地产新兵入门
（第二版）

夏联喜　主编

中国建筑工业出版社

图书在版编目（CIP）数据

商业地产新兵入门/夏联喜主编 . — 2 版 . — 北京：
中国建筑工业出版社，2014.4（2021.8重印）
（房地产开发新兵入门丛书）
ISBN 978-7-112-16526-1

Ⅰ.①商… Ⅱ.①夏… Ⅲ.①城市商业 — 房地产 —
基本知识 Ⅳ.①F293.35

中国版本图书馆CIP数据核字（2014）第042131号

　　本书详细介绍了商业地产开发经营中的相关知识，共7章。包括初识商业地产；认清
业态、业种；解析开发过程；了解市场分析与定位；浅说规划与设计；初探运营管理；
细品主流产品。文中对商业地产各种类型物业的概念、特点、规划设计、开发程序、经
营管理及与其他业态房地产开发的异同点进行了细致的分析，对包括购物中心、商业
街、专业市场、酒店写字楼、公寓等主流产品分门别类介绍，内容丰富翔实。
　　本书可作为新加入商业地产开发经营人员入门学习指导，也可供大专院校相关专业
师生学习参考。

责任编辑：封　毅　周方圆
责任校对：陈晶晶　张　颖

房地产开发新兵入门丛书
商业地产新兵入门
（第二版）

夏联喜　主编

*

中国建筑工业出版社出版、发行（北京西郊百万庄）
各地新华书店、建筑书店经销
北京京点设计公司制版
北京建筑工业印刷厂印刷

*

开本：787×1092 毫米　1/16　印张：19¼　字数：400 千字
2014 年 9 月第二版　2021 年 8 月第五次印刷
定价：**68.00**元
ISBN 978-7-112-16526-1
（25317）

本书编委会

主编

夏联喜

编委

欧阳帆	王　飞	熊明详	陈　炜	张小波	廖志宇
石瑞红	王成树	罗　锟	胡浩炬	熊思堡	金义合
夏　雨	刘　杨	刘尔娴	张燕杰	刘　睿	陈水娇
戴　强	刘　斌	张　辉	朱冠华	王国军	杨思思
吴军玲	刘友贵	袁　琳	黄　森	曹　晋	李　黎
刘方勇	朱卫丰	朱金云	刘文松	陈丹丹	刘　波

目录 ▶
CONTENTS

商业地产新兵入门

01

初识商业地产
商业地产的基本概念及分类

操作程序

一、商业地产的概念

二、商业地产与住宅地产的区别

三、商业地产的分类形式

四、商业地产基本术语

五、商业地产的发展背景、特征及现状

六、开发商入门的五大必备条件

本章使用指南

商业地产就是为商业流通领域搭建的一个实体平台。它是以经营各种不同的零售业态为主体，伴随经营各种休闲、娱乐等业态，以通过良好的运营获取持续、稳定的租金等收益为目的的长期投资物业。

商业地产作为一种商业用途的房地产，以区别于居住功能为主的住宅地产和工业生活功能为主的工业地产等概念。并在伴随中国经济发展过程中，衍生出了众多的产品形态，成为目前最受期待的房地产产品。

操 作 程 序

一、商业地产的概念

经常我们会听说，商业地产是包括购物中心、商业街、SHOPPING MALL、主题商场、专业市场、批发市场、折扣店、工厂直销店、娱乐类商业房地产、住宅和写字楼的底层商铺等。但是，这些只是列举商业地产的产品形态，但是它们有什么共生的属性呢？也就是到底什么是商业地产呢？

1. 商业地产的概念

要研究商业地产，就要弄清楚什么是商业地产，也就是商业地产的定义。目前，对于商业地产并无标准、统一的定义。商业地产的概念是中国大陆独有，港台及国外的普遍叫法是零售不动产。同时，国内还有商业房地产、商业物业等称谓。简单地说，商业地产属于不动产，它一方面是指产生交易的不动产（如社区商业、卖场、专业市场），另一方面是指用于商务活动的不动产（MALL、写字楼等）。大部分商业地产的形态都具有这种功能的重合。

2. 商业地产的广义和狭义概念

就商业地产的属性本身来讲，有广义和狭义之说。

（1）狭义商业地产

狭义商业地产就是我们平常所说的商业交易场所，范畴包括各种零售、餐饮、娱乐、休闲等生活服务类经营方式的不动产，包括商场、店铺、购物中心（MALL）、商业步行街以及社区商业等。国外用得比较多的词汇是零售地产的概念，泛指用于零售业的地产形式，是狭义的商业地产。

知识点

在国外，"商业"和"地产"是两个名词，无论从狭义还是广义角度来讲都是不动产，而商业只是在这些不动产里面产生的经营活动。

（2）广义商业地产

广义商业地产通常指用于各种零售、批发、餐饮、娱乐、健身、休闲等经营用途的房地产形式，从经营模式、功能和用途上区别于普通住宅、别墅等房地产形式。除包含了狭义商业地产的范畴，还涵盖专业市场、写字楼、酒店、酒店式公寓、连锁酒店等商务运行属性的不动产。我国普遍采用的是广义范畴，其物业类型包括：城市综合体、购物中心、商业街、社区商业、专业市场、酒店、写字楼、酒店式公寓等。

操作程序

二、商业地产与住宅地产的区别

商业地产与住宅地产都属于房地产的重要产品形态，那么它们之间有什么区别呢？商业地产与住宅地产的主要区别见表1-1。

商业地产与住宅地产的区别　　　　　　　　　　　　　　　　　　　　表1-1

比较项目	商业地产	住宅地产
最终用途	商业经营	居住
评判标准	商业利润或租金	舒适、安全、便捷、私密、经济、景观
升值条件	经营或商业环境改善	土地或居住环境改善
消耗方式	价值转移(中间商品)	终端消耗
物业类型	经营型物业	消耗型物业
物业属性	生产资料	生活资料
经营模式	只租不售或只销售部分面积，绝大多数物业为开发商长期持有	开发商多数采取销售模式，模式相对简单
物业功能	购物、休闲、娱乐、饮食等	主要功能为居住
地段要求	首选城市（未来）核心商圈、交通便利，周边消费潜力强	不一定选址闹市区或核心商圈，如大盘项目及别墅

续表

比较项目	商业地产	住宅地产
目标客户	商户经营者、终端消费者	终端消费者
资金规模	资金更密集，动则上亿元、几十亿元甚至几百亿元	整体相对商业地产要求小
资金回收	相对慢，3~5年或更长培育期，如广州天河城用了8年才收回成本	资金回收速度快
开发环节	将商铺租赁或销售只是一个新起点，后续运营管理更重要，只有让大部分合作商户能赚到钱，才能获取长期、稳定租金收益	开发商只要将房子卖出去，将物业管理做好，就基本大功告成，没有后续运营环节概念
专业程度	较高，开发商综合实力要求更强	相对商业地产要求更低
投资收益	长期收益，相对高	一次性收益，相对低
开发商角色	开发商、运营商、服务商	开发商

知识点 业界有一个比如，住宅地产开发代表小学生，写字楼、酒店开发代表中学生，而商业地产开发则代表大学生，可以想见商业地产开发更为复杂、技术难度更大、进入门槛更高。

操作程序

三、商业地产的分类形式

　　由于商业地产的定义没有统一的形式，而商业地产一直又是伴随着经济的发展而自身也在发展，其形式正在不断出现变化。所以，其分类形式也变得丰富和多样。

1. 按开发形式分类

我们知道，商业设施就是由大大小小的商铺组成的，形式多种多样，尽管都是商铺，但很显然，不同地方、不同类型的商铺，其商业环境、运营特点、投资特点都会显著不同。具体可以分为如下七种，见表1-2。

🌐 **商业地产按开发形式分类表**　　　　　　　　　　　　　　　　　　表1-2

商铺类型	特征	举例
商业街商铺	以平面形式按照街的形式布置的单层或多层商业地产形式，其沿街两侧的铺面及商业楼里面的铺位都属于商业街商铺	广州北京路步行街商铺
市场类商铺	各种用于某类或综合商品批发、零售、经营的商业楼宇中的店铺	北京海龙电子市场商铺、各地蔬菜批发市场商铺
社区商铺	位于住宅社区内的商用铺位，其经营对象主要是住宅社区的居民	广州丽江花园社区商铺
住宅底层商铺	位于住宅建筑底层（可能包括地下1、2层及地上1、2层，或其中部分楼层）的商用铺位	传统住宅底层商铺
百货商场、购物中心商铺	百货商场、各种类型购物中心里面的铺位	如内部化妆品商铺、珠宝商铺
商务楼、写字楼商铺	诸如酒店、商住公寓、俱乐部、会所、展览中心、写字楼里面用于商业用途的商业空间	北京建外SOHO商铺
交通设施商铺	诸如地铁站、火车站、飞机场等交通设施里面及周围的商铺，以及道路两侧各类中小型商铺	广州江南西地铁商铺
虚拟产权式商铺	在商铺销售市场，我们常常见到一些非常诱人的返租销售及投资回报对比广告，如"10年返租"、"投资回报率高达15％"等，这些广告在实际销售运用上，往往会收到很好的效果。这种以借助大商家承租商场、开发商长期包租的销售模式，简称为"虚拟产权式商铺"销售	
产权式商铺	产权式商铺是一种全新的投资概念，以"现金回报+独立产权+服务馈赠"的模式出现。产权式商铺的特点是产权分散，统一管理、统一招商和统一租赁，甚至还为投资置业者包租。当然，也允许投资购买商铺者自己出租，但经营项目不能与商场总体布局相差太远	

2. 按坐落位置分类

商业地产项目与商业经济紧密结合，它既存在于市中心，也存在于郊区及居住区，大体上可以分为四类，见表1-3。

⊕ **商业地产按坐落位置分类表**　　　　　　　　　　　　　表1-3

类型	举例	类型	举例
市中心区商业	北京西单、王府井购物中心	居住区附近及其他市区商业	京客隆超市
交通枢纽附近商业	广州江南西地铁商业	市郊商业	北京十里河建材市场

3. 按商业规模分类

规模大的如SHOPPING MALL项目，可以达到几十万、上百万平方米，规模小的社区底商开发可能只有几百平方米，甚至更小。一般来说，商业地产按照规模分类，可分为超大型、大型、中型、小型四个类别，见表1-4。

⊕ **商业地产按商业规模分类**　　　　　　　　　　　　　表1-4

类型	内容	举例
超大型	功能齐全，综合体形式，面积10万m²以上	广州天河城、正佳广场
大型	建筑面积过1万m²，具有区域影响力	北京新中关购物中心
中型	分布广泛大型商业区的补充	连锁酒店、地下商业街
小型	填补大中型商业区的空白，为人们生活提供方便	住宅底商

4. 按行业经营分类

商业地产的经营业态大部分是与各行业结合，如果按照成熟的行业经营类别划分，主要可以划分为如下六种，见表1-5。

⊕ **商业地产按行业经营分类表**　　　　　　　　　　　　　　　　表1-5

类型	举例
零售功能商业地产	百货商场、商业街、超市、家居建材，以及将上述多种功能于一身的大型购物中心和SHOPPING MALL等
娱乐功能商业地产	电影城、娱乐城、KTV、滑冰场、电游城等
餐饮功能商业地产	大型饭庄、快餐小吃、冷饮店等
健身服务及休闲功能商业地产	健身中心、美容院等
商品批发商业地产	各种专业市场、批发市场，如义乌小商品批发市场
居住以及办公用商业地产	写字楼、酒店式公寓、产权式酒店、老年公寓等

5. 按消费行为分类

　　按照消费者的消费行为方式，可分为零售业态商业地产、服务业态商业地产、餐饮业态商业地产、文体休闲娱乐业态商业地产四个大类，见表1-6。

⊕ **商业地产按消费行为分类表**　　　　　　　　　　　　　　　　表1-6

类型	表现
零售业态商业地产	SHOPPING MALL、购物中心、百货商场、超市、家居建材店以及各种类型产品旗舰店和专业店等
服务业态商业地产	写字楼、服务性公寓等
餐饮业态商业地产	饭店、连锁餐饮等
文体娱乐休闲业态商业地产	KTV、儿童游乐中心、旅游地产等

6. 按辐射范围分类

　　我们说的市场范围，主要还是看项目对区域的辐射范围，这与商业地产的规模、市场定位、商圈划分等有关，一般来说，主要分为五类，见表1-7。

🌐 商业地产按辐射范围分类表　　　　　　　　　　　　表1-7

类型	内容
近邻型	出租面积平均为7000m²，入驻商户10~20家，商圈内人口为5~10万人，商圈半径在10分钟车程内，主要经营日用品和一般食品，停车位约100辆
社区型	出租面积平均为1.3万m²，入驻商户20~100家，商圈半径在30分钟车程以内，主力店为大型超市或从事批发的商店，停车位约500辆
区域型	出租面积在1.5万~7万m²，入驻商户数量100家以上，主力店为大型百货公司或批发店，商圈人口在20万人以上，停车位在1000~5000辆
超区域型	出租面积在7万m²以上，入驻商户数量150~200家，主力店如大型百货公司或批发店3~5家，商圈人口在50万人以上，停车位数量在5000辆以上
超级型	出租面积在10万m²以上，入驻商户数量在250~700家，主力店如百货公司、超市、家店等3~6家，商圈人口辐射几百万人，甚至千万人不等，停车位数量在1万个左右或更多。如1992年开业的美国第一大SHOPPING MALL—Mall of America，就是超级商业地产的典范

7. 按商业区域分类

商业的高度融合和发展会形成一定规模的聚集商业区，其类型也各不相同，归纳起来，可分为八类，见表1-8。

🌐 商业地产按商业区域分类　　　　　　　　　　　　表1-8

分类	指标							
	设置地域	功能定位	服务对象	客流量（人次）	服务人口	基本商业面积	基本设置业态与业种	配套行业
市中心商业区	城市规划的中心商业区；历史形成的商业集聚地	购物、文化娱乐休闲、旅游并与金融、商务结合	国内外及本市消费者	50万		30万m²	大型百货店、专业店、专卖店，文化娱乐、餐饮	旅馆、金融服务、旅游服务、展示、图书报刊、邮电业

分类	指标							
	设置地域	功能定位	服务对象	客流量（人次）	服务人口	基本商业面积	基本设置业态与业种	配套行业
区域商业中心	居民聚居区、商务集聚地、公共交通集散地周边	购物、文化娱乐、休闲	该地区及外来消费者	25万	20万人	10万m²	购物中心、超市、百货店，文化娱乐、餐饮	旅游、金融服务、图书报刊、邮电业
居住区商业	人流集中，交通便利的地段	保障该地居民的日常生活，提供必要的服务	当地居民		5万人	2.5万m²	超市、便利店、医药店，菜市场、餐饮	生活服务、图书报刊邮电业
街坊商业	街坊主要出入口，居民主要途径地	提供日常必须商品及便利服务	当地居民		0.4万人	0.06万m²	便利店、餐饮店，生活服务业	
专业街	商业中心周边，交通便利处	提供专门商品或专业服务	购买专门商品，寻求专业服务的消费者			街长200m以上，专业店30家以上	特色专业店、专卖店	配套服务
新城商业中心	城市规划的新城中心商业区；人流集中，交通便利的地段	购物、文化娱乐、休闲、旅游并与金融结合	新城居民，商圈辐射范围及外来消费者	25万	20万人	12万m²	购物中心、百货店、超市、专业店、专卖店、餐饮、文化娱乐	旅馆、金融服务、旅游服务、图书报刊、邮电业
中心镇商业	人流集中地	购物、旅游、为农服务	本镇居民、周边村民及外来消费者		5万人	2万m²	超市、餐饮、小商品市场、农贸市场，农资供应	生活服务、图书报刊、邮电、文化娱乐业

续表

分类	指标							
	设置地域	功能定位	服务对象	客流量（人次）	服务人口	基本商业面积	基本设置业态与业种	配套行业
一般镇商业	镇街区，农贸集散地周边	提供日常生活商品与为农民服务	本镇居民，周边中心村村民		2万人	0.8万m²	超市、便利店，菜市场，餐饮，农资供应	生活服务、图书报刊邮电、文化娱乐业

8. 按后期运营特征分类

商业地产按照经营管理方式分类，主要结合经营方式、经营类别、销售方式、产权方式来划分，见表1-9。

⊕ 商业地产按后期运营特征分类表　　　　　　　　　　　　表1-9

分类方法	类型	举例
按经营方式分类	统一经营物业	以产权酒店和商务公寓采用较多或只租不售的商业物业
	分散经营物业	大部分商铺（除开发商返租外）
按经营类别分类	综合经营物业	如大型商厦、小区商铺
	单一经营物业	如专业市场、餐饮及美食广场
按销售方式分类	销售物业	有产权的商铺多以销售为主
	租售物业	广州国际玩具精品中心
	出租物业	广州天河城广场、宏城广场
按物业产权分类	产权物业	大部分的新建物业
	非产权物业	临建物业或改建商铺

9. 按项目开发复杂程度分类

商业地产开发的复杂程度相比其他房地产产品是属于最高的，但是相对来说，如果按照开发的复杂程度分类，可分为单一型、复合型、综合体型三种，见表 1-10。

知识点 实际上大家看到的商业地产类型，大多是融合了住宅地产、商业地产、工业地产、旅游地产等的复合地产。按照国内的做法，一般融合三种以上的业态，就可以称得上综合体。

🌐 **商业地产按项目开发复杂度分类表**　　　　　　　　　表1-10

类型	内容	举例
单一型	普通商业地产	超市、专业市场
复合型	商住复合、商旅复合、商办复合、工商复合	住宅带底商、商业广场带公寓或写字楼等
综合体型	商旅办组合、商住办组合、工商办住组合等	万达城市综合体

10. 按建筑体分类

我们说的商业建筑大部分属于两种类型，一种是单体建筑，就是一个独立建筑；另外一种是综合建筑，包含两个或两个以上的建筑体组合而成，功能分区更为明显，见表 1-11。

🌐 **商业地产按建筑体分类表**　　　　　　　　　　表1-11

类型	内容	特性	举例
单体建筑	独立在特定地块上建设，无其他房产存在	面临纯商业问题	万达第一代产品
综合建筑	项目规划设计阶段还面临多种房地产形式的统一规划问题，如果规划不合理，会影响整个项目的成功运营	多种房地产形式的统一规划	深圳万象城

11. 按建筑存在形式分类

商业地产按照建筑存在的形式，形成了一些通俗的说法，主要有五大类，见表 1-12。

商业地产按建筑存在形式分类表   表1-12

类型	内容	举例
大型商厦	单体或综合体建筑形式，功能多样	广州天河城广场、广百新翼
专业市场	单体或综合体建筑形式，功能单一	天河电脑城、白马服装大厦
小区商铺	社区配套商业类型，多为底商或社区商业街	深圳四季花城商业街、祈福新村商业街
商业区商铺	商业区商铺或门面房，如步行街或住宅底商等	广州上下九步行街
地下商城	如人防工程地下商城或地铁商铺等	广州江南西地下商城

12. 按建筑结构分类

我们看到的商业建筑很少从工程建筑结构划分，但是众多的商业项目其建筑结构本身确实各有不同，总的来说，可以划分为以下六个类别，见表 1-13。

商业地产按建筑结构分类表   表1-13

名称	内容
钢结构	承重的主要结构是用钢材料建造的，包括悬索结构
钢、钢筋混凝土结构	承重的主要结构是用钢、钢筋混凝土建造的。如一幢房屋一部分梁柱采用钢筋混凝土构架建造
钢筋混凝土结构	承重的主要结构是用钢筋混凝土建造的。包括薄壳结构、大模板现浇结构及使用滑模、升板等先进施工方法施工的钢筋混凝土结构的建筑物
混合结构	承重的主要结构是用钢筋混凝土和砖木建造的。如一幢房屋的梁是用钢筋混凝土制成，以砖墙为承重墙，或者梁是木材制造，柱是用钢筋混凝土建造
砖木结构	承重的主要结构是用砖、木材建造的
其他结构	凡不属于上述结构的房匮都归此类，如竹结构、砖拱结构、窑洞等

操作程序

四、商业地产基本术语

商业地产是商业和地产的复合体，商业地产的术语构成既包括地产业的术语，也包括商业术语。同时，商业地产自身发展过程中，也形成了约定俗成的术语和概念。初步了解这些术语和概念，对我们进一步认识商业地产这个行业具有重要的意义。

1. 建筑规划专用术语

建筑规划主要涉及地产专业，了解这些术语，有助于我们更好地看懂商业项目的规划图纸，为了解项目的规划设计奠定基础。

（1）城市规划术语

1）城市规划

对一定时期内城市的经济和社会发展、土地利用、空间布局以及各项建设的综合部署、具体安排和实施管理。

2）城市基础设施

城市生存和发展所必须具备的工程性基础设施和社会性基础设施的总称。

3）城市用地

按城市中土地使用的主要性质划分的居住用地、公共设施用地、工业用地、仓储用地、对外交通用地、道路广场用地、市政公用设施用地、绿地、特殊用地、水域和其他用地的统称。城市用地的内容见表 1-14。

⊕ 城市用地相关术语一览　　　　　　　　　　　　　　表1-14

城市用地术语构成	术语解析
居住用地	在城市中包括住宅及相当于居住小区及小区级以下的公共服务设施、道路和绿地等设施的建设用地
公共设施用地	城市中为社会服务的行政、经济、文化、教育、卫生、体育、科研及设计等机构或设施的建设用地
工业用地	城市中工矿企业的生产车间、库房、堆场、构筑物及其附属设施（包括其专用的铁路、码头和道路等）的建设用地
仓储用地	城市中仓储企业的库房、堆场和包装加工车间及其附属设施的建设用地
对外交通用地	城市对外联系的铁路、公路、管道运输设施、港口、机场及其附属设施的建设用地
道路广场用地	城市中道路、广场和公共停车场等设施的建设用地
市政公用设施用地	城市中为生活及生产服务的各项基础设施的建设用地，包括供应设施、交通设施、邮电设施、环境卫生设施、施工与维修设施、殡葬设施及其他市政公用设施的建设用地
绿地	城市中专门用以改善生态、保护环境、为居民提供游憩场地和美化景观的绿化用地
保留地	城市中留待未来开发建设的或禁止开发的规划控制用地
水域和其他用地	城市范围内包括耕地、园地、林地、牧草地、村镇建设用地、露天矿用地和弃置地，以及江、河、湖、海、水库、苇地、滩涂和渠道等常年有水或季节性有水的全部水域和其他用地
特殊用地	一般指军事用地、外事用地及保安用地等特殊性质的用地

（2）规划指标术语

1）占（基／用）地面积

占（基／用）地面积指城市规划行政主管部门确定的建设用地界线所围合的用地水平投影面积，不包括代征地的面积。

2）总建筑面积

总建筑面积也叫做"建筑展开面积"。建筑物各层水平投影面积的总和，包括使用面积、辅助面积和结构面积三项，见表1-15。

总建筑面积术语构成一览表

表1-15

构成	术语解析
使用面积	指建筑物各层平面中直接为生产或生活使用的净面积的总和。在居住建筑中的使用面积也称"居住面积"
辅助面积	建筑物各层平面为辅助生产或生活活动所占的净面积的总和，例如居住建筑中的楼梯、走道、厕所、厨房等。使用面积与辅助面积的总和称"有效面积"
结构面积	建筑物各层平面中的墙、柱等结构所占面积的总和

知识点

绿地应包括：公共绿地、宅旁绿地、公共服务设施所属绿地和道路绿地（即道路红线内的绿地），不包括屋顶、晒台的人工绿地。

3）容积率

一定地块内，总建筑面积与建筑用地面积的比值。

4）建筑密度

一定地块内所有建筑物的基底总面积占用地面积的比例。

5）道路红线

规划的城市道路路幅的边界线。

6）建筑红线

城市道路两侧控制沿街建筑物或构筑物（如外墙、台阶等）靠临街面的界线，又称为建筑控制线。

7）建筑间距

两栋建筑物或构筑物外墙之间的水平距离。

8）绿地率

城市一定地区内各类绿化用地总面积占该地区总面积的比例。在居住区用地范围内指各类绿地的总和占居住区用地的比率。

（3）规划衍生术语

1）城市基础设施

城市基础设施分为工程性基础设施和社会性基础设施两类（图1-1）。

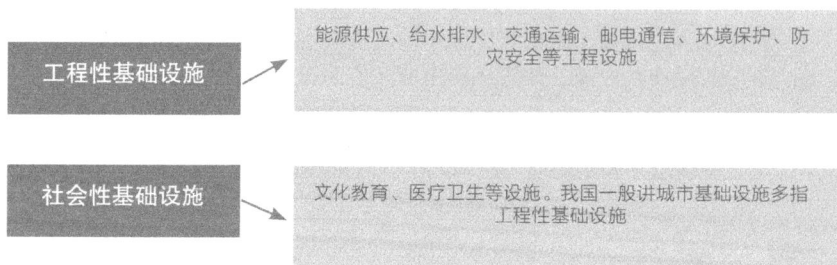

| 工程性基础设施 | 能源供应、给水排水、交通运输、邮电通信、环境保护、防灾安全等工程设施 |
| 社会性基础设施 | 文化教育、医疗卫生等设施。我国一般讲城市基础设施多指工程性基础设施 |

图1-1 城市基础设施的构成

2）节点

节点是规划学用语，指观察者步行进出、经过的集中焦点，一般是指交叉口、交通转换处、十字路口、建筑形态的变换点等，它们从某种功能或建筑特征的集聚、浓缩中获取重要性。商业地段（步行街）常以休闲广场、餐饮美食城、电影院、交通广场、著名地标式建筑作为节点。

3）地标

地标与节点构成城市空间或商业中心另一类参照点，观察者一般不能进入内部，仅具外在主观、仰视、眺望的视觉显著性，如超高层公共建筑、钟楼、塔顶、广告招牌、山顶。

4）区位

综合性的规划学用语，指为某种经济、政治、社会活动所占据的场所，在某一城市（地区）中所处的空间位置。

2. 商业地产调研术语

（1）商圈

商圈是指零售店以其所在地点为中心，沿着一定的方向和距离扩展，吸引顾客的辐射范围，简单地说，也就是来店顾客所居住的地理范围。

（2）消费市场调查研究

针对不同消费市场环境和企业市场定位，提供科学、系统的消费市场、商业竞争状况调查、统计、分析和研究，为企业的经营策略、营销策略提供依据。

（3）商业饱和理论

商业饱和理论是通过计算零售商业市场饱和系数，测定特定商圈内某类商品销售的饱和系数程度。如通过计算每一平方米营业面积的某类商品所能实现的销售额，呈现高值时，表明该市场尚未饱和，因此仍具有发展零售业的潜力；当呈现低值时，表明该市场已经饱和，新的零售开发商不宜再进入此市场发展零售业。

（4）零售力法则

零售吸引力法则又称雷利法则，是1929年由美国学者威廉·雷利提出的。

其核心观点是：具有零售中心的两个城市，从位于它们中间的城市吸引的交易量与各自城市的人口数成正比例，而与从中间城市到市场的距离的自乘结果数成反比例。

（5）聚客点

聚客点是指最主要的聚集客人的位置。在很多商业繁华的路上，虽然每天都人来人往，客流量非常大，但聚客点往往只有那么几个点，大多数的路段上的客流，也许只是匆匆而过的过客，并不会停留下来，如果项目所选的地点不在聚客点上，客流量虽大，但停下来，并入场消费的客流却不会很多，显然有效客流相对整体的客流量就大打折扣。

（6）CBD

CBD的全称是Central Business District，我国现有三种译法：中央商务区、商务中心区或中央商业区。其概念最早产生于1923年的美国，一般而言，CBD应该具备以下要素特征（图1-2）。

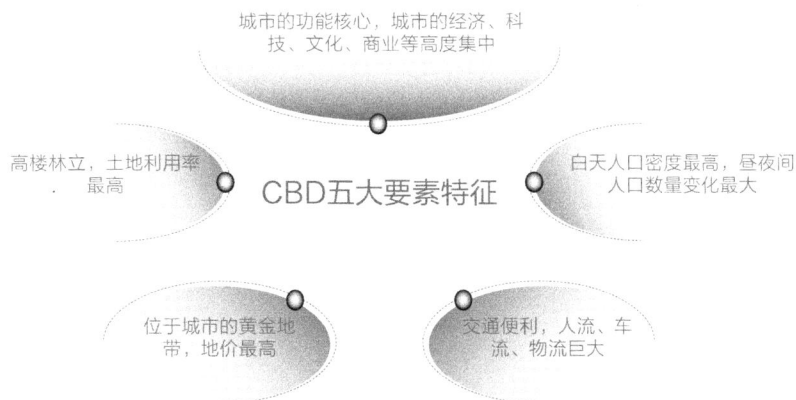

城市的功能核心，城市的经济、科技、文化、商业等高度集中

高楼林立，土地利用率最高

CBD五大要素特征

白天人口密度最高，昼夜间人口数量变化最大

位于城市的黄金地带，地价最高

交通便利，人流、车流、物流巨大

图1-2 CBD要素特征

（7）板块

板块是住宅商业地产开发、营销调研常用的词语，一般指住宅小区相对集中开发的城市区域，沿交通干线居多，如广州可分为华南板块、洛溪板块、广园东板块、工业大道板块等。

（8）人流量

人流量是在计划开店的地点掐表记录经过的人流，测算单位时间内多少人经过该位置。除了该位置所在人行道上的人流外，还要测算马路中间和马路对面的人流量。马路中间的只算骑自行车的，开车的不算。是否算马路对面的人流量要看马路宽度，路较窄就算，路宽超过一定标准，一般就是隔离带，顾客就不可能再过来消费，就不算对面的人流量。

3. 商业地产规划设计专业术语

（1）内部空间术语

1）商业空间规划设计

商业空间规划设计提供商业物业规划，业态定位规划，垂直功能布局规划，平面功能布局规划，人流、车流、货流动线规划，商业配套设施规划，商业店铺切割、商业物业的水、暖、电气、消防及设备的规划建议、一次装修规划建议、二次装修设计等规划服务。

2）购物空间

购物空间是在整个空间中，由货柜和货架作为空间限定的元素划分出的直接进行销售活动的现场。

3）交通空间

交通空间包括商场内的通道、楼梯、自动扶梯及电梯，其位置、数量、布置及宽度等既能使急需型购物者迅速到达购物场所，又能使顾客轻松完成浏览观赏的行为。

4）商品展示空间

展示空间从常规的柜架到地台、墙面及空中挂件，展示的商品从只能观赏到可触摸、可试听、可试用，创造出视觉焦点。

5）服务空间

服务空间是商品销售的辅助空间，如：试衣间、听音室、问讯处、寄存处等。

6）休闲空间

休闲空间是为顾客提供餐饮、休息、娱乐、文化等场所地点，点缀以绿化小品，既满足了顾客的需求，也促进了消费。

7）防火区

防火区是在建筑中采有耐火性能较好的分隔物将建筑物空间分隔成若干区域的防火技术措施。

8）防烟区

防烟区是通过设置挡烟设施将烟气控制在一定范围内，以便用排烟设施将其排出，保证人员安全疏散及消防扑救工作顺利进行。

（2）空间设计主体术语

1）水平交通

水平交通是指同一水平面或楼层内的通道。

2）垂直交通

垂直交通是指不同标高空间或楼层的垂直联系，如楼梯、电梯和自动扶梯。

知识点
一般一层营业厅的楼层高度介于4.5～6m之间，而其他楼层的高度介于3.6～4m之间。过高的楼层高度易造成建筑物的空间浪费，而高度过低则会给消费者造成压抑感。

3）柜台

柜台是供营业员展示、计量、包装出售商品及顾客参观挑选商品所用的设备，柜台或全部用于展示商品，或上部展示商品，下部用于贮藏。

4）货架

货架是营业员工作现场中分类分区地陈列商品并少量储存商品的设施。

5）店面

店面是商店建筑物本身的整体物质面貌，包括商店招牌，入口处、橱窗、商店规模及高度、建筑材料等内容。店面是商家通过门面向消费者呈现最基本的形象。

6）层高

层高是指房产高度以层为单位计量，每一层的高度国家在设计上有要求，这个高度就叫做层高。它通常包括下层地板面或楼板面到上层楼板面之间的距离。

7）净高

净高是指层高减去楼板厚度的净剩值。

8）进深

在建筑学上，进深是指一间独立的房屋或一幢居住建筑从前墙皮到后墙壁之间的实际长度。常识上说，商铺的门面越宽越好，但是，并不能因此而疏忽了商铺进深的重要性，进深是指与商铺门面垂直的商铺营业深度。

知识点

一般说来，同样进深的店铺，门面宽度越宽，商业价值越高，可是，若进深未达到商铺经营所需要的起码要求，门面再宽，也无法发挥店铺的经济效用。通常情况下，店铺的进深不得少于4m，也不得深于20m，否则，均会使得店铺的经营受影响。根据经验，商铺的进深与门面的最佳比例为2：1，高3：1。

9）中庭

中庭通常是指建筑内部的庭院空间，其最大的特点是形成具有位于建筑内部的"室外空间"，是建筑设计中营造一种与外部空间既隔离又融合的特有形式，或者说是建筑内部环境分享外部自然环境的一种方式。王府井的新东安、东方新天地以及新世界商城等大型购物场所都设立了中庭。

10）主力店

主力店通常是一个大型的、有一定品牌知名度、能为商场带来人潮流量的商家。在国际上被称为"锚店"或者核心租户。因为它对购物中心的整个客流和品牌引领具有相当大的作用，目前大都以主力店来称呼。

11）通道

通道有如血液贯穿于购物中心或商场的平面全部，它又分为主通道和次通道（图1-3）。

主通道	次通道
一进入商场或购物中心映入眼帘的主要通道,我们就称为主通道。它的作用在于保证购物人群能够拥有舒适的步行空间,使顾客在穿行主通道时,能清楚地看到商场平层的业态划分	除主通道之外,还应该有与之相连的次干道,使人流有效分流到各个业态分区。根据不同的商业种类,次干道的宽度各不相同。大型MALL的副通道宽度多为3~4m,次副通道的宽度在2~2.4m

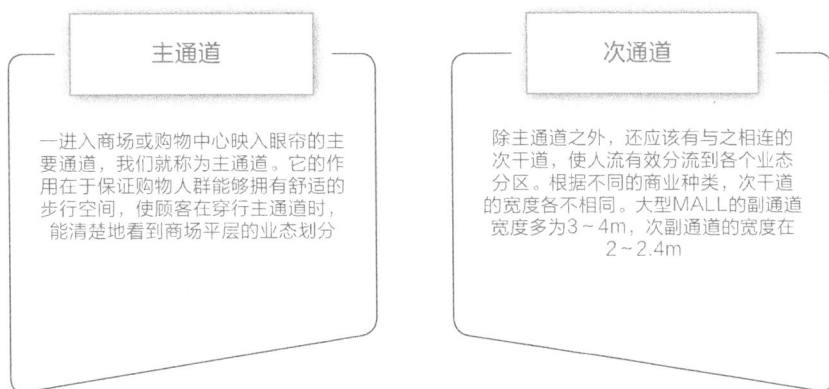

图1-3 主次通道

(3)面积术语

1)建筑面积

建筑面积是指建筑物外墙外围所围成空间的水平面积,如果计算多个房产的建筑面积,则是各房产建筑面积之和。建筑面积包含了房产的可用面积、墙体柱体占地面积、楼梯走道面积、其他公摊面积等。

2)使用面积

使用面积,指房产各层平面中直接供使用者使用的净面积之和。计算使用面积时有一些特殊规定:内墙面装修厚度计入使用面积。

3)公用面积

公用面积,是指房产内为客户出入方便、正常消费或生活所设置的公共走廊、楼梯、电梯间、水箱间等所占面积的总和。开发商在出售商品房时计算的建筑面积存在公共面积的分摊问题。

4)实用面积

实用面积,是建筑面积扣除公共分摊面积后的余额。

5)计租面积

计租面积,是作为计算房租的面积。非住宅用房按建筑面积计算。

6)套内面积

套内面积俗称地砖面积。它是在实用面积的基础上扣除了柱体、墙体等占用空间的建筑物后的一个内容空间的概念。

7）竣工面积

竣工面积是指竣工的各幢房屋建筑面积之和。房屋建筑的竣工应是按照设计要求全部完工，经验收合格的建筑。

8）共有建筑面积

共有建筑面积系指各产权主共同占有或共同使用的建筑面积。

9）共有建筑面积分摊系数

整幢建筑物的共有建筑面积与整幢建筑物的各套套内建筑面积之和的比值，即为共有建筑面积分摊系数。即公用建筑面积分摊系数＝公用建筑面积／套内建筑面积之和。

10）实用率

实用率是套内建筑面积和房产面积之比，大于使用率。即实用率＝套内建筑面积／套内建筑面积＋分摊的共有共用建筑面积。

11）使用率

使用率不能太低也不能太高，经过科学论证和西方国家长期的实践证明，除去消防、消费者活动空间等外，使用率在 50% 左右，为商铺最佳状态。

（4）其他术语

1）设计先于开发

开发商业地产要先确定经营模式、服务对象和商品定位，再按经营业态的需求进行建筑规划设计。如果沿用住宅开发的思路和模式，商业地产很难成功。

2）品类布局

平面布局中，首先要做的是根据总体面积及项目实际情况划定各商场面积及各品类在商场中所占据的比例。进行品类布局时，要充分考虑各品类间的连带性、共生性。

3）框剪结构

框架——剪力墙结构，简称为框剪结构，它是框架结构和剪力墙结构两种体系的结合，吸取了各自的长处，既能为建筑平面布置提供较大的使用空间，又具有良好的抗侧力性能。框剪结构中的剪力墙可以单独设置，也可以利用电梯井、楼梯间、管道井等墙体。因此，这种结构已被广泛地应用于各类建筑。

4）剪力墙结构

剪力墙结构是用钢筋混凝土墙板来代替框架结构中的梁柱，能承担各类荷载引起的内力，并能有效控制结构的水平力，这种用钢筋混凝土墙板来承受竖向和水平力的结构称为剪力墙结构。这种结构在高层房屋中被大量运用。

5）柱网

承重结构柱子在平面排列时形成的网格就是柱网。柱网的尺寸由柱距和跨度确定。柱网的确定就是确定跨度（纵向间距）和柱距（横向间距）。柱网布置时，既要满足建筑使用要求，同时要考虑结构的合理性与施工的可行性。

6）动线

动线是建筑与室内设计的用语之一，意指人、车在室内、室外移动的点，连接起来就成为动线。动线也是商业发挥价值的核心，同时也是商业地产规划设计的重要组成部分。

7）商业空间装饰设计

商业空间装饰设计主要是根据项目定位、功能、建筑空间限定的要求，结合物业的建筑艺术，对物业空间环境进行艺术处理，营造舒适的购物、休闲、娱乐的空间环境（图1-4）。

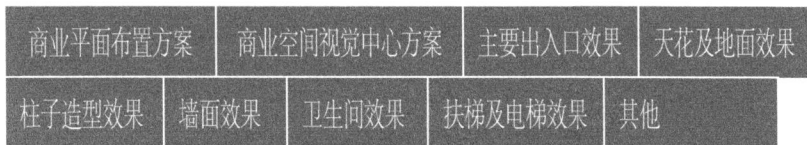

商业平面布置方案	商业空间视觉中心方案	主要出入口效果	天花及地面效果
柱子造型效果	墙面效果	卫生间效果	扶梯及电梯效果	其他

图1-4 商业空间装饰设计的构成

8）一次商装

一次商装指商场为其所经营的各种业态提供基础的物业基础、条件及硬件环境，主要涉及天、地、柱、墙、水、电气、空调、消防、安防、广播设备、通道、照明、美陈、促销设施等方面。

9）二次商装

二次商装指以一次商装为基础，为展示品牌和商品形象，按照商场要求的标准，进行的二次装饰装修，主要涉及壁柜、柜台、货架、陈列、形象、灯光、色彩等方面。

10）商业形象概念设计

商业形象概念设计是基于商场的市场定位，进行总体的商业主题概念方案设计，从色彩、线条、形态等全方位对立面、室内、标识、环境统一考虑，使商场从整体到局部，处处都能体现商场的主旨。

11）店铺及专柜/专卖店形象设计

店铺、专柜、专卖店是商场或购物中心的基本单元，店面形象设计既关注着对整体顾客的吸引力，也关注着局部店铺、专柜、专卖店经营情况。所以，开发商往往注重的是整体形象的把握，而经营业主根据自己经营情况负责自身店面形象设计（图1-5）。

| 专卖店形象 | 专卖店室内展示设计 | 专柜形象设计 | 专柜灯光设计 | 陈列道具设计 |

图1-5 店铺及专柜/专卖店形象设计的构成

12）导购系统设计

导购系统对商场经营内容具有高度概括力和在艺术上具有强烈吸引力，对消费者的视觉刺激和心理影响是很重要的。导购系统是消费者识别商品、商场用来招揽生意的牌号或标记（图1-6）。各商场既要充分利用现有的招牌，又要赋予招牌更为丰富的内涵。

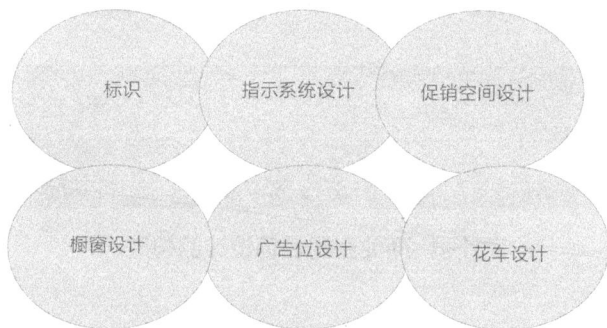

| 标识 | 指示系统设计 | 促销空间设计 |
| 橱窗设计 | 广告位设计 | 花车设计 |

图1-6 导购系统设计的构成

13）核心筒

核心筒就是在建筑的中央部分，由电梯井道、楼梯、通风井、电缆井、公共卫生间、部分设备间围护形成中央核心筒，与外围框架形成一个外框内筒结构，以钢筋混凝土浇筑。此种结构十分有利于结构受力，并具有极优的抗震性。同时，这种结构的优越性还在于可争取尽量宽敞的使用空间，使各种辅助服务性空间向平面的中央集中，使主功能空间占据最佳的采光位置，并达到视线良好、内部交通便捷的效果。

4. 商业地产营销术语

（1）实用营销技巧术语

1）营销组合

营销组合是指企业为了在目标市场制造它想要的反应而混合采用的一组可控制的战术营销手段。

2）差异化营销

差异化营销是指企业根据市场细分原则，通过差异分析方法对总体市场环境和个体市场环境的分析和比较，找出对自己企业最有利的差别利益。

3）市场细分

市场细分是根据消费者对产品不同的欲望与需求，不同的购买行为与购买习惯，把整体市场分割成不同的或相同的小市场群，分为"异质市场"和"同质市场"。

4）同质市场

同质市场是指消费者对产品的需示大致相同，如消费者对大米、食盐等的需求差异极小。

5）异质市场

异质市场指消费者对产品的需求差异很大，如不同的消费者对服装的质量、款式、花色品种、价格等需求差异性很大。

6）集客

集客指为商业经营的目的而针对消费者生活需求，充分利用商业设施，最大限度地吸引消费者，使他们有计划地在此消费金钱及时间。

7）牺牲商法

牺牲商法指通过部分商品的低价赔本销售来扩大企业的知名度，留给消费者深刻的企业形象和商业信誉，从而达到招徕顾客、留住回头客，实现整体经营利润最大化的营销手法。

8）销控

销控，即开发商保留商铺，一般项目多少都会有一定比例，留至项目结束再卖。销控通行的情况是优先出售户型或者位置等条件不是很好的商铺，而把好位置、好户型的商铺留到价格可能达到更高水平的时候进行销售。从而规避了这些户型无法销售的风险，也有利于好的产品在后期卖出更高的价钱。

9）返租

返租是指投资者在与开发商签订了商铺销售合同后（主要针对现铺）开发商许诺在未来的三到五年内每年给予投资者一定的租金回报（约为8%～12%），而在这期间商铺的经营、管理和使用权都归开发商所有，这种形式的实质是开发商用一定的租金回报买断未来几年的经营权，然后统一招商和经营管理，以承担未来经营管理等不可预知风险的代价来做旺整个商场，给予投资者和承租户以足够的信心。

10）市场营销实施

市场营销实施是指为实现战略营销目标而把营销计划转变为营销行动的过程。

11）市场营销控制

市场营销控制包括估计市场营销战略和计划的成果，并采取正确的行动以保证实现目标。

（2）营销策略术语

1）撇脂定价策略

撇脂定价法则是将新产品价格定得较高，尽可能在产品寿命周期之初赚回最大利润。

2）形象差异化策略

即企业实施通常所说的品牌战略和形象战略而产生的差异。

3）市场差异化策略

市场差异化策略指由产品的销售条件、销售环境等具体的市场操作因素而生成的差异。大体包括销售价格差异、分销差异、售后服务差异。

4）系列广告策略

就是预定的时间里连续发布由统一设计形式或内容的系列广告，以加深广告印象增强广告效果。

5）SP策略

SP，英文为Sales Promotion，中文翻译即销售促进或营业推广、销售推广。指在给定的时间和预算内，在某一目标市场中所采用的能够迅速产生激励作用，刺激需求，达成交易目的促销手段和措施。

6）价格折扣策略

挑战者的一个主要进攻策略是以较低的价格向顾客提供与市场领导者相类似的产品。

7）廉价产品策略

用很低的价格向顾客提供质量普通或质量不高的产品和服务。

8）声望策略

市场挑战者可以开发出比市场领导者品质更优的产品，并且标定更高的价格。

9）产品繁衍策略

挑战者可以通过推出大量不同式样的产品，向顾客提供更多的选择来追逐领导者。

（3）创新营销理论术语

1）渗透营销

渗透营销是一种与顾客之间的沟通，这种沟通就是走进顾客的世界，从他们的角度出发的一种互动的交流，使自己和顾客的目标逐渐一致，达到统一。

2）关系营销

关系营销是指企业与消费者、分销商、零售商和供应商建立一种长期、信任、互惠的关系，而为了要做到这一点，企业必须向这些个人和组织承诺和提供优质的产品、良好的服务以及适当的价格，从而与这些个人和组织建立和保持一种长期的经济、技术和社会的关系纽带。

3）区别营销

区别营销是指公司根据不同顾客、品牌特点，利用差异化策略，抓住一部分高利润消费者，与他们建立更多的信赖和忠诚，销售一小部分高利润消费者的产品。

4）定制营销

定制营销是指根据顾客的个性特点和差别化需求，为顾客量体裁衣，提供差别化需求商品和服务需求。

5）一对一营销

一对一营销是针对不同顾客的性质及购买经验，一对一地提供个人化商品和服务。

6）诚信营销

诚信营销是在市场营销活动中，企业和消费者始终坚持信息对称原则，企业诚实经营，保证营销活动的公开、公平与公正，以维护和增进全社会及人民的长远利益，求得企业的长期发展。

7）无缝营销

为了提高整条营销渠道的服务质量，从而为消费者创造更有价值的服务，营销渠道中的各成员组织打破原有的组织边界，在多层面的基础上相互协作，就如同在一个企业的团队中一样工作的营销方法。

8）越轨营销

越轨营销是在不违规的情况下通过假装无知、制造危机、无事生非、小题大做、故弄玄虚、异想天开等行为，制造轰动性社会效应，用最小的投入，为企业和产品赢得扬名的机会。

9）直效营销

直效营销是营销者不受传统营销通路的限制，通过媒体直接与顾客沟通，进而产生互动式的反应或交易。

10）实时营销

实时营销是指企业在经营过程中，把消费者当作伙伴，利用现代发达的信息技术，经常性地与消费者进行对话，直接了解消费者的需求意图，让消费者积极参与到商业企业经营、管理、服务等活动中来，从而缩短消费者与商业企业间的距离，取得营销的成功。

（4）营销定位术语

1）市场定位

市场定位是指为使产品在消费者心目中相对于竞争产品而言占据清晰、特别和理想的位置而进行的安排。

2）产品定位

这种定位是针对产品属性而言，是营销者在目标市场上为本企业产品确定一个恰当的位置，用以标识自己的产品，以示区别于竞争者的产品。

3）价格定位

价格定位指营销者把产品、服务的价格定在一个什么样的水平上，这个水平是与竞争者相比较而言的。

4）品牌定位

品牌定位是以产品定位为基础的品牌诉求方式。

5）促销定位

促销定位有两层含义：

一层是促销方式的选择定位，即人员推销、营业推广、广告、公共关系等方式的选择及其组合；

另一层含义是在选择了特定的促销方式后，怎样确定实现这个方式的具体手段或媒体。

6）营销战略定位

营销战略定位就是通过规划，制定企业发展的宗旨、目标，使企业的资源和能力与不断变化着的营销环境相适应的过程，这种定位表现为制定一个企业营销的长期性、全局性、方向性的动态发展规划。

5. 商业地产经营管理术语

（1）经营术语

1）商铺

商铺是经营者为顾客提供商品交易、服务或感受体验的场所。

2）零售

零售是一种交易形式，可定义为将商品或劳务直接出售给最终消费者的销售活动，也是向消费者提供销售商品的一种商业活动环境，使消费者从零售商店里获得消费品及其与消费品有关的无形服务的满足，它直接关系到居民的生活质量和生活方式，是社会资源分配的一个重要阶段，也是最后阶段。

3）零售战略

零售战略是零售商打算如何集中其资源来达成其目标，确定其主要服务于哪些顾客和将提供什么样的商品和服务，并建立和保持竞争优势的系统性谋划。具体上，它包括企业使命目标，竞争对手分析，顾客的细分、定位，商店的选址，服务策略，与供货商的关系，信息管理和分销系统，低成本经营，以及零售活动组合等。

4）租赁商铺

产权人将一定时间内的商铺使用权与承租人交易，取得或分时段取得现金收益；对承租人而言，承租人用现金或分时段的租金付出取得一定时间内的商铺使用权利。

5）转租商铺

商铺最终使用人并非与商铺权利人直接建立租赁关系，而是通过转租人取得使用商铺的权利，商铺最终使用人与转租人发生权利、义务关系。

6）商铺投资

进行商铺购买、租赁的行为。

7）商铺投资回收周期

商铺投资者以一次资本投入，然后在长期租赁经营中回收投资的时间跨度。

8）项目运营组

指根据项目运作需要，合理配备经营、管理、营销、物业等各方面专家人员组成专门负责项目，进驻项目现场，负责项目各周期的具体工作的运营团队。

9）专家顾问团

指根据项目运作需要，组成经营、管理、营销、物业等各方面的顾问专家团队，从外围对项目组进行指导、监督，以保证项目正常、顺利、良好的运营。

10）商业地产销售代理

代理各种大中型商铺式商业地产的销售，运用专业化商业地产营销手段结合当地市场环境及商铺物业情况进行分阶段、系列化楼盘销售、策划和推广。并可提供商业空间设计、商铺切割、动线规划、平面布局、品牌招商、业户招租、卖场管理等全方位服务。

11）品牌管理及品牌代理

专业提供品牌推广计划，提供品牌形象设计、提升品牌形象，国内、外知名品牌的销售管理或代理。

12）商业企业培训服务

专业提供商业人才培训，建立特色培训体系、考核体系，提供商业专题培训、商业服务培训等。

13）商业信息技术开发

包括提供购物中心、大卖场、百货店、连锁店等各业态的 MIS-ERP 信息体系的实施、培训和维护；进行品牌管理系统、CRM 管理系统、供应商查询系统等商业信息软件的开发和应用；MIS-ERP 软件代理。

14）商业企业营销策划

为商业企业的不同经营期提供营销策划，包括营销战略设计、促销策略、价格策略、文化营销、服务营销、客户关系管理、CS 营销、广告策略等系统的策划和顾问。

15）科学理性经营

收益性物业重在后续的经营。开发商要强化经营意识，和商家之间做到配合共赢。商业的经营有其自身的规律，必须按规律进行专业化操作。如果商业地产开发商将商业地产当成房产来租售，贪图短期利益，就违反了商业地产开发的规律，也不能保证项目长期运作和可持续经营。在这方面，开发商树立科学的商业经营观念和学会尊重商业经营的规律是非常重要的。

16）空置率

国际上的空置率是指市场上现有卖不出去的房子（包括开发公司和业主卖不出去两部分）数量，与全社会所有存量房的数量之比。我们现用的空置率计算方法是：开发商没有卖出去的商品房数量，与前三年商品房竣工数量之比。空置率包括显性空置率和隐性空置率，如图 1-7 所示。

显性空置率	隐性空置率
商铺从开发商这一步开始，就没有租售出去	从开发商手里已经租售出去，但后面没有实现商业地产的商业经营价值，包括不得已转作住宅或商务办公用途的情况

图1-7 商业地产空置率的两种计算方式

17）招商

招商其实就是招商引资。招商是当今经济一体化趋势日益加强的形势下广泛运用的一种经济交往方式，需要跨学科、跨专业的专业知识。招商策划是运用招商人员的知识和智慧，筹划一系列活动去吸引外来资金、项目落户的活动。

18）售后包租

售后包租，是指开发商出售时与买受人约定，出售后的一定年限内，由出售人以代理出租的方式进行包租，以包租期间的部分租金预先冲抵部分售房价款，或每年支付一定比率回报。售后包租的特征见表 1-16。

⊕ **售后包租的特征** 表1-16

要素	内容
应用	一般出现在商铺、写字楼、商用住宅(如酒店式公寓、商住楼)等的销售过程中
形式	包括返租回报、带租约销售、利润共享、保底分红等
特征	都以承诺一定比例的租金回报的方式吸引买家入场，其各种具体形式都必然包括房屋买卖及租赁两个环节，只是在投资者收益方式等细节安排上有所不同

19）提袋率

提袋率，即单位顾客中购物的比例。

20）平销

平销，是指单位面积平均销售额。

21）委托代理租赁

委托中介（顾问）公司代理租赁业务叫做委托代理租赁。

22）出租率

出租率就是已出租的面积除以总的出租面积的百分比。计算方法：

已出租的面积 / 总的出租面积 = 出租率

已出租数量 / 总的出租数量 = 出租率

23）投资回报率

投资回报率指消费者在投资某物业后每年能从该物业获得的利益与该物业出售价格的比值。计算投资回报率的计算公式：

计算购入再出租的投资回报率 = 月租金 × 12 个月 − 首付款 × 银行存款利率 − 贷款 × 银行贷款利率 / 售价；

计算购入再售出的投资回报率 =（售出价 − 购入价）/ 购入价〈备注：无贷款情况〉。

（2）管理术语

1）全过程商品管理

全过程商品管理是指一个零售商从分析顾客的需求入手，对商品组合、定价方法、促销活动，以及资金使用、库存商品和其他经营性指标作出全面的分析和计划，通过高效的运营系统，保证在最佳的时间、将最合适的数量、按正确的价格向顾客提供商品，同时达到既定的经济效益指标。

2）市场化经营、商场化管理

指采取"整体规划、招租经营、统一管理、自收自付"，各柜相对自主经营，并以规范化的商场管理形成专业特色的经营管理模式。

3）精细化管理

精细化管理是以"精确、细致、深入、规范"为特点的全面化的管理模式。全面化是指精细化管理的思想和作风贯彻到整个企业的所有管理活动中。精细化管理包括：精细化的操作、精细化的控制、精细化的核算、精细化的分析、精细化的规划。

4）商业企业经营管理

提供购物中心模式、百货模式、连锁模式、商业地产、商铺联合体、家居建材商场等商业项目全程管理或顾问服务。

5）商业终端客户关系管理

提供业务流程、管理规范、服务内容及形式、人员培训、应对策略、信息系统、技术支持等体系化整体运作。

6）商业企业管理诊断咨询

是针对不同商业企业在不同管理阶段存在的问题进行调查分析、诊断研究并提供解决方案、管理模式设计、管理升级。

7）绩效管理体系建立、培训、导入

为不同业态的商业企业建立系统的分部门、分岗位的绩效考核体系，提高企业的绩效管理，为企业进行全员培训，并协助企业导入绩效考核体系。

8）商业企业信息化体系建设

是为商业企业解决和提供全面、系统的信息化体系建设方案并提供相应的信息系统和系统培训，其构成如图1-8所示。

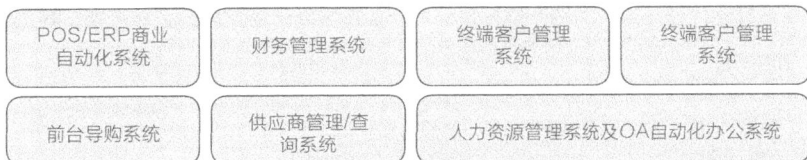

POS/ERP商业自动化系统	财务管理系统	终端客户管理系统	终端客户管理系统
前台导购系统	供应商管理/查询系统	人力资源管理系统及OA自动化办公系统	

图1-8 商业企业信息化体系的构成

9）商业连锁规划设计

研究各类业态商业连锁发展趋势，结合国内实际情况，建立各类连锁标准化设计和规范运作体系。

10）物业管理

物业管理是指由专业化的企业组织，运用现代管理手段和先进的维修养护技术，为物业售后的整个使用过程提供对房屋及其设备、基础设施与周围环境的专业化管理。它是以经济方法为房屋、居住环境、物业维修等方面提供高效优质、经济的服务，包括两个方面：

广义	泛指一切有关房地产发展、租赁、销售及售租后的服务。

狭义	指楼宇的维修及相关机电设备和公共设施的管护，治安保卫、清洁卫生、绿化等内容。

（3）资本运营术语

1）REITs

REITs 就是一个把众多投资者的资金集合在一起，由专门管理机构操作，独立的机构监管，专事商业房地产投资，并将所得收益由出资者按投资比例进行分配的基金。

2）融资租赁

融资租赁其实和分期付款没有什么太大区别，只不过在租期结束时，租赁物件的产权转移给施工单位。现在已经出现的"分期付款，约定产权转移"和"以租代售"就是这个基本模式。它是通过所有权和使用权分离的特征，解决施工企业信用度不高的问题，在国外已经成为第二大融资渠道，大部分中小企业都是通过融资租赁解决。因此，融资租赁和传统租赁不同的是：它可以通过租赁销售，也可以通过租赁融资。这是我们传统租赁所不能解决的。

3）房地产信托

房地产信托是指信托机构代办房地产的买卖、租赁、收租、保险等代管代营业务以及房地产的登记、过户、纳税等事项，有些还以投资者身份参与对房地产开发经营的投资，也有的还受理其他代理业务。房地产信托是房地产业发展到一定阶段的必然产物，其三种形式如图 1-9 所示。

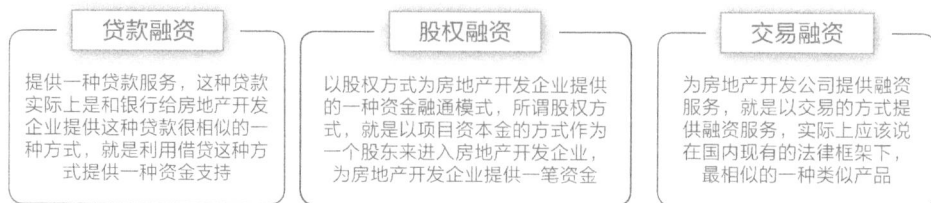

贷款融资	股权融资	交易融资
提供一种贷款服务，这种贷款实际上是和银行给房地产开发企业提供这种贷款很相似的一种方式，就是利用借贷这种方式提供一种资金支持	以股权方式为房地产开发企业提供的一种资金融通模式，所谓股权方式，就是以项目资本金的方式作为一个股东来进入房地产开发企业，为房地产开发企业提供一笔资金	为房地产开发公司提供融资服务，就是以交易的方式提供融资服务，实际上应该说在国内现有的法律框架下，最相似的一种类似产品

图1-9 房地产信托融资的三种方式

操作程序

五、商业地产的发展背景、特征及现状

楼市的一系列高压政策导致众多住宅开发商涌入商业地产开发领域，同时，大笔的外国资金、境外开发商也纷纷通过各种渠道进入到中国的商业地产市场。保守估计，2010 年有大约 7000 亿元的资金进入。

1. 商业地产高速发展的背景

从商业地产的自身发展来看，中国的城市化进程、商业网点的铺建速度远远跟不上市场的需求。同时，人民收入的增加，对商业消费的需求量、质要求提升，这些都成为商业地产快速发展的内在动力。

从外在环境来说，商业地产在金融危机时跌入低谷，如今，租金出现恢复性上涨，迎来一个绝佳的投资机会。同时，为解决住房需求，多年以来，住宅优先发展导致了商业地产发展滞后，恰恰是住宅市场的超前发展逼迫着商业地产的加速前进。还有，商业地产不受楼市宏观调控政策影响。商业地产既不受限购令影响，也没有限贷令的红线，势必成为投资者眼中的"香饽饽"。

（1）传统住宅开发商涌入

与此同时，众多开发商纷纷发力商业地产。万科公司已经声明放弃单一住宅的开发思路，以住宅底商和社区商业作为其切入商业地产的基点。龙湖也在山东买地，同时，对于自身未销售的商业物业，不再仅仅销售，而是成立专业公司打包统一运作。与此同时，招商地产、中信地产、远洋地产、方兴地产等以前专注于住宅产品的老牌开发商纷纷调转船头，想趁机分一杯羹。

（2）传统商业地产开发商发力

而传统的商业地产开发商，正马不停蹄，跑马圈地。万达商业地产预计 2012 年要开 80 家左右的万达广场，2011 年要开 17 家。中粮的大悦城已经在北京的西单、朝阳开了两家，在天津开了一家，并希望每年开 5 ~ 6 家。华润地产已经在深圳、杭州、沈阳等地开了 6 家万象城，预计 5 年内要开 20 家万象城。同时，宝龙的城市广场战略早已伸向了二、三线城市，与万达进行"农村包围城市"的战斗。

（3）外资的渗透与不断染指

新加坡凯德置地已经将来福士广场作为进一步深入开发中国商业地产市场的重要平台。目前已经开了6家，对中国的本土开发商形成了一定的压力。而美国的黑石基金、老虎基金各大投行纷纷大手笔的接手商业物业，在上海、北京、广州等一线城市扫货，并不断放出风声，看好中国的商业地产发展。

（4）买家和投资者的追捧

内资纷纷转型希望挖掘商业地产这个一直被忽略的市场，外资加紧布局，同样希望多分一块蛋糕。商业地产从2010年开始，被整个房地产关注。同时，大量的买家和投资者也从住宅转向商业地产，让商业地产的租金或铺位销售水涨船高。商业地产就这样"被"重视，"被"推上了市场的风口浪尖。

知识点

商业房地产的三重利诱惑

一重利，商业赢利和物业升值；
二重利，提升开发企业知名度，增加股票在资本市场上的吸引力；
三重利，以物业增值和现金流吸引银行，增加授信额度。

2. 商业地产的四个发展阶段

商业地产的发展大致经历了四个阶段，从原属的自发商业形态，到传统商业店铺，到现代商业，再到广义商业，商业地产的发展与人均GDP的发展有着紧密的关联。其每个阶段的特征和表现业态也不一样，见表1-17及图1-10。

🌐 **商业地产四个发展阶段特征表** 表1-17

发展阶段	阶段一 原始形态	阶段二 传统商业	阶段三 现代商业	阶段四 广义商业
特点	消费者对价格敏感	满足单一购物需求	综合商业形态满足多种需求	转型商业形式，个性消费
表现形态	马路市场、地摊、集贸市场	百货商场、商业街、批发市场、超市、街铺零售店	SHOPPING MALL、大型购物中心、专卖店、精品店	旅游地产、商务地产、物流
人均GDP（美元）	低于1100	1100~2000	2000~4400	4400以上

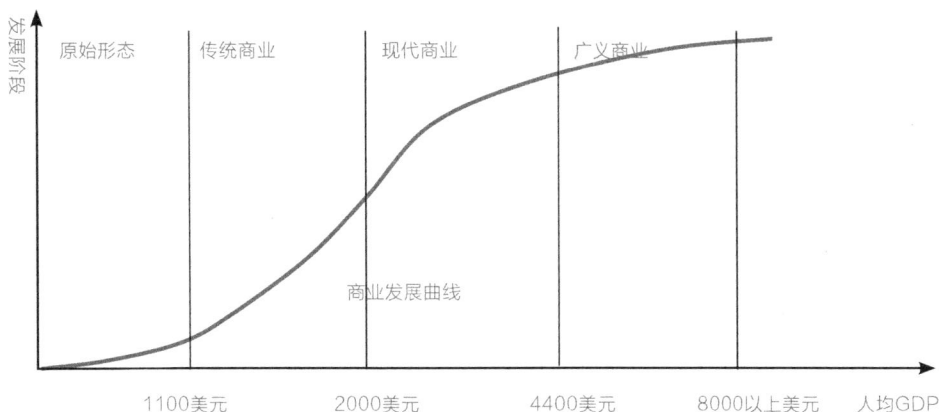

图1-10　商业地产发展阶段与人均GDP对应发展曲线

3. 中国商业地产发展的八大现状

中国经济的高速发展为商业地产的发展提供了难得的战略机会。我们知道，商业地产，商业居前，地产居后，商业的发展速度对地产的发展态势起到至关重要的作用。一系列的外部力量造就了一个非常好的购买环境。

现状1：需求出现井喷

随着中国经济的持续发展，人们消费水平的不断提高，以及国内商业、零售业自2004年12月11日彻底对外开放，中国商业市场正在吸引着越来越多国际商家的关注。寻找适合商家发展的商业地产项目，成为众多国内外商家扩张规模、占领市场的基础。其中五大刚性需求成为商业地产蛋糕越做越大的根本动因：

第一，我们有巨量的从产业向服务业的转移，从而产生了大量对办公楼宇的需求。

第二，我们需要大量的零售空间的扩展，并且新的零售业概念的发展将刺激这一需求的上升。

第三，大中型城市大量的人口流动和人口结构的变化，人群工作和购物场所的变化产生了大量对具有新特征的商业建筑的需求。

第四，新的建筑产品和技术使得旧的商业建筑越来越失去吸引力。

第五，租户在寻找更能创造新的购物环境和购物的舒适感觉的地方。

现状2：运营回归理性

由政府推动的会展中心、城市广场、步行街这类形象工程，以及一些开发商盲目兴建的购物中心、批发市场等问题逐步暴露出来，一些不符合城市商业规划、不符合商业地产运作规律的项目将风险凸现，中小投资者投诉可能成为一个新热点。所以，今后的商业地产开发上将更多地涉及商业地产的后期经营管理上，单搞开发的地产商今后的竞争力将会越来越弱。或者说是市场上需要专业的商业地产代理公司，以及专业的商业管理公司。

现状3：入市门槛偏低

在中国，进入市场的壁垒过低使行业中的企业规模向两极发展，大企业盲目扩张和小企业无节制发展，导致"低市场集中度和过度竞争"。由于入门门槛偏低，导致众多行业资金、众多住宅开发商转行涌入商业地产，由于他们对商业开发运营能力的专业性缺乏了解和掌控，很容易导致低水平的重复竞争（图1-11）。

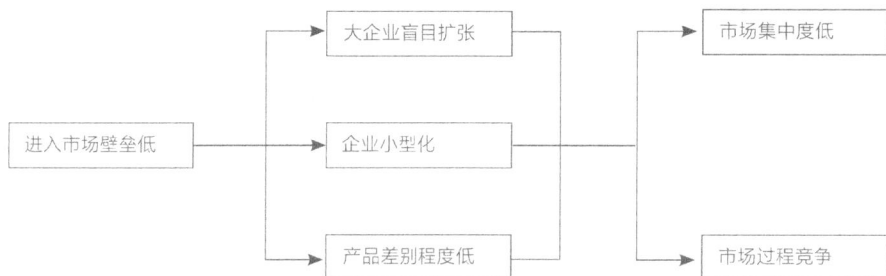

图1-11 商业地产入市门槛偏低影响图

另一方面，地方行政垄断造成异地市场的高进入壁垒。

现状4：经营形态发展滞后

回归到商业地产本身来说，通过与发达国家的比较，我们发现，商业地产在中国的发展远远还没处于成熟阶段，与发达国家的差距较大。另一方面，也确实表明，中国商业地产发展的潜力仍然很大。商业地产经营形态发展滞后整体表现在如下几个方面：

第一，零售商业总额偏低

同发达国家相比，中国商业总体规模过小，大型零售商业所占市场份额很小（见表1-18）。

⊕ **主要国家或地区零售商业发展对比表** 表1-18

GDP中商业所占比例			美国零售商业50强（亿美元）		中国零售商业50强（亿元人民币）	
英、法、德、日	美国	中国	零售总额	占零售总额	零售总额	占零售总额
15%左右	16%~17%	10%左右	4910	21.4%	542.07	1.74%

第二，连锁店的发展急需追赶

从表1-19可以看出，连锁店作为商业地产的重要业态形式，在中国的发展还很不如人意，相比发达国家的差距很大。

🌐 **主要国家或地区连锁店发展对比表**　　　　　　　　　　　表1-19

国家	创新阶段	发展阶段	成熟阶段	衰落阶段
美国	1859~1900（40年）	1901~1970（70年）	1970年后	——
法国	1866~1900（35年）	1901~1960（60年）	1960年后	——
日本	1926~1960（35年）	1961~1971（10年）	1972年后	——
中国	1990~2010（20年）	2011~2020（10年）	2020年后	——
中国与西方国家的差别	距美、法100年，距日40年	距美、法、日50年	同发展阶段	——

第三，百货店的发展相差过大

百货店是很多购物中心的基础，也是众多大型购物中心的必备业态，但是中国百货业的发展迟滞太多，缺乏足够的品牌商家，一定程度上也限制了中国的商业地产的发展（见表1-20）。

🌐 **主要国家或地区百货店发展对比表**　　　　　　　　　　　表1-20

国家	创新阶段	发展阶段	成熟阶段	衰落阶段
美国	1850~1899（50年）	1900~1929（30年）	1930~1979（40年）	1980年后
法国	1852~1880（28年）	1880~1914（34年）	1914~1950（36年）	1950年后
日本	1904~1922（18年）	1923~1937（14年）	1938~1973（35年）	1974年后
中国	1894~1949（55年）	1950~1995（45年）	1995~2025（30年）	2025年后
中国与西方国家的差别	距美、法50年，距日本30年	距美、法、日60年	距美、日60年，距法30年	距美、日50年，距法75年

第四，超市发展不尽人意

超市在我国虽然发展较快，有遍地开花之势，但是总的来说，与国外的差距还是较大（表1-21）。超市是商业地产的主流业态，其经营商铺与老百姓息息相关，它的发展好坏直接关系到商业地产的发展。

🌐 **主要国家或地区超市发展对比表**　　　　　　　　　　　　　表1-21

国家、地区	创新阶段	发展阶段	成熟阶段	衰落阶段
美国	1830~1935（5年）	1936~1965（30年）	1966~2000（35年）	2001年
法国	1959~1962（3年）	1963~1968（5年）	1969~至今	——
日本	1953~1959（7年）	1960~1989（30年）	1990~至今	——
中国香港地区	1960~1971（11年）	1972~1982（10年）	1982~至今	——
中国	1981~2000（20年）	2001~2020（20年）	2020年	——
中国与西方国家的差别	距美、50年，距法、日、港30~40年	大体相距30~40年	大体相距30~40年	——

现状 5：高品质商业地产必将成为主流

开发商和投资者对于商业物业的开发和投资均表现出极大的热情。许多开发商在项目前期就聘请专业公司从建筑结构、主题定位、消费人群定位、行业组合、店铺划分等方面进行详细策划。面对越发挑剔的投资者，专业化分工必然引入商业地产竞争之中。

现状 6：分割商铺日益流行

商铺资金的持续上涨，导致为商铺分割提供了内在动因。而各种零售业态的发展，新兴商业业态的涌向，生活方式的悄然变化为分割商铺提供了外在环境支持。

现状 7：国际资本加紧抢滩

我国加入 WTO 三年后，中国零售业全部向外资开放，外商投资零售业不再受地域和门店或企业数量限制。外商要进来必然要场地，这就是机会。

事实上，外资零售业巨头出于规避政治经济风险考虑，一般不愿意直接购置从事商业活动的场所，而是采取租赁形式，可提供 10 ~ 25 年乃至更长时间的租赁担保合同，让商业地产开发企业可以租赁担保合同融资，并协助确定所开发商业地产的选址和其他相关决策。

与欲大规模抢滩中国市场的外资零售巨头结盟，进行商业地产开发、经营将在很大程度上规避了部分商业风险。

现状 8：第三方经营管理发展趋势显著

商业地产的开发建设和运营管理，涉及各个环节，并与多种对象发生关系。完全依靠开发商自身力量根本无法办到。尤其是后期的运营，也就是第三方运营管理，必然会成为众多商业项目的选择。商业地产的经营管理显然不仅仅是物业管理那么简单，它还包括营销管理、租户管理、业态调整、广告支持等多种功能，所以，市场迫切需要第三方经营管理公司的出现。

对于开发商来说，它可以进一步明确自己的角色，专注于投资商和开发商的功能。

4. 城市化下的商业与地产对接

商业地产一般都分布在城市最重要的地段，最显要的位置，代表着城市的形象，注重商业地产项目与整个城市的协调统一，并能够为城市增光添彩。"城市"要有观念的更新，不然，"城"建得"美轮美奂"，"市"却冷背呆滞。没有"市"的"城"，怎么还叫"城市"？

从"城"与"市"的关系看商业发展，一是要特别重视城市发展的趋向，去抓住商业发展的机遇；二是应以商业发展的前瞻性、拉动性，影响、促进城市建设的规模转型。对于大型商业地产项目这种有大影响力和拉动力的商业巨市，更当如此。

综观中国的商业版图，以广州、上海、北京为核心的珠江三角洲、长江三角洲和京津塘地区已经开始从行政区划上的城市群落逐步形成从"中心城市——大城市——中型城市——小城市"的逐层辐射的城市商圈，各商圈内呈现出高度一体化的融合局面。现在，广州、上海、北京之间的商业较量已经上升到城市商圈的高度。

研究城市、商业与房地产的结合，是目前摆在商业地产开发商面前最棘手的问题。我们知道，商业地产微观的经营着陆点主要还是业态，也就是想给消费者提供一种什么生活方式。生活方式又是不断发展和变化的，生活方式的变化与社会经济的发展，文化的传承与流行等都有重要的关联，只要仔细研究了解业态的变化和其发展规律，才能找到适合的生活方式愿景，也只有这样才能紧紧贴近消费者。

操 作 程 序

六、开发商入门的五大必备条件

成功的商业地产收益非常诱人，很多投资者都想染指，但失败者也比比皆是。作为投资者，入局商业地产之前，必须在资金、人力资本、合作团队、投资收益和获利方向、公共资源五个方面作出正确的战略选择。

1. 资金与实力

入局商业地产，尤其是投资者建造购物中心，除了基建资金外，还必须有充分的预留资金，用于二次装修和对核心经营项目投资，还要有培育市场和承受风险的资金准备。

2. 投资方式和获利方向

利润是投资者追求的最终目的，投资者在开发建设商业地产项目之前，必须根据自己的经济实力、经营能力等实际情况，理性地选择投资的方式和获利的方向。

3. 人力资本

未来的商业地产人才，一是既懂城市运营，又懂商业规律和房地产运作的复合人才；还有要站在城市、地产与商业之间，为商业地产项目开展包括商业前期定位、营销方案、出售出租的完善的服务流程，明白应该建多大的商业，商业业态是如何搭配的，实现商业与城市、与房地产最有价值的对接，充分实现城市与商业、商业与房地产的市场联动。

投资者要有自己的核心经营思想和经营班子来主导商业地产项目的策划和经营，并选配好一批不仅具有丰富商业业务知识，物业管理知识，而且具有规划创新能力和招商操作能力的人才。我们以招商为例，专业优秀的招商团队可以帮助开发商避免走很多弯路、节省时间的同时，还可以帮助开发商严格把关，为开发商提供优化的商户结构。而不至于为多赚取佣金，而损害开发商的长期收益，为开发商招进并不适合的商户。还可以帮助开发商在少花钱的情况下，招到适合的商户。

4. 合作团队

在项目的前期、中期、后期都需要相关各个领域的专业人士为项目提供各种专业的顾问式服务，无疑为项目的不同阶段的成功又增加了一些胜算。现以前期的规划设计为例，与优秀的规划设计单位合作，制定优秀的项目规划设计方案，可以起到帮助开发商省钱的作用，而且也为日后的经营者和消费者留下舒适的经营、购物环境。好的规划设计方案本身也是能够吸引媒体、经营者、终端消费者注意力的买点和公关事件的好的由头。

同时，是在项目开业之后起着向目标消费群体以及各商业企业、专业机构、媒体负责推广的专业机构，商业管理机构的专业程度是和项目的运营（租金、物业增值、品牌知名度、品牌美誉度）是有极大关联的，所以开发商在聘请商业管理推广机构时，衡量该机构的是否胜任主要包括以下的考核标准：

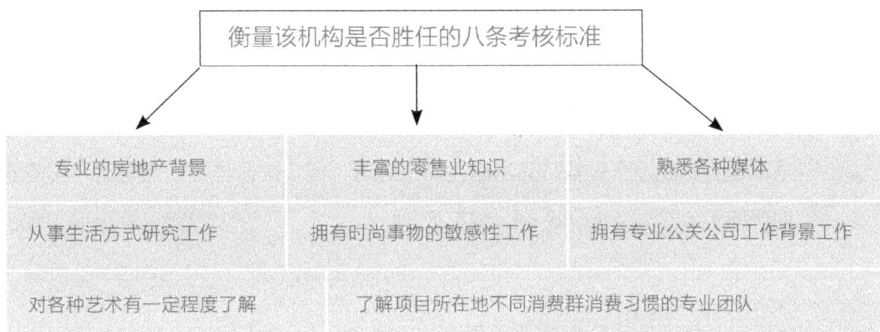

衡量该机构是否胜任的八条考核标准		
专业的房地产背景	丰富的零售业知识	熟悉各种媒体
从事生活方式研究工作	拥有时尚事物的敏感性工作	拥有专业公关公司工作背景工作
对各种艺术有一定程度了解	了解项目所在地不同消费群消费习惯的专业团队	

5. 开发商与政府的关系

小型的商业地产项目可以暂不考虑，但是大型商业地产项目与政府的关系可以争取一个良好的购物和竞争环境。

这一方面反映在与政府关于城市布局、产业布局、商业布局等方面的沟通，以确保商业项目在交通上的便利和选址上的合理。

另一方面，开发商还需跟踪调查所在城市消费、收入等基本经济因素，了解市政规划的倾向，紧跟政府脚步，让政府理解，明确项目在提升商业层次，增加就业的带动作用，忽视政府作用盲目上马，会造成商圈过分重叠，这种恶性竞争不但会造成资源浪费，还会影响后期运营。

新手知识总结与自我测验

总分：100分

第一题：商业地产按照消费行为可以分为哪四种形式？（5分/个，共20分）

_____

_____

_____

第二题：商业地产有些特有术语，如主力店、城市综合体等？请写出你知道的商业地产的五个术语。（5分/个，共25分）

_____

_____

_____

第三题：下列哪种不属于商业地产的形态？（25分）

☐别墅　　　　☐写字楼　　　☐豪宅公寓　　☐酒店式公寓　☐地下商业街

☐旅游度假区　☐批发市场　　☐写字楼　　　☐机场商场　　☐ SOHO　　☐科技园

思考题：商业地产与住宅地产有何区别？（30分）

_____

_____

_____

_____

得分：　　　　　　　　　　　　　　签名：

商业地产新兵入门

02

认清业态、业种
商业地产的经营根本

操作程序

本章使用指南

业态和业种是经营的大类和小类，简单地说，就是"卖什么东西，卖给谁，如何卖"的产品商品经营方式。这个是商业地产项目经营的根本。无论哪种商业地产形态，无论建筑形式如何变化，都逃离不了这个根本。所以，业态和业种规划、布局、配比设计以及随后的品牌落位往往会摆在最为核心的位置，它们直接关系到规划设计、后期运营。

操 作 程 序

一、业态总论

1. 业态的概念

业态是指经营者为满足不同的消费需求而形成的经营模式或经营形态，其分类主要依据经营主体的多少（是一个还是多个）、目标市场、经营理念、服务功能、立店规模、选址、目标顾客、商品结构、店堂设施和装修标准、商品进货渠道（从厂家还是分销商处进货）和募集方式（是中央采购还是单店进货）、商品的宽度和深度、价格政策（毛利率大小）、销售方式、销售服务等经营手段，提供销售和服务的类型化服务形态。

通俗来说，业态就是指卖给谁、卖什么和如何卖的具体经营形式。

2. 业态的来源

业态可拆分为"业"和"态"两个方面。在经济生活中，人们通常比较熟悉农业、工业、服务业等概念。但经过经济革新、产业重组和科技发展，农业还可划分为种植业、林业、养殖业等；工业可分为轻工业、重工业两大类；服务业则可分解为生活服务业、生产性服务业。其中，生活服务业又可细分为商业、饮食业、客运业、医疗卫生健康服务业、文化娱乐服务业等；生产性服务业可分为物流业、金融服务业、会展业、通信服务业等。

这些产业、行业和产品专业门类，在一定的市场体系中表现出各具特点的运营和业务流程，拥有可界定的核算边界和业务标准规定。在此基础上，它们与一定的企业核算、商务模式（赢利模式）相关联，从而形成不同的运营状态，即与"业"务相联系的形"态"。

3. 业态的分类

业态是指细分市场面向某类目标顾客购买水平与习惯的商店营业形态，一般分为四大类（图2-1）。

图2-1 商业业态的四大分类

知识点 目前中国有10多种零售业态，日本20多种，美国40多种。

4. 三种最具前景的商业地产业态

选择一个有前景的商业地产投资类型，需要开发商前瞻的眼光。

（1）中等规模购物中心

中等规模的购物中心将是国内商业地产的开发重点。它以零售业为主，商铺档次中档偏高甚至更高，一般体量较大，服务半径是区域型的，地铁和地面公共交通将是疏导购物人流的主要方式。

（2）商业步行街

第二种最具前景的商业地产形态是室内外结合的购物空间：商业步行街。它以零售商业为主，一般由一条城市主干辅导，辅之以广场、街巷，从而形成一个相对固定的区域。

（3）旅游地产

旅游地产是一种资源型商业地产新业态，被商业地产广义发展寄予厚望。它泛指在旅游景点开发的经营性物业，也指用于旅游用途的物业开发。

二、零售业态

商业地产的商业规划过程中，大部分都是零售业态。可以说，零售业态是大多数商业地产形态经营的根本，具有不可或缺、无法动摇的地步。

1. 零售业的概念和发展现状

（1）零售的概念及特征

零售是指向最终消费者个人或企业出售生活消费品及相关服务，以供其最终消费使用的全部活动。其定义主要包括四个方面的范畴：

第一，零售是将商品及相关服务提供给消费者，作为最终消费使用的活动。如零售商将汽车轮胎出售给顾客，顾客将之安装于自己的车上，这种交易活动便是零售。若购买者是车商，而车商将之装配于汽车上，再将汽车出售给消费者则不属于零售。

第二，零售活动不仅向最终消费者出售商品，同时也提供相关服务。零售活动常常伴随商品出售提供各种服务，如送货、维修、安装等。多数情形下，顾客在购买商品时，也买到某些服务。

第三，零售活动不一定非在零售店铺中进行，也可以利用一些使顾客便利的设施及方式，如上门推销、邮购、自动售货机、网络销售等，无论商品以何种方式出售或在何地出售，都不会改变零售的实质。

第四，零售的顾客不限于个别的消费者。如公司购买办公用品，以供员工办公使用；某学校订购鲜花，以供其会议室或宴会使用。所以，零售活动提供者在寻求顾客时，不可忽视团体对象。在我国，社会团体购买的零售额平均达 10% 左右。

（2）零售业四个发展历程

综观世界零售业总的历史发展趋势来看，经历了表 2-1 所列的几个阶段。

🌐 **零售业发展的四个阶段**　　　　　　　　　　　　　　　　　表2-1

年代	发展经历
20世纪60年代	采取综合型营运，导致百货公司、大型综合零售势力高涨
20世纪70年代	进入专业化的发展阶段，专门店、连锁店、超市、便利店、自助家庭用品中心等业态相继发展
20世纪80年代	大型购物中心等在世界商业发达国家范围内兴起
20世纪90年代末	朝经营业态细分化发展，单品店、生活题材馆、无店铺销售、郊外大型专门店、产地直销及家庭购物等新型零售业态纷纷兴起

（3）零售业的六大发展现状

随着经济的快速飞跃发展，其零售业也发生着翻天覆地的变化，主要体现在以下几个方面。

第一：高度集中化、规模化发展

从市场份额上来看，零售业近几年来出现了相当的集中度，少数大的零售商掌握当地市场，占有垄断意义的市场份额。香港地区前5名零售商销售额已经达到总销售额的70%，在我国，外资家乐福、沃尔玛等正在全国一、二线城市跑马圈地，但是，前五名的销售额比例，仍然偏低。从整个零售业的发展轨迹上看，高度集中化、规模化是必然趋势，所以中国的零售业的发展依然具有较大潜力。

第二：传统零售优势渐减，新型零售顺势崛起

从全球视角看，百货店在历经其几十年的辉煌后，已开始进入它的衰退期。这当然主要源于随着社会经济的成长壮大而与此伴随的各种更富有市场竞争力与营运效率的新型零售业态的兴起、发展，我们相信这一趋势在未来中国也将呈现。目前我国百货店尤其是大多国有大中型百货店已逐渐感到生存的压力，但这仅仅还是开始，未来的生存将更加艰难。撇开其他因素不论，单就新型零售业态迅猛而有质量的发展就足以对其产生强大的威胁。

如便利店、连锁店就开始在我国如雨后春笋般开建起来，而且这一趋势越发明显，很多零售商将网点逐步向二、三、四线城市渗透，也逐步带动了当地的商业网点的配套。同时地区大型、超大型量贩店和仓储超市的数量不断增加。可以看出，传统零售业正逐步为新型零售店所取代，其优势正在逐步减弱。

第三：零售业态多样化，空间分布合理化

表现在业态形式已突破往昔传统业态（百货店）一统天下格局，而出现多种新的业态。不仅地处沿海发达城市各种新兴业态（超市、连锁店、仓储店、折扣店、专业店、专卖店等）

纷纷介入零售业战场。

现在，各种零售业态在空间上的分布已一改往昔城市中心的状态，而出现"边缘崛起"、区域性零售分中心与市中心并存、选购品经营在城市或区域性商业中心、便利品经营在邻近居民集中居住区设点的迹象。

第四：新兴业态的竞争将更加激烈

经过一阶段的市场争夺后将会出现优者存留劣者败退的景象。前面说过，基于种种理由，国内众多资本十分看好购物中心、超市、连锁店等新兴业态，这必然会出现未来国内资本对此块阵地大争夺的战况。而国外资本面对这个960万平方公里的神秘待开发国土、占世界人口近1／4的广阔市场空间，相信随着国内市场与国际市场的对接，外资进入我国零售业新兴业态发展的势头将更加凶猛。凭着他们的财大势壮，尤其是颇为丰富的实战经验，必将形成对国内竞争者的强大威胁。有理由相信，未来新兴业态的竞争将更加激烈。

第五：零售商店"三超"趋势明显

大批量的一次性购买和小批量的频繁购买对于现代家庭来说显得同等重要，以超市、大卖场为代表的零售商店的规模化正好迎合了这一需求的变化。

现在，大型零售商店形成了"超大、超全、超值"的"三超"趋势。

① 超大

从近几年开办的外资大型超市、大卖场来看，占地面积超过5000m^2、结构为多层的不在少数，且有继续增加的趋势。包括华联、联华和农工商在内的国有连锁超市也纷纷开设大卖场，虽然在购物环境及管理上与一批外资大型超市有一定的差距，但规模化的趋势是不变的。

② 超全

超全主要体现在商品品类、品类摆放、相关服务等（图2-2）。

品类全	小到家庭用的日常用品，大到大件的家用电器，在如今的大卖场中都有提供
摆放全	商品种类的增长，对货架的摆放提出了更高的要求。科学的摆放、详细的导购标识、专门的导购平面图成为当前大型零售超市的重要组成部分
服务全	为消费者提供方便的餐饮、娱乐、休闲服务，给消费者的购物行为带来了相当的便利

图2-2 大型零售商"超全"的三大体现

③ 超值

大型超市、大卖场由于进货渠道的特点，价格上的优势很容易展现在消费者面前，但进货渠道的同质性，价格上的优势又不足以区别于同一市场上的其他企业。在目前竞争激烈的零售业市场，怎样使附加的各种服务超值化，成为新的趋势之一。定期的、直接到消费者手中的 DM，顾客的会员化，甚至于固定的免费班车接送，各种各样的超值化服务在使自己的企业覆盖更大的地理面积的同时，也覆盖了更为重要、更为广阔的消费者的心理面积。

第六：专业性零售商业的特色化与连锁化

随着生活水平的提高，为了满足不断细分的消费者需求，零售行业中出现专门从事某一类产品零售的商店是不可避免的。专业零售商业正走着一条专业化、特色化、服务连锁化发展的道路。

以家电连锁经营为例，中国的国美和苏宁占据了半壁江山，其网点基本上已经覆盖了全国二线以上城市，成为一股不可忽略的零售力量。

而迪信通，这个主要将网点驻扎在购物中心、大型商场的通信服务商，目前已经成为全国知名的手机专业连锁企业。

2. 零售业态的概念和演变

（1）零售业态概念

零售的概念前面已经说过，零售是指把商品或随商品而提供的服务直接出售给最终消费者的销售活动。从事零售活动的基本单位和具体场所是商店，而商店依据销售形式不同又区分出不同的经营形态，即零售业态。

零售业态，源于日语汉字，原意为店铺的营业形态（直销或无店铺销售不包括在内），后扩展至经营形态（包含所有零售的形式）。在我国，《商业零售业态》的国家标准，将零售业态定义为经营形态（业态划分的标准为"目标顾客"+"营销要素组合状态"）。

> 注　在实际操作中，存在着分类标准模糊的问题。部分业态所针对的"目标顾客"及其"营销要素组合状态"雷同，但被划分为不同的业态；而部分"目标顾客"及"营销要素组合状态"不同的，却被归于同一业态。之所以出现这些问题，还是由于对零售业态的定义在认识上有分歧。

（2）零售业态的演变史

1）零售业演变史

零售业开发于 19 世纪初期，从杂货店开始，目前已经演变出众多的业态，并出现多业态同存共荣的发展格局（表2-2）。

⬤ 零售业态的演变表   表2-2

机构类型	快速成长期（年）	从出现发展到成熟所经历的时间（年）	目前处于期生命周期中的阶段
杂货店	1800～1840	100	衰退期/已消失
单一专业店	1820～1840	100	成熟期
百货商店	1860～1940	80	成熟期
邮购店	1915～1950	50	成熟期
联销店	1920～1930	50	成熟期
折扣店	1955～1975	20	成熟期
超级市场	1935～1965	35	成熟期/衰退期
购物中心	1950～1965	40	成熟期
联营店	1930～1950	40	成熟期
快餐店	1960～1975	15	成熟期
高级专卖店	1975～1985	10	成长期
仓储式零售	1970～1980	10	成熟期
计算机控制的商店	1980～1985	5	成熟期
电子化超级市场	1980–1985	5	成熟期
厂商低于零售价销售（直销）	1980～？	？	成长后期
大型商厦	1985～？	？	成长期
仓储式销售俱乐部	1985～？	？	成长后期

机构类型	快速成长期 （年）	从出现发展到成熟 所经历的时间 （年）	目前处于期生命 周期中的阶段
美式大型超级市场	1986～？	？	成长期
电子化购物	1990～？	？	长期

2）零售业演变的四次革命

零售业态总体来说经历了四次大的革命，即百货商店、连锁超市、购物中心和无店铺销售（图2-3）。这种业态的演进不是偶然的或无根据的，而是零售业适应社会经济和文化技术发展的产物。

百货商店	适应西方工业革命大量生产、大量销售和城市化进程的要求而产生
连锁超市	适应商业降低成本、方便顾客的要求产生
购物中心	城市空洞化、居住郊区化的必然反映
无店铺销售	电子技术和信息技术在流通领域的延伸

图2-3 零售业的四次演变革命

应该说，零售业态的每次创新都更好地满足了消费者的利益和需求，更好地推动了工业生产的发展。

3）如何看待零售业态的演变

对待目前西方眼花缭乱的零售业态，我们也不能盲目照搬。不同的国家和地区有着不同的生产力发展水平、消费习惯和心理，即便是同样的业态在不同的国家和地区也表现出不同的发展方式、速度和结果。发展一个地方的零售业，必须与当地的地情相结合。而且，一种业态之所以能够成功和确立，必有其内在的规律和特征。把握精髓，为我所用，才是明智的抉择。

（3）零售业态手风琴定律

零售业态手风琴理论主要以商品经营的宽度和深度来划分零售业态，此理论说明了零售业态从综合化到专业化再到综合化的演变规律。在美国零售企业的战略定位中一直流行着两种定位哲学：综合化和专业化。前者以价格折扣为导向，商品组合宽而深，目的在于吸引尽可能多的客流，保持大量销售和高水平周转，达到以低成本吸引价格敏感型顾客，如超市、折扣店、仓储店以及门类杀手等。后者集中于有限的细分市场，以价值为导向，创造高水平的顾客忠诚，主要为专业店（图2-4）。

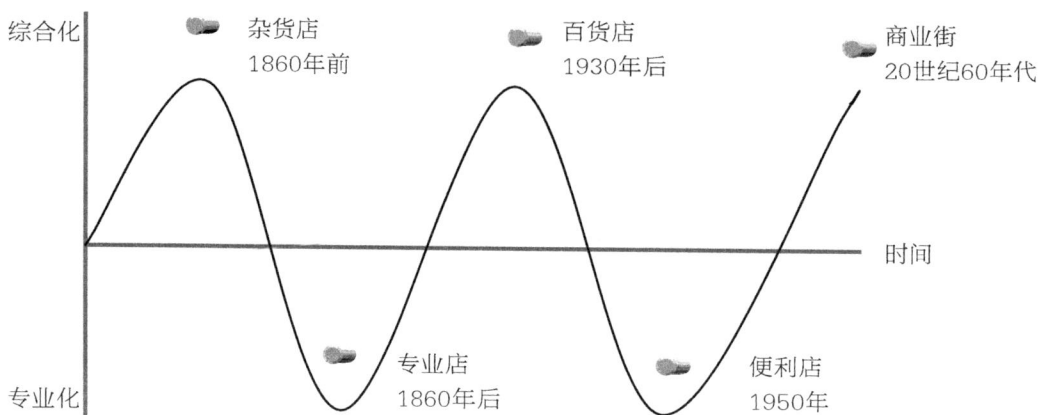

图2-4 零售业态手风琴定律图

3. 业态常见分类方法

（1）国际上零售业态的一般分类

对于零售业态的分类，目前国际上主要依据零售店的选址、规模、目标顾客、商品结构、店堂设施、经营方式、营业时间、服务功能、价格策略等确定美、日零售业的分类方法如图2-5所示。

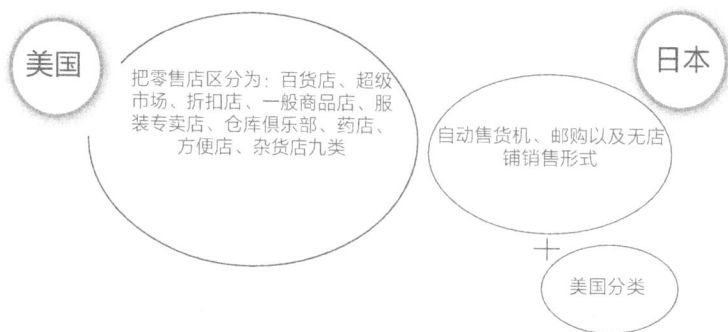

图2-5 美国、日本零售业的分类方法

当然，同一个大类的业态，还可以进一步细分为更为具体的业态形式，比如超级市场可以再细分为食品超市和综合超市，这要依据不同的研究内容而定。

事实上，由于国际资本的介入，当一种新型的零售业态被引进时，客观上也引进了国际规范和标准，因此许多国家对零售业态的分类是基本一致的，可以进行多国间的比较和沟通。

（2）我国零售业态的分类

根据 2004 年 10 月 1 日国家商务部颁布的《商业零售业态》分类标准，我国商业零售业态共可分为 17 种。

1）17 种基础业态分类（见表 2-3）

⊕ **17种基础业态分类表**　　　　　　　　　　　　　　　　表2-3

业态	特征	举例
食杂店	以香烟、酒、饮料、休闲食品为主，独立、传统的无明显品牌形象的零售业态	——
便利店	100㎡左右，满足顾客便利性需求为主要目的的零售业态	7-11、宜家
折扣店	店铺装修简单，提供有限服务，商品价格低廉的一种小型超市业态。拥有不到2000个品种，经营一定数量的自由品牌商品	——
超市	500㎡以上，开架售货，集中收款，满足社区消费者日常生活需要的零售业态。根据商品结构不同，可分为食品超市和综合超市	宏城超市、万家超市
大型超市	6000㎡以上，实际营业面积6000㎡以上，品种齐全，满足顾客一次购足的零售业态。可分为经营食品为主的大型超市和经营日用品为主的大型超市	如家乐福、沃尔玛
仓储会员店	1万㎡以上，以会员制为基础，实现储销一体、批零兼营，以提供有限服务和低价格商品为主要特征的零售业态。	如麦德龙、百安居
百货店	5000㎡以上、在一个建筑物内，经营若干大类商品，实行统一管理，分区销售，满足顾客对时尚商品多样化选择需求的零售业态	如友谊商店、王府井百货
专业店	3000㎡以上，以专门经营某一大类商品为主的零售业态。包括办公用品店、玩具店、家用电器店、药店、服饰店等	国美、苏宁
专卖店	以专门经营或被授权经营某一主要品牌商品为主的零售业态	如李宁专卖店、苹果专卖店

业态	特征			举例
家居建材店	以专门销售建材、装饰、家居用品为主的零售业态			红树湾、吉盛伟邦
购物中心	多种零售店铺、服务设施集中在由企业有计划的开发、管理、运营的一建筑物内或一个区域内，向消费者提供综合性服务的商业集合体	社区购物中心	在城市的区域中心建立的，面积在5万m²以内的购物中心	大拇指广场社区购物中心
		市区购物中心	在城市的商业中心建立的，面积在10万m²以内的购物中心	广州中华广场、正佳广场
		城郊购物中心	在城市的郊区建立的，面积在10万m²以上的购物中心	广州万达广场
厂家直销中心	由生产商直接设立或委托独立经营者设立，专门经营本企业品牌商品，并且多个企业品牌的营业场所集中在一个区域的零售业态			富安娜家纺
电视购物	以电视作为向消费者进行商品推介展示的渠道，并取得订单的零售业态			橡果国际
邮购	以邮寄商品目录为主向消费者进行商品推介展示的渠道，并通过邮寄的方式将商品送达给消费者的零售业态			贝塔斯曼、久久读书人
网上商店	通过互联网进行买卖活动的零售业态			京东商城、当当网
自动售货店	通过售货机进行售卖活动的零售业态			
电话购物	主要通过电话完成销售或购买活动的一种零售业态			橡果国际

注 购物中心自身既是一种业种，同时也是多种业种的组合，其内往往包括大型超市，专业店、专卖店、食杂店、百货店等多种组合。

2）新增变种业态

目前，国内商业零售业态除了上述 17 种外，还出现了一些新的变种（见表2-4）。

🌐 **新增变种业态表**   表2-4

业态	变种来源	特征	举例
楼宇沙龙式店铺	专卖店、厂家直销中心的变种	售卖实物的店铺开在写字楼内，依靠口口相传，熟客带新客	如鄂尔多斯
品类杀手	专业店的变种	面积较大，经营较专业商品品类的商店	如国美、百安居
欧式折扣店	便利店、折扣店变种	经营面积在200～500㎡，商品来源于直接采购和定牌生产，提供的商品以食品和日用品为主，价格更可低于大卖场	如迪亚天天
奥特莱斯	厂家直销中心变种	又称品牌直销购物中心，工厂直销，主要以售卖过季、下架、断码品牌服饰商品为主	北京燕莎友谊商城有限公司奥特莱斯购物中心
品牌形象店	专卖店、厂家直销中心的变种	多为于人气聚集的中高档商业场所，在店堂布置、新品展示上花大工夫，售货只是其辅助功能，甚至只展示不销售	北京华为终端品牌形象店

注 除了国家所划定的17类零售业态，我们在制订专业的商业业态的分类时，还应考虑到以下几个问题：在工作中所接触的均为有实体店铺的营业形态。在实际中，我国由于区域发展的不平衡，以及信息的不顺畅，因此还存在批发市场这类初级商业形态。因此要将其设置为一个独立的业态。现有国家标准分类，及一些新的变种存在重复性，为操作方便，重复性强的应予以合并。

4．零售业态形式

（1）零售商店（实体）

1）百货商店

百货商店是指在一个建筑物内，集中了若干专业的商品部并向顾客提供多种类、多品种商品及服务的综合性零售形态。其基本特征是：

① 商品结构以经营服装、纺织品、家庭用品、食品和娱乐品为主，种类齐全。

② 以柜台销售为主，明码标价。

③ 注重店堂装修及橱窗展示。

④ 客流量大。

⑤ 要求资金雄厚，人才齐全。

⑥ 重视商誉和企业形象。

⑦ 采取定价销售，可以退货，有导购、餐饮、娱乐场所等服务项目和设施，服务功能齐全。

⑧ 选址在城市繁华区、交通要道。商圈范围大，一般以流动人口为主要销售对象。

⑨ 商店规模大，多在 5000m² 以上。

⑩ 目标顾客为中高档消费者和追求时尚的年轻人。

知识点 超级市场首先是自助服务的零售商店，毛利低、销量高，以经营生活必需品为主，种类繁多。统计时将各种类型的超级市场、仓储式商场和会员式超市列入该类。

2）超级市场

超级市场是指采取自选销售方式，以销售大众化生活用品为主，满足顾客一次性购买多种商品及服务的综合性零售形态，其基本特征为：

① 商品结构以经营食品、副食品、日用生活品、服装衣料、文具、家用电器等购买频率较高的商品为主；

② 采取自选销售方式，明码标价，商品包装规格化、条码化，并要注有商品的质量和重量；

③ 出入口分设，结算设在出口处统一进行；

④ 实行敞开式售货，顾客自我服务的零售商店；

⑤ 薄利多销，商品周转快；

⑥ 营业时间每天在 11 小时左右，可采取连锁经营方式，有一定的停车场地；

⑦ 选址在居民区、交通要道、商业区。商圈范围较窄，以居民为主要销售对象；

⑧ 商店营业面积在 500m² 以上；

⑨ 目标顾客以居民为主。

3）大型综合超市

大型综合超市采取自选销售方式，以销售大众化实用品为主，并将超级市场和折扣商店的经营优势合为一体的、满足顾客一次性购全的零售业态。其基本特征如下：

① 采取自选销售方式和连锁经营方式；

② 商品构成为衣、食、用品齐全，重视本企业的品牌开发；

③ 设有与商店营业面积相适应的停车场；

④ 目标顾客为购物频率高的居民；

⑤ 商圈范围较大；

⑥ 商店营业面积一般在 2500m^2 以上；

⑦ 选址在城乡接合部、住宅区、交通要道。

4）便利商店

满足顾客便利性需求为主要目的的零售业态。其基本特征如下：

① 经营方便品、应急品等周转快的商品为主，并提供优质服务，如饮料、食品、日用杂品、报刊杂志、快递服务等；

② 商品品种有限，价格较高，即时消费性、小容量、应急性等，仍受消费者欢迎；

③ 以开架自选为主，结算在进口（或出口）处的收银机处统一进行，可采取连锁经营方式；

④ 营业时间长，一般在 16 小时以上，甚至 24 小时，终年无休日；

⑤ 选址在居民住宅区、主干线公路边以及车站、医院、娱乐场所、机关、团体、企事业所在地；

⑥ 商圈范围窄小，一般设定在居民徒步购物 5 ~ 7 分钟到达的范围内；

⑦ 商店营业面积在 100m^2 左右，营业面积利用率高；

⑧ 店堂明快、清洁、货架丰满；

⑨ 目标顾客主要为居民、单身者、年轻人。80%的顾客为有目的的购买；

⑩ 经营实行信息系统化，开展单品管理。

5）折扣商店

折扣商店是以低价、薄利多销的方式销售商品的商店。折扣店是店铺装修简单，提供有限服务，商品价格低廉的一种小型超市业态。拥有不到 2000 个品种，经营一定数量的自有品牌商品。其特点：

① 设在租金便宜但交通繁忙的地段；

② 经营商品品种齐全，多为知名度高的品牌；

③ 设施投入少，尽量降低费用；

④ 实行自助式售货，提供服务很少。

6）仓储商店

仓储商店是在大型综合超市经营的商品基础上，筛选大众化实用品销售，并实行储销一体、以提供有限服务和低价格商品为主要特征的、采取自选方式销售的零售业态。仓储商

店是 20 世纪 90 年代后期才在我国出现的一种折扣商店,特点是:

① 选址在公路边、交通要道和利用闲置设施,属于郊区低租金地区,设有一定规模的停车场,主要的商圈人口为 5 万~ 7 万人;

② 建筑物装修简单,货仓面积很大,一般在 4000 m² 以上。部分商品部门采取租赁制,把无店名的专业连锁卖场和供应商引进店内经营;

③ 以零售的方式运作批发,通常采取会员制销售来锁定顾客,又称量贩商店;

④ 商品构成以新开发上市的商品为主力商品,自有品牌占相当部分,主要是面向广大的工薪阶层服务;

⑤ 作为价格策略,每天都以较低价格销售全部商品;

⑥ 作为商品策略,经营同其他零售业态能进行价格比较的、知名度、普及率都较高的商标商品或价格一般被众所周知的商品;

⑦ 商店设施简单化。将超市开发的销售技术和管理理论,可实行连锁经营。

7)专业店

专业店是指经营某一大类商品为主,并且具备丰富专业知识的销售人员和提供适当售后服务的零售业态。其主要特征如下:

① 采取定价销售,亦可开展连锁经营;

② 商品结构体现专业性、深度性、品种丰富,可供选择余地大,以某类商品为主,经营的商品具有自己的特色,一般为高利润;

③ 从业人员需具备丰富的专业知识,可以退货;

④ 选址多样化,多数店设在繁华商业区、商店街或百货店、购物中心内;

⑤ 商圈范围不定;

⑥ 营业面积根据主营商品特点而定;

⑦ 目标市场多为流动顾客。主要满足消费者对某类商品的选择性需求。

8)专卖店

专卖店是专门经营或授权经营制造商品牌和中间商品牌的零售业态。专门店的特征如下:

① 采取定价销售,亦可开展连锁经营;

② 商品结构以企业品牌为主,销售体现量少、质优、高毛利;

③ 注重品牌声誉、从业人员必须具备丰富的专业知识,并提供专业性知识服务;

④ 选址在繁华商业区、商店街或百货店、购物中心内;

⑤ 商圈范围不定;

⑥ 目标顾客以中青年为主。商店的陈列、照明、包装、广告比较讲究。

知识点 专业店和专卖店归为一类统计仅仅是为了统计操作上的方便，其实专业店与专卖店有本质的区别，前者专门经营某种或某类商品，如时装店、鞋店、食品店、药店、书店、电器店、珠宝店等；后者则专门经营某种品牌的系列商品，如海尔电器专卖店、李宁牌体育用品专卖店、格力空调专卖店、苹果牌休闲装专卖店等。

9）家居中心

家居中心以与改善、建设家庭居住环境有关的装饰、装修等用品、日用杂品、技术及服务为主的、采取自选方式销售的零售业态。其特征如下：

① 选址在城乡接合部、公路边、交通要道或消费者自有房产比率较高的地区；

② 商品构成主要以房屋修缮和室内装修、装饰品、园艺品、宠物食品、室内外用品、洗涤剂及杂品等；

③ 作为经营策略，发挥了廉价商店的低价格销售和超级市场的开架自选销售等优势；

④ 提供一站式购足和一条龙服务；

⑤ 可采取连锁经营方式；

⑥ 有一定的停车场。

10）大卖场

一般来说，对大卖场的定义是：卖场面积至少在 $2500m^2$ 以上，出售品种繁多的食品及非食用类产品。这几年，大卖场已逐渐成为中国快速成长的零售业中成功的经营业态。大卖场不但深受消费者的喜爱，而且与超市、百货公司等其他零售业态相比，利润更加丰厚。其主要特征如下：

① 大型卖场能辐射周边 20 万～30 万的人口；

② 大卖场由于销量大，往往能提供较为低廉的商品价格；

③ 大卖场本身就包含了两个概念，一是大卖场管理，二是连锁。大卖场是将来的发展主流，它的综合实力、规模、购物环境上都占有优势。

知识点 在实际项目市场调研中，所接触的全部是有实体店的商业，下面仅对实体店零售业态特点进行分析。

（2）无店铺零售

1）上门推销

上门推销是企业销售人员直接上门，挨门挨户逐个推销。著名雅芳公司就是这种销售方式的典范。

2）电话电视销售

这是一种比较新颖的无店铺零售形式。其特点是利用电话、电视作为沟通工具，向顾客传递商品信息，顾客通过电话直接订货，卖方送货上门，整个交易过程简单、迅速、方便。

3）自动售货

利用自动售货机销售商品。第二次世界大战以来，自动售货已被大量运用在多种商品上。如香烟、糖果、报纸、饮料、化妆品等。

4）特殊用户销售

主要服务于学校、医院、政府机构、大企业等大单位特定用户。零售商凭购物证给该组织成员一定的价格折扣。

5）邮购

以邮寄商品目录为主向消费者进行商品推介展示的渠道，并通过邮寄的方式将商品送达给消费者的零售业态。

6）网上商店

通过互联网进行买卖活动的零售业态。

（3）联合零售

1）批发联号

批发联号是中小零售商自愿参加批发商的联号，联号成员以契约作联结，明确双方的权利和义务。批发商获得了忠实客户，零售商按比例在批发联号内进货，保证了供货渠道。

2）零售商合作社

零售商合作社主要是由一群独立的零售商按照自愿、互利互惠原则成立的，以统一采购和联合促销为目的的联合组织。

3）消费合作社

消费合作社是由社区居民自愿出资成立的零售组织，实行民主管理。这种商店按低价供应社员商品，或制定一定价格，社员按购物额分红。

4）商店集团

商店集团是零售业的组织规模化形式，没有固定的模式。它是在一个控股公司的控制下包括各行业的若干商店，通常采用多角化经营。

（4）零售新业态

1）连锁商业

连锁商业指众多的、分散的、经营同类商品或服务的零售企业，在核心企业（连锁总部）的领导下，以经济利益为连接纽带，统一领导，实行集中采购和分散销售，通过规范化经营管理，实现规模经济效益的现代流通组织形式。

2）连锁超市

连锁超市是连锁商业形式和超级市场业态两者的有机结合。它是我国现代零售业主流，在发展中进一步细分和完善。如大型综合连锁超市（GMS），主要经营大众商品，其中70%是百货，30%是食品。又如仓储式会员店连锁超市，以零售方式运作批发，采用会员制。

3）特许经营

特许经营是一种根据合同进行的商业活动，体现互利合作关系。一般是由特许授予人（简称特许人）按照合同要求，约束条件给予被授予人（简称受许人，亦称加盟者）的一种权利，允许受许人使用特许人已开发出的企业象征（如商标、商号）和经营技术、诀窍及其他工业产权（图2-6）。

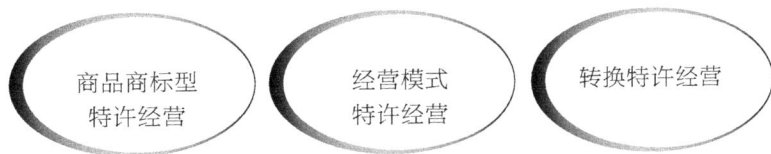

商品商标型
特许经营

经营模式
特许经营

转换特许经营

图2-6 特许经营的三种方式

4）商业街

由经营同类的或异类的商品的多家独立零售商店集合在一个地区，形成的零售商店集中区，也有集购物、休闲、娱乐综合功能的商业街。

5）购物中心

由零售商店及其相应设施组成的商店群体，作为一个整体进行开发和管理，通常包括一个或多个大的核心商店，并有许多小的商店环绕其中，有庞大的停车场设施，顾客购物来去方便。购物中心占地面积大，一般在十几万平方米。其主要特征是容纳了众多各种类型的商店、快餐店、餐饮店、美容、娱乐、健身、休闲，功能齐全，是一种超巨型的商业零售模式。其主要特点如下：

① 众多业主共同组成一个市场或商场；

② 自主经营，自由定价，不受购物中心制约；

③ 购物中心的管理机构大多为物业管理，自营商业部分很少；

④ 购物中心建筑面积较大，有些建筑面积达 10 万 ~ 50 万 m^2，与商业街和我国大型商品交易市场类似，属于商业集聚组织形态。

知识点 连锁店和购物中心不作为零售业态分组，并不意味着对它们不进行统计。实际上，大多数新型业态店都选择连锁经营方式以降低成本、增强竞争力，故把连锁作为一种经营方式单独列入统计报表中；而对购物中心，目前的统计方式是将其视为商品交易市场，由购物中心的管理机构或工商所负责统计上报。

典型业态特征见表 2-5。

⊕ 典型业态特征汇总表 表2-5

业态	选 址	商圈、目标顾客	规模	商品(经营)结构	经营方式	服务功能
便利店	居民小区、交通要道以及车站、医院、学校、娱乐场所、办公楼等公共活动区	目标顾客以居民、单身、年轻人为主	营业面积100m^2左右	以销售食品、小百货为主，有即时消费性、小容量、应急性等特点	以开架自选为主，结算在收银处统一进行	营业时间16小时以上，提供即时性食品的辅助设施，开设多项商品性服务项目
小超市	居民小区以及交通要道、车站、医院、学校、办公楼和公共娱乐场所的周围	经营服务辐射半径0.5公里，目标顾客以居民和流动顾客为主	营业面积500~1500m^2	以销售食品、副食品、日用品为主	采取自选销售方式，出入口分设，结算在集中的收银处统一进行	营业时间12小时以上
超市	地区中心、居住区	经营服务辐射半径2公里以内，目标顾客以周边居民为主	营业面积2000~5000m^2	以销售生鲜食品、食品、日用品为主	采取自选销售方式，出入口分设，结算在集中的收银处统一进行	设不低于营业面积40%的停车场

业态	选 址	商圈、目标顾客	规模	商品(经营)结构	经营方式	服务功能
大型综合超市	区级商业中心、县级市商业中心、交通要道和符合城市规划的大型居住区附近	经营服务辐射半径3公里以上,目标顾客以居民、流动顾客为主	营业面积5000m²以上	大众化衣、食、用品齐全,满足一次性购全,注重本企业品牌开发	采取自选销售方式,出入口分设,结算在集中的收银处统一进行	设不低于营业面积50%的停车场
仓储超市	城乡接合部的交通要道	经营服务辐射半径5公里以上,目标顾客以中小零售店、餐饮店、集团购买和流动顾客为主	营业面积10000m²左右	以销售大众化衣、食、用品为主,自有品牌占相当部分,实行低价格,批量销售	采取自选销售方式,出入口分设,结算在集中的收银处统一进行	设相当于营业面积的停车场
专业店	市级商业中心、区级商业中心、县级市商业中心、专业街以及百货店、大型购物中心内	目标顾客以有目的选择某类商品的流动顾客为主	营业面积根据商品特点而定	以销售某类商品为主,体现专业性、深度性、品种丰富,选择余地大	采取柜台销售或开架面售方式	从业人员具有丰富的专业知识
百货店	市级商业中心、区级商业中心、县级市商业中心以及历史形成的商业集聚地	目标顾客以流动顾客为主	营业面积5000m²以上	综合性,门类齐全,以销售服装、鞋帽、化妆品、文体用品、家庭用品为主	采取柜台销售和开架面售相结合方式	注重服务,设导购、餐饮、娱乐场所等服务项目和设施,功能齐全
大型专业店	市级商业中心、区级商业中心、专业街、城郊接合部和交通要道附近	经营服务辐射半径5公里以上,目标顾客以有目的选择某类商品的流动顾客为主	营业面积2000m²以上	以销售某一大类或几个大类商品为主,品种齐全,选择余地大	采取自选销售和开架面售相结合方式	设不低于营业面积50%的停车场,提供相关技术和服务
大型购物中心	市级商业中心、城乡接合部的城市主干道附近	经营服务辐射半径10公里以上,目标顾客以流动顾客为主	营业面积10万m²以上	内部结构由百货店或大型综合超市作为核心店,并以各类专业店、专卖店和餐饮、娱乐、服务设施共同构成	由发起企业有计划地开设,统一规划布局运营管理,店铺分散承租独立经营	设不低于营业面积40%的停车场,功能齐全,集购物、休闲、娱乐、餐饮为一体

5. 业态辐射范围及需求面积（图2-7）

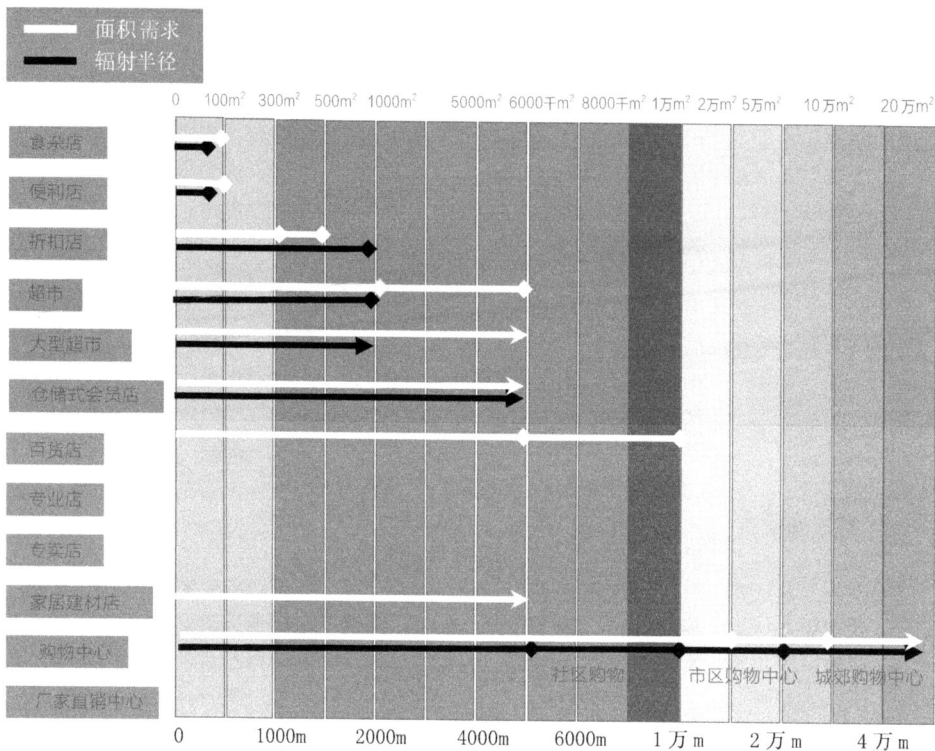

图2-7 不同业态辐射范围及需求面积

6. 业态（案例）

某区域商业中心，其业态主要由专业店、食杂店、家居建材、超市、便利店、服务业和餐饮组成，其商家和业态比例见表2-6和图2-8所示。

⊕ 某区域商业业态构成　表2-6

业种名称	商铺数量	所占比例
专业店	25	16%
食杂店	5	3%
家居建材	35	22%
超市	1	1%
便利店	10	6%
服务业	54	35%
餐饮	26	17%
总计	156	100%

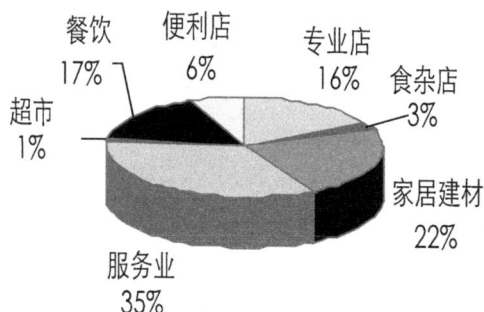

图2-8 某地区商业业态统计

按照业态的分类标准，实体店商业业态共 17 类，而本项目区域商业业态总共仅 7 类业态，业态形态配比显得过于单一。在所有的业态中，零售业、服务业和餐饮业所占的比例分别为48%、35% 和 17%，没有文体休闲娱乐业态。在零售业中，家居建材和专业店所占比例较高。

操作程序

三、餐饮业态

自改革开放后，世界上多种新型餐饮业态及形式在我国餐饮市场迅速发展，逐渐改变了我国餐饮市场的格局。如发端于 20 世纪 80 年代末期的麦当劳等洋快餐业以及 90 年代产生的休闲餐饮、主题餐饮等业态，份额不断扩大，特别在沿海经济发达的中心城市的餐饮市场呈现国际化的趋势，餐饮市场细分不断深化，中餐、西餐、中西合璧餐，正餐、快餐，火锅、休闲餐饮、主题餐饮等业态快速发展。

目前我国餐饮业分类主要是基于传统的饮食行业分类方法。

1. 按照消费内容划分

如按消费内容大致分为中餐、西餐、日本料理、快餐店及异国风味餐厅。

（1）中餐

中餐指中国风味的餐食菜肴。其中有粤菜、川菜、鲁菜、淮扬菜、浙菜、闽菜、湘菜、徽菜"八大菜系"。中餐一直在我国餐饮业态中占主导地位，并各具风味，同时中餐连锁趋势也日趋明显，连锁中餐大致可分为三类（图 2-9）。

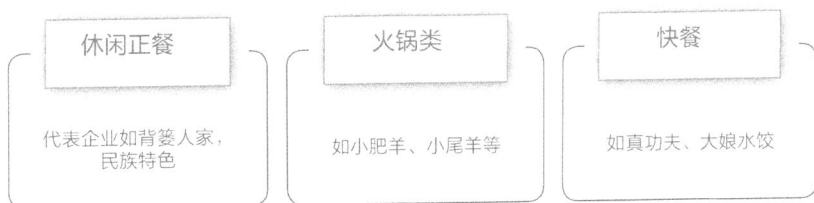

休闲正餐	火锅类	快餐
代表企业如背篓人家，民族特色	如小肥羊、小尾羊等	如真功夫、大娘水饺

图2-9 连锁中餐的三种分类形式

资本市场关注并投资的几家中餐企业，如一茶一坐、小肥羊、真功夫等，虽然分属不同的中餐类型，却都具有可复制性、标准化程度高的共性。

（2）西餐

西餐一般以刀叉为餐具以面包为主食，多以长形桌台为台形。西餐的主要特点是主料突出，形色美观，口味鲜美，营养丰富，供应方便等。西餐大致可分为法式、英式、意式、俄式、美式，地中海等多种不同风格的菜肴。

（3）日本料理

日本料理即"和食"，起源于日本列岛，并逐渐发展成为独具日本特色的菜肴。和食要求色自然、味鲜美、形多样、器精良。而且，材料和调理法重视季节感。

（4）异国风味餐厅

异国风味餐厅指融入异国风味人情的餐厅，餐厅装修、产品与服务与异国文化、形象、历史等结合起来形成独具特色的风味大餐。如墨西哥风味餐厅、印度风味餐厅、泰国风味餐厅等。

2. 按照消费方式分类

按消费方式分为豪华餐厅、家庭式餐厅、自助餐厅等。

（1）豪华餐厅

豪华餐厅主要分布于五星级酒店的餐厅，如北京长城饭店就是典型代表。除了装修高档、定位一流外，软件硬件服务都需要对得起豪华的标准。其用途主要还是用于商务、社交、聚会等。

（2）家庭式餐厅

家庭式餐厅主要客户对象为家庭就餐，讲究餐饮的就餐环境，比较关注产品特色、厨艺以及服务水平，对档次没有豪华餐厅那么在意。

（3）自助餐厅

自助餐厅是客人自选自取适合自己口味菜点就餐的餐厅。其特点是供应迅速，客人自由选择菜点及数量，就餐客人多，销量大；服务员较少，客人以自我服务为主。

3. 按照服务方式分类

按照服务方式，可分为餐桌服务、柜台服务等，在此不再赘述。

4. 按经营方向分类

按照经营方向，可分为餐馆、小吃店和饮料店，在此不再赘述。

5. 根据连锁经营分类

根据不同的经营行为和营销手段，我国餐饮零售连锁经营业态可分为9种主要的业态类型，每种业态在目标顾客、商品结构、服务方式等方面均有自身特点。

（1）家常菜为主的大众餐类业态

这一业态类型的餐馆目标市场定位为普通工薪阶层，菜单和菜式大众化、家常化，价格较低，菜量大，上菜速度快，能够满足百姓的日常饮食需求。这类餐馆多分布在交通便利、流动人口多的居民区或机关企事业团体较为集中的地区，如湘鄂情。

（2）满足快节奏生活的快餐类业态

一般分为中式快餐和西式快餐两种。中式快餐以价格便宜、菜品简单、简洁实惠为特点。西式快餐则有食品可口、服务快捷、环境个性化、营销手段新颖等特点，消费群主要包括繁忙的上班族、年轻人和儿童。

（3）满足商务宴请需要的高档正餐类业态

主要是指具有鲜明菜系特征的高档餐馆，分为国有老字号和新兴民营餐馆。此类餐馆是中国饮食文化的代表和集大成者，其操作技艺、菜式、服务、环境都体现了浓郁的民族性和历史性，具有深厚的传统文化内涵。新兴的民营餐馆以服务周到、菜品多样、环境高档、促销灵活的特点吸引了许多高档的消费群体。

（4）依托星级酒店的酒店类餐饮业态

其特点是功能比较全面，一般均设有中餐与西餐厅，能利用酒店其他配套设施，管理与服务占有优势，品牌宣传影响力大，适于接待婚宴和大型接待活动。

（5）张扬个性的主题类餐饮业态

极具个性的主题餐厅满足了人们求新、求异的心态，餐厅大多以怀旧、浪漫、消闲、运动、激情等为主题，是白领阶层聚会交友放松消遣的首选场所。

（6）自由选择的自助类餐饮业态

自助餐厅类同于自选超市，消费者可以根据自己的喜好，对所有的菜品自由选择，随意享用，年轻人大多会选择这种就餐方式。

（7）浪漫轻松的休闲类餐饮业态

这类餐厅菜品很少，以经营饮料、点心、小吃、零食为主，休闲环境是其主要卖点。

（8）餐饮娱乐相结合的娱乐类餐饮业态

多彩的视听享受赋予了餐饮业更广泛的内涵。如大型的娱乐城、高级会所等，一张门票包含了餐饮、音乐、舞蹈、表演等所有服务项目；此外，目前十分火爆的集饮食、娱乐于一体的"量贩式KTV"，也凭借其自由性和价格魅力成为人们闲暇娱乐的潮流之选。

（9）以规模取胜的餐饮街（城）类业态

经营者抓住餐饮消费的从众心理，在商气深厚的地区扎堆经营，形成颇具规模的美食街、美食城、美食广场。其内的各餐馆各俱所长、价格有高有低、菜品丰富多样，能够满足不同的口味需求。

操作程序

四、服务业态

1. 居民服务业

（1）家庭服务

家庭服务指为居民家庭提供的各种家庭服务的活动。

包括	不包括
① 保姆、家庭护理、厨师、洗衣工、园丁、门卫、司机、教师、私人秘书等； ② 病床临时护理和陪诊服务	劳务人员的劳务服务公司、三八服务社等；专为老人、五保户、残疾人员、残疾儿童等提供的看护、帮助活动

（2）托儿所

托儿所指社会、街道、个人办的面向不足三岁幼儿的看护服务。看护服务可分为全托、日托、半托，或计时服务。

包括	不包括
单位、街道、个人及社会办的托儿所	幼儿园；以学前教育为主的幼儿看护服务

（3）洗染服务

洗染服务指专营的洗染店以及在宾馆、饭店内常设的独立（或相对独立）洗染服务。包括洗衣店、干洗店、洗染店及皮毛护理服务。

（4）理发及美容保健服务

理发及美容保健服务指专业理发、美容保健服务，以及在宾馆、饭店或娱乐场所常设的独立（或相对独立）理发、美容保健服务。

包括	不包括
理发服务、美容服务、减肥服务、皮肤保健护理服务、保健按摩服务、足底按摩及泡脚服务、街头流动理发服务	健美健身服务、医疗护理服务、整容服务

（5）洗浴服务

洗浴服务指专业洗浴室以及在宾馆、饭店或娱乐场所常设的独立（或相对独立）洗浴服务。

包括	不包括
洗澡、洗浴服务；温泉；桑拿服务；修脚服务	与医疗护理有关的服务

（6）婚姻服务

婚姻服务指从事婚姻介绍、婚庆等服务。

包括	不包括
婚姻介绍所、电子红娘，以及专门为未婚男女提供联谊活动的机构；婚庆公司，以及专门为婚礼提供汽车、服装道具、摄像、照相、宴请、送礼等服务的机构	专门的婚纱摄影

（7）殡葬服务

殡葬服务指与殡葬有关的各类服务。包括火化、殡葬礼仪服务；遗体搬运存放服务；骨灰存放服务；殡仪管理服务；墓地安葬服务；殡葬用品服务（卖花圈、寿衣等）；其他殡葬服务。

（8）摄影扩印服务

包括	不包括
婚礼摄影服务；艺术摄影服务；一般照相馆服务；图片社服务；照片扩印服务；利用计算机进行照片、图片的加工处理服务；其他摄影扩印服务	报纸、期刊的摄影记者的活动

（9）其他居民服务

其他居民服务指上述未包括的居民服务活动。

包括	不包括
社区服务中心、服务社（为本社区居民提供各项活动的综合服务机构）；儿童临时看护服务（街道、社区办的小饭桌、校外活动站）；自行车存放服务；送水服务（纯净水）；送奶服务；送报服务；提供有偿的帮助服务（买菜、排队购物、取奶、换煤气等）；其他未列明的居民服务	专为老人、残疾人、五保户等提供服务的社区服务组织；街道、社区为方便居民办的各项服务（小卖铺、小饭馆、修理、理发、澡堂等）

2. 其他服务业

（1）修理与维护

1）汽车、摩托车维护与保养

指非汽车制造厂、修理厂的汽车维修和保养活动。这类活动一般在规模较小的路边修理服务部进行。包括为汽车、摩托车提供上油、充气、打蜡、抛光、喷漆、清洗、换零配件、出售零部件等服务。

包括	不包括
各种汽车的简单修理服务；汽车美容、保养服务（打蜡、抛光、喷漆等）；洗车服务	汽车修理厂的修理活动；提供汽车发动机、底盘的拆卸修理服务；（仅提供汽车零部件的销售）

2）办公设备维修

指各种办公设备修理公司、修理门市部和修理网点的修理活动。

包括	不包括
复印机、油印机、打字机、传真机等办公设备的维修；仪器仪表的维修	计算机硬件及系统的维修；打印机、扫描仪及其他计算机辅助设备的维修；计算机生产厂的维修活动

3）家用电器修理

指家用电器维修门市部，以及生产企业驻各地的维修网点和维修中心的修理活动。

包括	不包括
电视机的修理；录像机、影碟机的修理；摄像机的修理；音响、录音机的修理；电冰箱、洗衣机的修理；其他未列明的家用电器的修理	家用电器零售与维修一体的门市部

4）其他日用品修理

指其他日用品维修门市部、修理摊点的活动，以及生产企业驻各地的维修网点和维修中心的修理活动。

包括	不包括
照相机修理部；钟表修理部；自行车修理行；黑白铁修理服务；修鞋、擦鞋服务；磨刀服务；其他未列明的日用品修理服务	照相机、钟表、自行车零售与维修一体的门市部

（2）清洁服务

清洗服务指对建筑物、办公用品、家庭用品的清洗和消毒服务。包括专业公司的清洗服务和个人的清洗服务。

1）建筑物清洁服务

指对建筑物内外墙、玻璃幕墙、地面、天花板及烟囱的清洗活动。包括建筑物玻璃幕墙的清洗、建筑物一般墙面的清洗、室内地面墙面的清洗、建筑物烟囱的清洗、其他未列明的建筑物清洗服务。

2）其他清洁服务

指专业清洗人员为企业的机器、办公设备的清洗活动，以及为居民的日用品、器具及设备的清洗活动，包括清扫、消毒等服务。

包括	不包括
机器和办公设备的清洗；锅炉烟囱的清扫；火车、汽车、飞机、船舶的专业清洗和消毒活动；地毯的清洗；厨房设备（抽油烟机等）的清洗；房屋的清扫、消毒；害虫（如白蚁、蟑螂等）的防治服务；灭鼠及预防；其他日用品的清洗	生产企业内部的设备清洗，列入制造业相关的类别中；树木、植物的虫害防治，列入其他农业服务；与城市绿化有关的树木害虫的防治，列入城市绿化管理；卫生防疫站的活动，列入疾病预防控制及防疫活动

操作程序

五、文体休闲娱乐业态

文体娱乐休闲产业可以界定为与文体、娱乐、休闲密切相关的产业领域，特别是以旅游业、文化产业、娱乐业和体育产业为主体构成的经济形态和产业系统，它是一个产业群或产业链。

1. 旅游业

旅游业，国际上称为旅游产业，是凭借旅游资源和设施，专门或者主要从事招徕、接待游客，为其提供交通、游览、住宿、餐饮、购物、文娱六个环节的综合性行业。旅游业务要由三部分构成：旅游业、交通客运业和以饭店为代表的住宿业。它们是旅游业的三大支柱。

> **链接**
>
> ## 万达的旅游地产战略
>
> 2010年，万达投资规模达200亿元、占地面积18.34平方千米（约2.7万亩）的长白山国际旅游度假区，已提前预售，它的股东包括万达、泛海、一方、亿利、用友和联想。
>
> 万达对旅游地产的图谋之心不仅于此。据了解，2008~2010年，万达联手多个合作伙伴，以动辄十数平方公里的占地面积、数百亿元的投资，迅速占领了中国旅游地产的半壁江山。
>
> 2010年，万达携手中国泛海、联想控股、辽宁一方集团等投资联盟，与福州马尾区、南平武夷山市分别签署《福州琅岐岛国际旅游度假区项目投资框架协议》和《武夷山国际旅游度假区项目投资框架协议》，计划在琅岐、武夷山投资开发大型综合旅游地产项目。
>
> 琅岐岛拟建10座星级酒店，项目计划投资200亿～300亿元。武夷山项目总投资30亿元人民币，计划建设3座高档星级酒店、旅游度假小镇、时尚休闲购物中心、大剧院等配套设施。根据协议，武夷山项目由大连万达、中国泛海、联想控股、一方集团等国内知名大企业共同出资建设，计划明年上半年开工建设，2012年底建成投入运营。
>
> 2010年9月，总投资500亿元的大连金石国际旅游度假区项目，将由大连万达集团、中国泛海集团、联想集团、大连一方集团、亿利资源集团五家民营企业共同打造。其中文化旅游项目投资300亿元。度假区项目包括影视文化创意产业园、主题公园、度假酒店区、大连秀场、商业中心、文化旅游小镇等功能区，计划于2011年开工。文化旅游项目2013年建成开业。
>
> 2010年9月10日，由大连万达集团、中国泛海集团、联想集团、大连一方集团、亿利资源集团五家顶级民营企业联合投资的"西双版纳国际旅游度假区项目"在西双版纳签约。该项目总投资150亿元，并号称我国西部迄今为止投资额最大、内容最丰富、创新度最高的世界级旅游投资项目。

2. 文化产业

文化产业包括电影、电视、音乐、歌曲、报刊、图书、休闲文化、艺术广告，艺术品经营等。也即一切文化品提供和文化服务行业都可以列为文化产业。文化产业基本上可以划分为三类

一是生产与销售以相对独立的物态形式呈现的文化产品的行业（如生产与销售图书、报刊、影视、音像制品等行业）。

二是以劳务形式出现的文化服务行业（如戏剧舞蹈的演出、体育、娱乐、策划、经纪业等）。

三是向其他商品和行业提供文化附加值的行业（如装潢、装饰、形象设计、文化旅游等）。

3. 娱乐产业

直至 20 世纪 90 年代中期以后，我国娱乐业才真正开始起步，产值与从业人员数有了较大幅度的增长。但从总体上看，娱乐业远远滞后于国民经济发展水平。目前我国的娱乐产业大体上可以划分为两大类。

一类是文化娱乐业，如电影院、戏院、音乐厅、图书馆、茶馆、戏剧爱好者俱乐部、文化宫、青少年宫、公园、游乐园以及一些体育场所和项目，如体操馆、乒乓球室、网球场、游泳馆、溜冰场、健美和健身活动中心等；

另一类是消遣娱乐业，如舞厅、卡拉 OK 厅、保龄球馆、高尔夫球场、酒吧、陶吧、大型游乐园等项目。

4. 体育产业

人民群众消费水平的提高，多层次、多项类、多形式的需求为健身休闲市场的发展提供了无限的空间。体育产业是指生产体育物质产品和精神产品，提供体育服务的各行业的总和。

体育产业包括体育本体产业、体育外围产业、体育中介产业和体育产业消费者等（图2-10）。

体育本体产业	体育外围产业
整个体育产业的核心，包括体育竞技业与大众健身业	体育用品商、体育器材商、体育服装商、体育旅游业商、体育博彩商和体育建筑商等
体育中介产业	体育消费者
体育广告商、体育赞助商和体育保险业等	体育产业的决定力量

图2-10 体育产业的构成

美国的篮球、棒球等五大职业联赛都成为其体育产业的标志，目前美国是世界是最大的体育产业国。

操作程序

六、业种

1. 业种的概念

业种指面向顾客某类用途的商店营业种类,特征是卖什么。业种是按照经营商品种类的分歧来区分的(表2-7)。与业态一样,业种是组成商业地产概念的基本单元。国内零售消费市场可细分成上百个业种,国外发达国家更多。

🌐 **业种特点**   表2-7

特点	购买频率	价位	购买习惯	外部作用	更换周期	地位
日常用品	高	低	冲动	短	不大	缺之不可
选购品	较低	较高	计划	较长	对服务有用	重要
专用品	非常低	非常高	考虑再三	先品货、后价格	对专业人士影响大	格重要、量小

2. 业种分类

(1)零售业种分类

根据政府统计部门的划分,零售商品共分为8大类(图2-11)。

(2)业种分类的实际运用

统计部门在划分时,

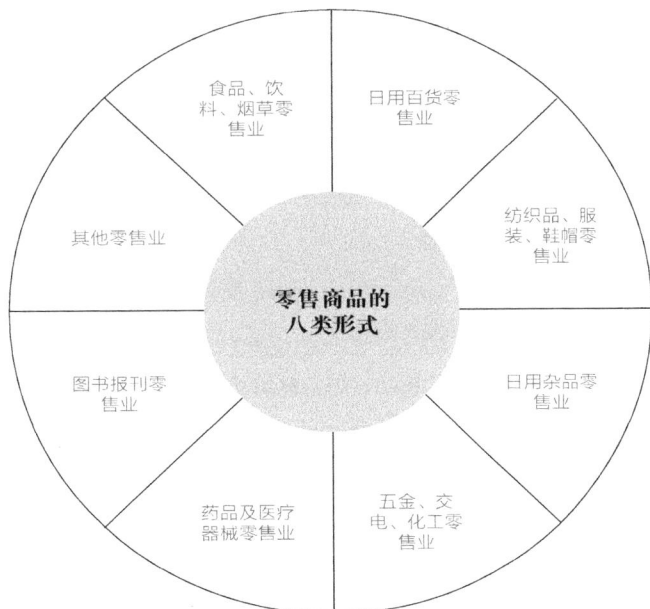

图2-11 零售商品的八大类

餐饮、休闲娱乐等类别都是分开统计的。而我们在实际工作，是需要把这些都归纳到各类业种中去。因此，在划分业种时，需要将范围扩大。同时，由于商品的种类多种多样，仅划分大类无法做到严谨细致。因此在高要求的调研中，需要将业种细分到小类。根据调研的要求，在统计市场业种时，可分为两个层次（表2-8）。

知识点

其他零售业包括家具零售业、汽车、摩托车及其零配件零售业、计算机及软件、办公设备零售业等。

🌐 **业种划分与统计**　　　　　　　　　　　　　　　　　　　　表2-8

初步统计	精确统计
金融、邮政	金融：证券、银行、信用社（合作社）、保险
食品	邮政
饮料、烟草	食品、饮料、烟草：食品（店）、烟草（店）、日杂（包含食品、饮料及烟草）、茶叶
日杂：含食品、饮料及烟草及其他	日用百货：日杂（不包含食品、饮料及烟草）
日用百货：不含食品、饮料及烟草	服装：男装（正装、男式休闲装）、女装（职业装、女式休闲装、淑女装、少女装）、童装、婴幼儿、孕妇装、运动装、牛仔装
纺织品	鞋类：男鞋（包括休闲鞋、皮鞋）、女鞋（包括休闲鞋、皮鞋）、运动鞋（实际中运动鞋通常与运动装一起销售，此种情况可不用单独统计）
服装	帽类
饰品	饰品：金银饰品（包含玉器类）、首饰挂件（非金银玉器类）、发饰、化妆品、工艺品
鞋帽	纺织品：包括针织品（包含毛衣类）、床上用品、丝绸
皮具箱包	皮具、箱包
五金交电	五金交电
家电	家电
化工产品	化工产品

初步统计		精确统计
药品	药品及医疗器械零售业	药品：中药（原材料、中成药）、西药
医疗器械		医疗器械
文化、办公用品	文化、办公用品	图书报刊
休闲娱乐健身		文教用品
餐饮		办公用品
家具家居		图文制作
车类及其零配件	文化、办公用品	花店
数码、IT、通信	休闲娱乐健身、餐饮	休闲娱乐健身：运动健身场所、运动健身器械（实际中如遇与运动装一起销售，不用单独统计）、美容美发、休闲中心、夜总会、KTV（包含歌城）、桑拿、舞厅、影剧院
照相摄影器材（非数码类）		餐饮：快餐类、西餐类、简餐类（包括咖啡吧、茶坊、酒吧）、中餐类
	其他	家具家居：家具、建材、家居家装；车类及其零配件：机动车、摩托车、非机动车、零配件及维修； 数码：数码相机、DV、数码设备零配件； IT：计算机整机、计算机零配件、软件； 照相摄影器材（非数码类）： 通信器材； 招商网点

3. 业种（案例）

上面我们提到过某区域商业中心的业态案例，我们继续分析其业种。

从专业店业种角度看，本项目总共有 14 种不同的专业店业种，其中医药类的数量最多，但是其优势地位也并不明显（表 2-9）。店铺数量只有一个的业种总共达到了 9 个，这几类业种竞争不会激烈。

从服务业业种角度看，汽车修配业类占的比例达到了 49.1%，近一半数量，而其他的一些配套服务如银行、邮局等数量较少。综合可以得出，此区域的服务业发展水平较低，配套不完善。

🌐 **服务业业种细分**   表2-9

专业店业种			服务业业种		
业种名称	数量	所占比例	业种名称	数量	所占比例
医药	5	20%	汽车修配	28	49.1%
电器	3	12%	美发	7	12.3%
服饰	3	12%	装饰广告	4	7.0%
机械	3	12%	培训	3	5.3%
茶叶	2	8%	二手房中介	2	3.5%
文具	1	4%	美容	2	3.5%
保险柜	1	4%	网吧	2	3.5%
化学品	1	4%	照相	2	3.5%
化妆品	1	4%	诊所	2	3.5%
琴	1	4%	彩票	1	1.8%
体育用品	1	4%	宠物医院	1	1.8%
鞋子	1	4%	飞机票	1	1.8%
眼镜	1	4%	邮局	1	1.8%
渔具	1	4%	银行	1	1.8%
总计	25	100%	总计	57	100%

操作程序

七、业态组合与定位

1. 业态组合定位的概念

商业地产项目的业态组合，指的是开发商根据项目城市现有业态状况和对未来商业发展趋势的把握，充分利用自身可能整合的各种招商资源，为便于项目实现销售和成功运营而对项目各功能分区和各楼层的业态所进行的规划。业态组合定位必须在项目开发前期完成。

2. 单体商业组合定位

（1）业态配比说明

1）尽可能引进符合项目实际需要的新业态，以造成对原有业态的强烈冲击，颠覆旧有商业格局。同时，所确定的业态必须有足够大的规模，以至于 3～5 年内无人能出其右，形成规模上的强势地位，将项目打造成新的商业中心。

2）要有主流业态和核心店，保证项目开业后对周边商业物业形成竞争态势，销售力强，以吸引人气，积聚商气；但又强调多业态经营，以使各业态之间优势互补，降低整体经营成本，提高利润率，预防风险。

3）现代百货公司和大型综合超市比较适合作为主流业态引进，但二者之间存在竞争关系，要注意它们的错位经营。

4）首层和二层尽可能采用产权清晰、便于日后管理的内置步行街业态，即使引进现代百货或综超作为核心店，也必须考虑采用适合进行产权分割的办法，将项目化整为零进行销售，确保回笼开发资金。

5）大型综合超市能够有效地形成商气，对确保项目运营成功有利，但其要求租金相对较低，容易形成"租售"矛盾。

6）现代百货公司以时尚和女性消费为主，可以承受较高的租金，但该业态必须从首层开始配置，公摊面积最少 40%。其与大型综超相似，将在一定程度上导致部分潜在客群不愿投资此类商铺。这是在引进百货公司和大型综超业态时必须注意的。

（2）规模与体量搭配技巧

根据我国大多数地级市城区人口规模、消费水平和购买力现状，一般来说，打造一个单体商业地产项目，其规模宜在总建 2～3 万 m²，层数控制在 3～4 层。在受到用地面积、建筑密度等规划条件限制致使开发面积过小，或当地城市人口基数大、现有商圈十分繁荣的条件下也可建五层。但总建筑面积一般应控制在 4 万 m² 之内。

商业项目总建筑面积过大，开发风险便骤然放大。因为，人们对单体商场面积的心理最大承受能力为 1.7 万 m²，生理最大承受能力为 2.3 万 m²，超过这个"疲劳度"就适得其反。从国外百货店的一般规模来看，单店营业面积多为 7000～8000 m²，在日本，超过 6000 m² 就要受到"大店法"的规制。

需要注意的是，一些开发商在地级市动辄开发 5 万~ 6 万㎡，甚至在只有 40 万人城市人口的城市也盖起多个 10 万㎡的商业巨盘，风险隐患从规模上就早早埋下。

（3）建筑规划设计要点

1）建筑规划方面，项目的临街一侧尽可能布置有广场，如旱喷泉广场及停车场，注意提供优美购物环境，使之休闲特性明显。

2）建筑造型强调现代而前卫、简洁、明快、标识性强。

3）注重竖向交通的易达性，创造临街便捷的多渠道垂直交通：设室外电动扶梯，将人流动线上的顾客直接输送至二层甚至三层，在与之相邻的商业物业间架设人行天桥，在具有景观价值的临街面配置观光电梯，将客流直接从地面引向各层。

4）建筑内尽可能设置面积适可的中庭，因为中庭是垂直交通组织的关键点，是步行空间序列的高潮，这里人流集中，流量大，最有可能鼓励层间运动，又宜作为休闲、促销场地；中庭顶部天窗宜采用透明材料引入自然光线，不仅节能，而且让上层空间开阔敞亮，把人的视线吸引向上。

5）配套设施应较为完整，中央空调、电动扶梯、客梯、货梯、烟感喷淋消防系统、照明系统、通风系统、背景音乐系统、道路指示系统，均应规划建设到位。大多数情况下不建地下室或半地下室。

6）选址宜在中心商圈，以最大程度充分利用和整合现有商业资源。

（4）业态组合方式

根据项目总建筑面积的大小和层数的不同，业态组合方式自然不同。以单体商业建筑为例，一般有这么几种组合方式。

1）首层面积为 4000 ~ 5000 ㎡，层数为 4 层，总建筑面积在 1.6 万~ 2 万㎡

根据这个体量一般可有三种方式组合：

第一种：内置步行街 + 专业卖场

1F	流行时尚专卖店、精品店、折扣店组成的名店街，并设1~2个方便快餐冷饮店	内置步行街
2F	服装步行街为主	
3F	服装步行街为主	
4F	引进知名品牌做专业大卖场，如3C卖场（家电、手机、电脑）或家居卖场或电玩、运动、书市、电影城之类专业卖场	专业卖场

　　将 3F、4F 临街部分设计为通透立面，用大幅透明落地玻璃配以明亮灯光，使其成为餐饮、咖啡、茶室等对情调和视线要求较高的经营定位，并进行分割销售。而这种可凭栏远眺的餐饮娱乐景观区还会具有非常不错的卖点。之所以强调对 3F、4F 的分割销售，是因为项目总建筑面积规模小，可供销售的面积最大也只有 2 万㎡，为提高开发商的投资收益，必须尽可能提高分割销售商铺的比例。

　　该组合的缺点是缺少核心店。但由于内置步行街将流行时尚和服装专卖集中经营，提供了舒适明亮的购物环境，具有明显的"扎堆"效应，较受经营者和消费者的欢迎。同时，该组合适合划小商铺面积，便于控制总价，从而利于推盘销售。必须强调指出，从定价策略和解决"租售"矛盾、利于开业后运营管理等多角度考量，这种首层为步行街，并争取尽可能多的楼层为步行街的组合是单体商业房地产项目首选和主要的组合模式。虽然内置步行街这种业态目前在地级市中还不多见，但它无疑将成为未来流行的趋势。

第二种：内置步行街 + 大型综合超市 + 专业卖场

1F	流行时尚专卖店、精品店、折扣店组成的名店街，并设1~2个方便快餐冷饮店，精品服装等	1F+2F的2/3为内置步行街
2F		2F的1/3+3F为大型综合超市
3F	大型超市	
4F	引进知名品牌做专业大卖场，如3C卖场（家电、手机、电脑）或家居卖场或电玩、运动、书市、电影城之类专业卖场	专业卖场

　　此组合的用意在于借大型综超可以有效积聚人气来提升项目的品质。大型综超应成为本组合的核心店。但其必须从 2F 开始引导人流并输送至 3F，否则，将大型综超直接设置在 3F 有较大经营风险。

第三种：现代百货超市 + 内置步行街 + 专业卖场

1F	现代百货	1F+2F为现代百货公司
2F		
3F	流行时尚专卖店、精品店、折扣店组成的名店街，并设1~2个方便快餐冷饮店，精品服装等	3F为内置步行街合超市
4F	引进知名品牌做专业大卖场，如3C卖场（家电、手机、电脑）或家居卖场或电玩、运动、书市、电影城之类专业卖场	专业卖场

此种组合若项目地商圈非常成熟，人气特旺，也可考虑将4F设计为部分或全部内置步行街。

对于第二种和第三种组合，由于作为内置步行街的可供销售的商铺面积太少，必须明确：

① 大型综超和百货店的面积必须分割列入销售；

② 首层面积一般应不小于4000 m²；

③ 与第一种组合类似，将3F、4F的临街部分包装成观景餐饮进行销售。

> **知识点**
> 以上三种组合是针对项目总建筑面积不大的特点而进行的设计。对开发商而言，总建筑面积小、项目整体运作所需投入的资金自然就少。即使在央行实行"121"新政之后，总建筑面积在1万m²多的项目，开发商所需投入的资金依然不是太多，有利于整体运作。但是，对于总建规模太小的项目，如若不能借助现有商业地产形成犄角，错位经营，相互支持，积极巩固原有的中心商圈地位，而项目自身规模又不足于构筑新商圈的话，为避免项目开业后的经营风险，作者还是建议开发商慎重开发。

2）首层面积为 6000 ~ 1万㎡，层数为 3 ~ 4 层，总建筑面积在 2 万~ 3 万㎡

这个时候，有两种方式组合：

第四种：内置步行街 + 大型综合超市 + 专业卖场

1F	流行时尚专卖店、精品店、折扣店组成的名店街，并设1~2个方便快餐冷饮	1F+2F3/4为内置步行街
2F		
3F	综合超市	2F1/4+3F为大型综合超市超市
4F	引进知名品牌做专业大卖场，如3C卖场（家电、手机、电脑）或家居卖场或电玩、运动、书市、电影城之类专业卖场	专业卖场

此组合可提供便于分割销售、三层以下的商铺面积至少近 2 万㎡, 且首层面积较大, 利于项目推盘销售。当然, 大型综超应成为核心店。3F、4F 的临街部分可设计通透明亮的餐饮娱乐景观区。

第五种: 现代百货公司 + 内置步行街 + 专业大卖场

1F	现代百货	1F为现代百货公司
2F	流行时尚专卖店、精品店、折扣店组成的名店街, 并设 1~2个方便快餐冷饮	2F+3F为内置步行街
3F		
4F	引进知名品牌做专业大卖场, 如3C卖场（家电、手机、电脑）或家居卖场或电玩、运动、书市、电影城之类专业卖场	专业卖场

该组合可将 3F、4F 临街部分为通透明亮的餐饮娱乐景观区。还可根据周边商业物业竞争情况, 从 2F 引入生鲜、副食、洗化超市概念, 并连同 3F 的一部分开辟为超市。

3）首层面积超过 1 万㎡, 层数为 3 层, 总建筑面积超过 3 万㎡时

如当地城市人口基数庞大、现有商圈繁荣, 或开发商有较好的银行关系, 为今后融资"变现"考虑, 也可建 4 层, 总建筑面积超过 4 万㎡, 因其首层面积和总建筑面积较大, 业态组合有较多的选择余地。

第六种: 内置步行街 + 大型综合超市 + 专业卖场

1F	流行时尚专卖店、精品店、折扣店组成的名店街, 并设 1~2个方便快餐冷饮	1F为内置步行街
2F	大型综合超市	2F为大型综超市
3F	引进知名品牌做专业大卖场, 如3C卖场（家电、手机、电脑）或家居卖场或电玩、运动、书市、电影城之类专业卖场	专业卖场

此种组合, 可将 3F 临街部分作为观景休闲餐饮。

第七种: 现代百货 + 内置步行街 + 专业卖场

1F 为百货公司, 2F 为内置步行街, 将 2F 和 3F 的一部分辟为生鲜副食洗化超市, 3F 的临街部分作为观景休闲餐饮, 其余部分作为专业卖场。

一般说来, 第四种组合至第七种组合的项目堪称当地"商业航母"。如总建筑面积规模达到 3 万㎡以上时, 该项目在地级市已可规划成典型的购物中心, 即 shopping mall 业态。

这种业态是一个无顾客层次限制、集中了多种零售业态和服务设施的多功能综合体，它具有"一站式、多功能、休闲性"特点，服务功能齐全，不仅满足购物需要，而且也满足休闲、娱乐、文化和餐饮等需求。因此，在进行业态组合时，经营品项要考虑吃、穿、用、玩、乐、赏、游等内容的合理配置。

（5）业态组合说明

1）开发商在思考业态组合时，其关注的焦点应该是售楼和经营并重。因此，室内步行街始终是这些方案的核心组成元素。

2）利用大型综合超市和现代百货公司作为主力店来聚集人气，形成商气，以达到提升项目品质的目的，是解决业态组合问题的重要手段。但是，这种设计所带来的问题是，由于这两种业态所需经营面积大，公摊面积最少40%，虽然可以从产权形态上分割，但交房时毕竟不能从实物形态上分割，将在一定程度上导致部分客群不能接受此类商铺而影响售楼。当然，如果开发商倾力引进知名品牌百货公司或大型综超，精心包装项目，制定合适的售价政策（首层定位为百货公司业态其售价一般比首层定位为内置步行街的低，但此时可适当调高2F内置步行街的售价），处理好买卖合同、租赁合同和招商合同间的法律关系，租赁期适当延长（应考虑在10～20年），规划这两种业态的楼层也是可以分割销售的。

3）若项目地原有百货业态较弱（如尚处于传统百货向现代百货过渡阶段），在总建筑规模不大时（如2万㎡），也可将整个项目定位为百货业态并全部分割销售。但当项目定位为购物中心业态时，百货或大型超市则只能规划为项目的主力店群，且其面积占比不能超过80%。

4）各种组合均应在1F设立1～2个方便快餐、冷饮店以完善功能，但饮食比例不宜太多，以冷食为主。

5）各种业态、业种面积占比应根据当地业态现状、竞争激烈度和对项目招商、售楼前景的预测进行综合分析确定。

6）选择观景休闲餐饮要考虑项目地周边环境是否具有景观价值，所在楼层是否具有良好的视野。

7）除在顶层规划专业大卖场外，应根据实际需要在2~4层间配置一些其他业种专业店。

8）细节的考究。比如，内置步行街商铺的开间、进深和购物动线宽度应该多少为宜，商铺面积如何划分才利于销售又利于经营，公摊面积多少方易为业主接受，在什么情况下内置步行街可往3层、4层设置，怎样选择业种组合可使商铺售价最佳，如何处理业主组赁合同和招商合同的关系等。所有这些细节都必须与项目的业态组合定位"精准"吻合。

3. 综合建筑体业态组合

综合建筑体的主要商业业态包括购物中心、酒店、写字楼、公寓、住宅等，而其中购物中心内的业态主要有：百货店、零售型专业店、专卖店、特色超市、大型综合超市、电影城、娱乐中心（KTV、电玩等）、健身中心、大型中式酒楼、特色餐饮美食广场、美容院及发廊、银行、便利店、折扣店、专业市场等。这让业态组合配比更为复杂，技术要求更高。

（1）综合建筑体业态组合需要考虑的三个问题

综合建筑体业态组合就是指根据自身的定位，确定商业业态的种类和每一种商业业态在购物中心中的分布及分配比例的过程（图2-12）。

业态的选择

一个综合建筑体究竟应该承载哪些功能、涵盖哪些业态

配比的问题

各业态在综合建筑中的占比及每一业态中具体每个业种数量的多少以及相互的比例关系

落位与分布的问题

各业态在综合建筑体的区位与业态之间的相互关系

图2-12 综合建筑体业态组合涉及的三个问题

对不同的业态如何进行有效的划分与组合，不仅关系到广场定位的实现、客流的共享，更关系到经营收益的最大化。

（2）整体定位与单体定位的细化与统一

单个建筑体的业态组合须服务于综合体项目整体战略的发展要求。业态的选择与配比规划须符合综合建筑体的整体定位，满足商家的经营需要和消费者的消费需求。综合建筑体定位包括三个层面：

1）整体功能性定位

综合建筑体要实现哪些基本的功能？位于不同城市不同区域属性的综合建筑体，由于区位特征不同，其承载的基本功能及扮演的角色也会有较大的区别，如上海五角场万达广场属于城市中心（副中心）型城市综合体，北京CBD万达广场为城市特定功能区域内的综合体，而宁波万达广场则属于典型的郊区型城市综合体。

2）目标客户群选择

位于不同类型的城市以及城市不同区位的综合建筑体，其目标消费人群的结构、消费能力以及消费倾向会有所差别，这必然会影响到综合体（尤其是购物中心）内商业业态种类的选择及各业态的配比。

3）整体规模确定

主要考虑综合建筑体的面积、大小及横竖向空间结构。

（3）功能性选择与配比

综合建筑体的立地条件与周围的商业环境和竞争态势不同，其功能结构也将有所区别。对于位于城市中心区的综合体，购物中心、写字楼、酒店、公寓等业态的比例相对比较均衡，而位于市郊的综合体，住宅、购物中心等业态比重较大。位于城市中心区的购物中心，购物、餐饮、休闲娱乐等功能业态相对突出；社区型购物中心，目的性消费较强的零售类业态会比较多；郊区型的购物中心，主题性消费更强，娱乐体验类消费业态则更加丰富。

（4）业态布局与衔接的技巧

各业态布局与相互衔接时各业态间能否有效互融，关系到综合建筑体内消费的舒适性及流畅性，这又直接影响到顾客在购物中心逗留的时间及消费的总客单价。业态的互融相关性通常情况下从两个角度进行思考：

1）功能互补性：各自有明确的功能特征但又互融成为一个整体。

2）目标客群的一致性：特定目标客群的消费需求有比较强的系统性，可以根据不同客群的消费特征在综合建筑体内建立不同的消费主题区域，在不同的消费主题区根据客群的需求组合各功能业态。

（5）综合建筑业态盈利能力的统筹

如何利用有限的租赁空间创造更多的长期投资价值，这就要求做到有所为有所不为，在目标客群和相关业态的选取上必须有所取舍，并根据市场的需求适时调整。

各业态的行业盈利能力是我们的重要参考，不同的业态，其行业的平均盈利能力有很大的区别。通常情况下，低毛利业态的客流带动能力比较强；而高毛利业态的客单相对较高，承受租金的能力也较强，但客流量有限。大众型购物中心需要在高毛利业态和低毛利业态方面进行平衡，一般通过低毛利业态拉动客流，用高毛利业态获取租金。

（6）业态组合的动态优化

综合体内的业态刚性很强，有很高的稳定性，但购物中心内的业态则会有(也必须有）比较大的弹性。购物中心发展的不同时期，由于其面临的任务与挑战不同，业态和品牌作为实现目标的工具，必定会有所变化。购物中心开业初期更多的是关注购物中心整体品牌的知名度以及其对周围消费群体的吸引能力，在业态规划与配比上，更多地会考虑那些能迅速促进稳场与旺场经营的业态与品牌；而对于步入稳定成长区或成熟区的购物中心，更多考虑的是购物中心的品质和持续盈利能力，这时候对业态和品牌肯定会有更高的要求。

新手知识总结与自我测验

总分：100 分

第一题：商业业态主要分为哪几大类？（5分/个，共20分）

_____

_____

_____

第二题：我国对零售业态共分为多少类？（共20分）

A.15 类　　　　B.16 类　　　　C.17 类　　　　D.18 类

第三题：下列哪种业态辐射范围最大？（25分）

A. 便利店　　　B. 超市　　　　C. 专业店　　　D. 购物中心

思考题：零售业经历了百货商店、连锁超市、购物中心、无店铺销售四个阶段，零售业演变过程中基于哪些内外在因素的影响，零售业的演变对商业地产发展有何影响？（35分）

_____

_____

_____

_____

得分：　　　　　　　　　　签名：

商业地产
新兵入门

03

解析开发过程
商业地产的产业链条

操作程序

本章使用指南

商业地产开发是一个系统工程，这个系统工程包含市场开发、运营管理、资本运营三个层面的工作，又包括开发行为、经营行为、投资行为三种行为方式，同时还包括开发商、投资者、经营者、消费者等构成主体，以及潜藏在背后的政府、银行等重要利益联盟。商业地产开发的过程实际上就是和这些主体利益博弈的过程，同时也是一个项目专业开发和运营的过程。利益的协调、环节的控制、关系主体的沟通和整合都是确保项目成功的基础。

操作程序

一、商业地产开发的概念

1. 商业地产开发的概念

商业地产开发一般指商业地产开发企业（即开发商），以赢利为目的投资开发商业地产项目，从立项、规划、土地出让或转让、拆迁、建设到销售、运营等一系列经营行为。

2. 商业地产开发与住宅开发的区别

商业地产开发由于比住宅开发多出开业、运营、管理三个环节。所以，它的选址过程更加严谨、调研比住宅复杂、开发定位比住宅开发定位系统化、推广比住宅的推广更具针对性。具体的开发区别如图 3-1 所示。

3. 商业地产开发商的六种类型

商业地产开发商的构成很多，除了传统的商业地产开发商，整个产业链条中的主体都想渗透到商业地产开发领域，如零售商、住宅开发商、各种其他相关机构等，都想切入到这个市场，分享商业地产的蛋糕。

（1）零售商

零售商是一个不可忽略的力量，在商业地产开发产业链中，越来越多的零售商开始直接参与上游的开发。零售商在开发经营以百货、超市等购物为核心的项目时具有明显的招商和运营优势。在发达国家，50% 以上的商业地产项目由零售商开发。如沃尔玛、家乐福、易买得、日本永旺等，而在中国，万佳超市、俏江南、华联超市等也积极介入商业地产的前期开发。

（2）专业商业地产开发商

国内专业做商业地产开发的有 SOHO 中国、宝龙集团、万达集团、新加坡凯德置地、嘉里建设等，这几家开发的标志性产品分别为 SOHO 写字楼产品、宝龙城市广场、万达广场、来福士广场、嘉里中心等，它们大都成为区域市场的龙头商业地产项目，其中万达集团是亚洲最大的商业地产开发商。

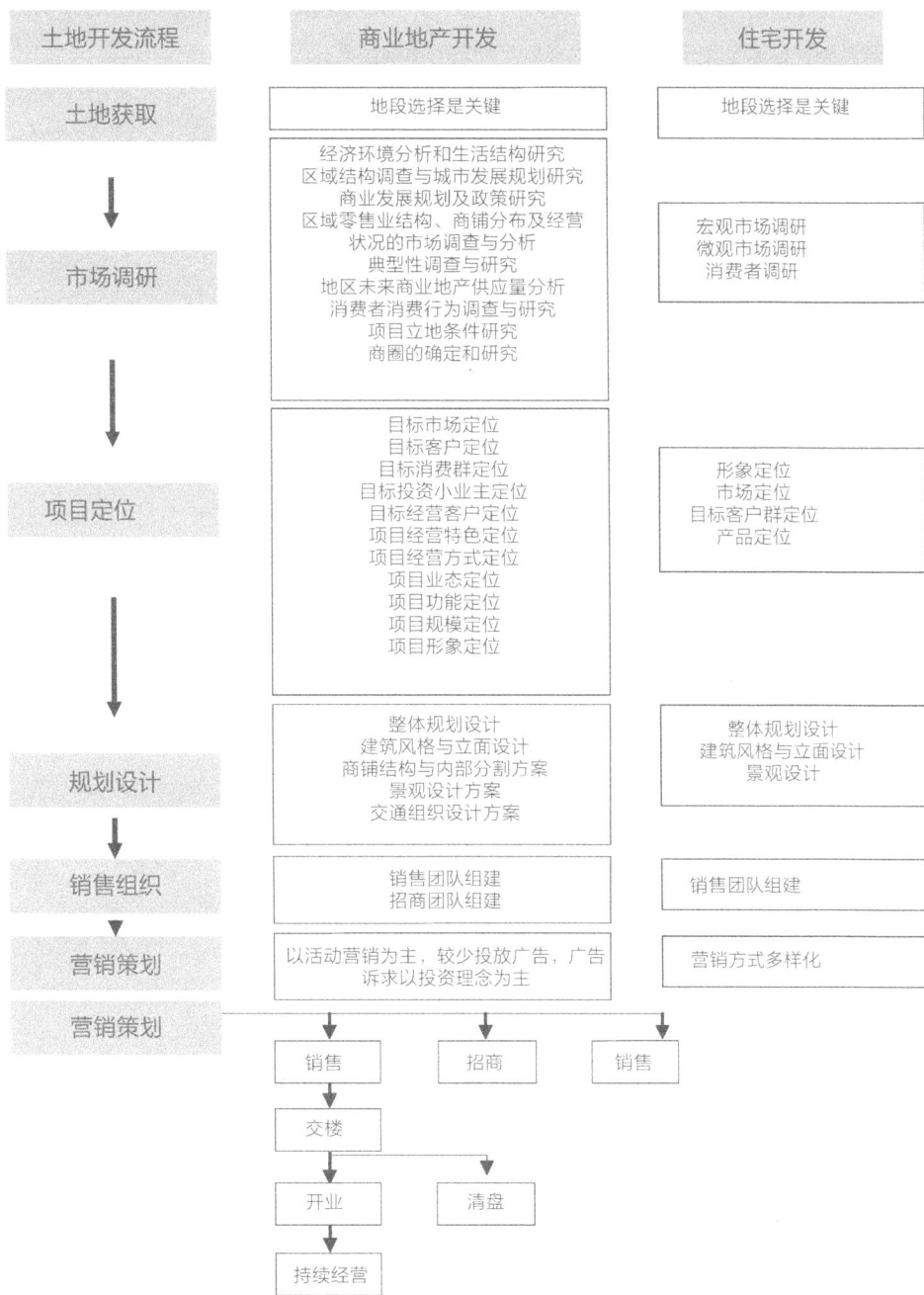

土地开发流程	商业地产开发	住宅开发
土地获取	地段选择是关键	地段选择是关键
市场调研	经济环境分析和生活结构研究 区域结构调查与城市发展规划研究 商业发展规划及政策研究 区域零售业结构、商铺分布及经营 状况的市场调查与分析 典型性调查与研究 地区未来商业地产供应量分析 消费者消费行为调查与研究 项目立地条件研究 商圈的确定和研究	宏观市场调研 微观市场调研 消费者调研
项目定位	目标市场定位 目标客户定位 目标消费群定位 目标投资小业主定位 目标经营客户定位 项目经营特色定位 项目经营方式定位 项目业态定位 项目功能定位 项目规模定位 项目形象定位	形象定位 市场定位 目标客户群定位 产品定位
规划设计	整体规划设计 建筑风格与立面设计 商铺结构与内部分割方案 景观设计方案 交通组织设计方案	整体规划设计 建筑风格与立面设计 景观设计
销售组织	销售团队组建 招商团队组建	销售团队组建
营销策划	以活动营销为主，较少投放广告，广告诉求以投资理念为主	营销方式多样化

营销策划

销售　　招商　　销售

交楼

开业　　清盘

持续经营

图3-1 商业地产开发与住宅开发的区别

（3）住宅开发商

由于住宅开发需要有商业配套设施，因此住宅开发商被迫进入商业项目开发领域。如远洋地产、招商地产、龙湖地产、万达地产、金地集团等。当然，住宅市场的高压政策以及竞争的激烈，也是迫使开发商转向商业地产领域的重要因素。

（4）综合性开发商

其中以华润集团和中粮集团为代表，目前住宅和商业地产两条线齐头并进，并都已经找到成功的商业地产运营模式，如华润的万象城、中粮的大悦城项目。

（5）各种开发机构

因为拥有适合的商业用地而进行开发。

（6）其他类型的开发商

包括其他行业转型进入商业地产项目开发。

4. 商业地产开发的三高特性

商业地产蕴含高风险、高回报、高技术的三高特性（图3-2）。

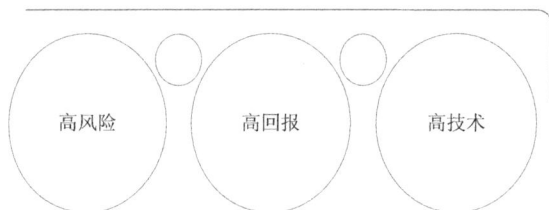

图3-2 商业地产的三高特性

（1）高风险

高风险主要指投资大，一个项目动则几亿元、几十亿元的投入，而且经营环节众多，任何一个环节的纰漏都可能导致项目的全盘皆输。同时，商业地产主要盈利模式是靠租金，租金的获取是靠经营，经营又与社会经济环境紧密相连。一旦社会经济出现波折，项目的经营就会面临困境。日本的地震、海啸、核辐射让东京银座购物中心的营业额下降8成，就是高风险的最好体现。

商业地产是新一轮城市开发建设的高潮与机会，开发商必须认识到这里面的风险和陷阱。风险主要来源于开发商没有经验和中国缺乏这方面的专业人才和专业化的顾问公司。最重要的是，虽然商业地产是一个传统行业，但是，它面临着新时期要求的变化，及其导致结构的变化。需要开发商具有高度的商业敏感性，重视专业技能和科学的态度，以及对待投资招商的谨慎。

（2）高回报

商业地产的投资开发，尤其是大型项目的开发是一个商业平台的开发，它获取营业收入方式有多种，主要是租金收入，同时还有资产增值的收益、广告收入等，这些收入不像住宅，而是每年都能产生，具有明显的高回报特征。

（3）高技术

由于商业地产开发是一个系统工程，它包含了资本运营、市场开发、运营管理三个层面，而每一个层面又包含众多关键环节，每个环节又涉及建筑设计、规划设计、商业顾问、销售代理、商业管理等众多合作主体，开发商需要将这些主体整合拿捏在一起，既要系统开发，又要保证每个环节的到位，技术难度相当高，对开发商的掌控能力提出更高的要求。

二、何为商业地产开发

商业地产开发是一项复杂的系统工程，那么我们怎么从宏观的角度来看到商业地产开发过程呢？

1. 商业地产开发包含的三大体系工作

商业地产开发涉及资本运作、市场开发、运营管理（图3-3）。

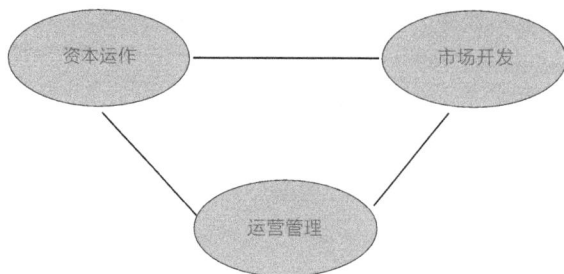

图3-3 商业地产开发包含的三大体系工作

（1）资本运作

由于商业地产项目开发的资金要求高，所以对资本运营的要求也高。

资本运作就是利用资本市场，通过买卖企业和资产而赚钱的经营活动，包括企业并购和整合，通过上市融资和出售企业以及资产从而盈利的活动。简而言之，资本运作就是一种以小变大、以无生有的诀窍和手段。中国资本市场还没有太快的发展，但从长期来看，中国的贷款市场有很大的潜质，这对商业地产发展是一个很有利的因素。

（2）市场开发

市场开发包括了从前期选址、调研到最终的开发建设，这个过程相比住宅更为复杂，专业化程度也更高，因为它需要兼顾零售业态的建筑设计要求，也需要考虑经营商户的相关规范，同时还需要考虑消费者的需求。

（3）运营管理

运营管理主要包括后期的商业运营模式、商业管理、物业管理等内容。

2. 商业地产开发包含的三种行为方式

商业地产贯穿全过程有三种行为：一种是开发商的开发行为，一种是中小投资商的投资行为，还有一种是经营商户的经营行为（图3-4）。商业地产开发商不仅需要履行第一个行为过程，还需要保证后两个行为过程能正常进行。这就需要开发商具有较强的统一招商管理能力、统一运营管理能力、统一营销管理能力和统一的服务及监督管理能力。这四个能力的背后需要开发商大量的硬件、软件等各种资源和资金的支撑。

图3-4 商业地产开发包含的三种行为方式

3. 商业地产开发包含的四个利益主体

商业地产整个投资开发的链条中实际上有四个主体，分别是开发商、投资者、商户和消费者（图3-5），只有保证四者皆满意，整个项目才具有持续地盈利能力。针对投资客主要涉及科学的租售策略，而涉及商户主要是良好的服务监督及管理，涉及消费者主要是树立品牌形象，营造良好的商业氛围。这几部分的工作哪一部分都不能少，忽视任何一个环节都可能导致某个主体的利益受到损害，从而导致最终整个利益链的崩裂。

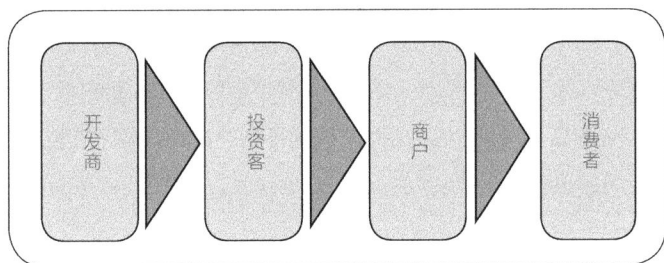

图3-5 商业地产开发包含的四个利益主体

消费者是否接受，关系到最终的开发成果。项目打算为消费者提供产品的同时，又提供了什么样的生活方式，如：快餐、汽车、房子、电影、笔记本电脑、CD、PDA、DVD、手机、服装、食品、旅游、电信服务、互联网、杂志等，消费者在决定购买这些产品的时候又希望得到什么样的生活方式？不同阶层、不同年龄段的消费者最理想的生活方式又是什么？相信这是许多开发商共同想得到的答案。

4. 商业地产开发的潜在三方博弈

商业地产开发，尤其是大型商业地产的开发，远远不是开发商一个人的事，任何一个大型商业项目都会关系到城市的发展，有些项目很有可能是城市的标杆建筑，当地政府会给予极大的关注和影响，同时银行在整个项目中的开发将或多或少起到影响和制约。

（1）开发商的角色

开发商进入商业地产一定要有这样的思想准备，做商业地产如同培养一个"孩子"，在培育过程中有很多的不确定性。除了自身的教育之外，还有市场、周边等因素的影响。所以商业地产是成功还是失败需要很长的时间才能看出来。开发商进入商业地产时一定要从战略层面上考虑，一开业就火的时代已经一去不复返。

（2）政府的角色

一个商业地产对城市的贡献和城市经济的发展有密切关系。比起住宅，它对一个城市的贡献要大得多，它为政府带来持久的税收贡献。此外，它还可以改善城市形象，解决就业等问题，拉动相关的产业，创造更多的商业机会，并且还可以拉动周边地价的升值。政府从商业地产的周边土地获益。同时，如果它出了问题，也是具有高破坏性的，很多商业地产已经引发了许多社会问题。

（3）银行的角色

商业地产也牵涉到金融问题。国内的商业地产项目目前的种种问题和商业地产金融产品的缺陷有很大的关系。除了银行贷款外，国内还没有严格意义上的商业地产金融产品。因此对于开发商来说，还款压力大。国内商业地产既得不到中长期的银行贷款，也没有 REITs 等退出机制，因此发展缓慢。

操 作 程 序

三、商业地产开发的本质

本质一：商业地产是一种社会化开发

作为复合型的商业、地产、金融产品，商业地产的成长是需要一定基础条件的，除了开发商自身的专业能力以外，社会发展和城市经济环境对商业地产的开发更是具有至关重要的影响，商业地产的主要困扰就是社会化制约因素的存在，这也是不能全盘把商业地产出现的问题全部推给开发商的根本原因。在国内融资通路持续未有改善的环境下，即使调高贷款利率，商铺的分割出售现象仍将难以停止，"只租不售"的推行将会依然艰难，因此尽快出台房地产信托基金 REITs 已经成为争取更多有潜力项目取得成功的关键因素。

本质二：商业地产是一种专业化开发

商业地产开发是一项高度专业化操作的过程，包括需要专业化的设计公司、专业化的顾问公司、专业化的商业管理公司以及专业的商业地产开发商，这四个主体的专业化是保证项目成功的关键。而归根结底，都是对专业人才的需求。目前复合型专业人才缺乏，商业地产项目的创新度和专业度严重不足。

（1）操盘方式专业化

虽然目前商业地产开发形势火热，失败的案例也比比皆是，最主要的原因是对商业项目的高度专业化要求认识不够。

如国内开发商普遍还在沿用住宅项目开发的操作模式。基本上是开发商自己策划，开发商委托并指导规划设计，到项目初步定型或彻底完工时再进行招商。因而无论业态定位，还是设施的规划都与国际大型商业项目的操作模式脱节。造成规划设计等实施工作越深入，招商越困难。

除了住宅开发中的底商或配套商业项目操盘方式相对简单外，以购物中心为代表的大型商业项目，在经营、开发与管理模式上有更高的要求。大型商业设施的经营主体是大型品牌或连锁商家，商业地产项目的招商引资是否成功是该项目能否顺利进行的第一要素，一个项目的经营前途主要取决于三个方面（图3-6）。

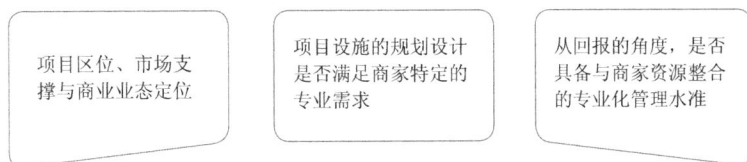

项目区位、市场支撑与商业业态定位

项目设施的规划设计是否满足商家特定的专业需求

从回报的角度，是否具备与商家资源整合的专业化管理水准

图3-6 一个项目的经营前途主要取决于三个方面

也就是说，一个大型商业项目在前期的策划、招商中期的规划设计，以及后期的经营管理三个阶段都需要有高度专业化水准的操作能力。大型商业项目就像酒店设施一样，必须由酒店管理集团来介入前期策划与后期管理，开发商难于直接进行专业化的商业设施规划并对商家进行管理。开发商只有在专业商业投资、管理与顾问公司以及专业商业项目规划设计公司的协助下，才能使一个大型商业项目达到专业化的高度。

（2）开发过程需要专业顾问

商业项目开发基本要完成 5 个方面的工作：市场分析与业态定位，功能流程规划与提供设计技术依据，投资与财务评估，项目管理与实施，销售与招商运作。在社会分工日益细化的今天，却还有开发商想凭借一己之力独立完成上述工作，这显然是非常之不明智的。

认识到大型商业地产项目对专业化水准的要求后，开发商应重视专业商业投资顾问公司与商业设施规划设计公司的作用。在商业地产开发过程中，为何要把专业顾问公司摆在如此重要的位置呢？

1）专业顾问公司具有资源整合能力

国际上能够进行大型商业地产资源整合，从负责招商融资到开发顾问及后期物业管理的公司不超过十几家。提供一个能满足商家经营需求并保障长久回报的项目形态，是此类专业顾问公司的长项，也是国内开发商求之若渴的专业支持。

2）专业顾问公司能够提出专业顾问服务

专业顾问代理公司与商业投资公司的关系是经过几十年建立起来的鱼水关系。专业顾问公司在评估或推荐项目时代表着商家的利益。建立在这种高度专业化服务上的信任关系，正是顾问公司招商与整合资源的保障。国内开发商自说自话的招商材料与缺乏专业水准的项目论证是招商的短腿。

3）专业顾问公司能够保证商业设施的合理

专业公司的指导是规划设计出一个达到商家专业使用要求的商业设施的保证。不同业态的商家对卖场的规划与各种人、车、货物流程的组织有着不同的要求。而一个大型商业项目面临将所有这些复杂功能合理又互补地组织在有限的空间资源内。能够指导规划设计的也只有那些具有丰富大型商业管理经验的专业商业投资顾问与管理公司。

（3）规划设计需要专业化设计机构

商业地产的开发设计同住宅项目的开发设计有本质的区别。相比住宅的设计，它的复杂性、专业性更高，既需要站在建筑的角度，又需要时刻想着规划设计与商业的结合。其专业要求体现在以下方面。

1）业态和功能的复杂

大型商业中心通常都包含主力店、大量零售店、多种形式的餐馆和娱乐休闲设施，各种人流、物流、水平、垂直交通与消防疏散的组织相当复杂。

2）需求的多样

在满足上述功能要求的前提下，如何满足未来大量商家的需求，特别是可视性和可达性，以获得最大的商业利益，进而为开发商获得最大的出租和出售回报，是规划设计至关重要的问题。这实际上已不是传统的建筑设计工作范畴，但这正是优秀的专业化的商业建筑设计师为开发商提供的专业服务。

3）平面设计的严格

在大型商业的平面设计中，各部分功能都有严格的要求，如主力连锁超市每个品牌对建筑的面积柱网、层高、电梯的位置等都有不同的要求，大型娱乐设施的功能布局、内部人流路线更有严格的要求。而如何将大量商铺区平面灵活组织，化整为零利用于出售；同时又可化零为整，利于整体出租和管理保证品质，也是设计需要解决的问题。

知识点

不是所有建筑设计公司都能进行大规模商业地产项目的规划设计。商业地产规划设计的好坏，直接影响开发商的经济回报，以及项目的生死存亡。商业地产是一个非常活跃、时尚的建筑类型，要求设计师除了具有丰富的经验、高度熟练与综合的设计能力以外，敏锐地把握市场动态并与开发商、策划机构及销售代理公司之间密切合作，及时反馈，将市场的需求融汇到规划设计中，这些是优秀的商业地产设计师不可或缺的能力。

本质三：商业地产是一种城市化开发

从城市发展角度看，商业地产的社会化目标在于服务城市建设、商业发展和生活方式的改善；商业地产与扩大内需和改善生活环境相联系。从这个意义上讲，城市建设需要持续性的成长空间，而商业地产是长期性、持续性的生活形态和商业产品、地产产品、金融产品集合体，二者目标吻合，因此构建城市发展与商业地产开发的和谐关系将成为寻求商业地产发展突破的着眼点。

本质四：商业地产是一种价值化开发

从投资者对项目战略预期的调整看，商业地产的企业化目标开始转化为注重开发之后的长期运营价值和物业资产价值，这种趋势符合企业追求长期稳定价值的投资理念。从市场消费、零售企业连锁拓展和资金出路等商业地产整合链条构成元素功能作用分析，三者的组合构成了商业地产赖以发展的重要支撑。价值化开发有三点需要牢记：

牢记1：对商业地产价值认识要深化，要加强对商业运营价值和商业运营技术的研究和分析，适应商业地产从开发向运营的转变，使开发、招商和运营之间保持互通能力和互助能力。

牢记2：商业地产的投资目标上应尽快从单纯的地产产品向商业不动产价值提升型产品转变，只有实现了这样的转变，才能更加准确地反映商业地产复合性、专业性、商用性、持续性、经营性、增殖性的六大特征。

牢记3：对商业地产回报理解要深化，要变追求短期房产销售利润为商业地产的持续经营回报和长期物业回报，切实扭转商业地产是暴利行业的误区。

操 作 程 序

四、商业地产开发的八条经验

| 1 寻找优良地块开发 | 2 确定项目财务分析与目标 | 3 重视特色开发 | 4 设置集客设施 |
| 5 聘请专业顾问公司 | 6 重视与商业经营机构的合作 | 7 招商与规划设计相互配合 | 8 重视经营管理对接能力 |

商业地产开发的八条经验

经验一：寻找优良地块开发

相比较住宅地产，商业地产的开发对地块条件的要求无疑是更高的，这几乎成为商业地产开发成败的前提性因素，所以在选择地块的时候有必要引起充分的重视。

在进行项目立地选项过程中，需要通过详细而周密的市场调查，对项目进行可行性分析和综合定位。可行性分析是确定项目进行投资决策、融资、制定项目初步设计、项目立项以及政府规划调控的依据，这就需要严格规范项目建议书及可行性研究报告的审批制度，确保可行性分析报告的质量和足够的深度。

经验二： 确定项目财务分析与目标

商业项目在开发伊始，就应该根据开发商自身的实力确立相应的财务目标。包括根据开发商能承受资金压力的大小确立商铺租售的比例、租售的时机以及资金回笼的速度等，以保证开发商获取利润的最大化。对于大型商业项目，商铺租售的比例和租售的时机把握不当都将会在很大程度上影响商业整体的运营能力，实际的赢利能力，甚至导致整个项目的运营失败，所以说，一个合理的财务目标是持久运营大型商业项目的基础性因素。

经验三： 重视特色开发

商业地产开发发展到今天，正在进入一个追求特色的时代，是否具有特色已成为项目生存与发展的关键所在。就像人的灵魂，一定要有。特色，具体就体现在产品的差异化和核心竞争能力上，这是两个完全不同的概念。

现在市场上都在一窝蜂地搞"SHOPPING MALL"，概括起来都是"集吃喝玩乐购为一体的一站式消费中心"概念，显然缺乏特征与差异，开发雷同造成市场明显的同质化现象严重，竞争也就由此加剧。而若想避开激烈的市场竞争并从中脱颖而出，就只有努力发掘、提升项目的核心竞争能力，走差异化道路。市场证明只有有特色的产品和项目才能在市场竞争中立于不败之地。

经验四： 设置集客设施

现在有"体验为王"的说法，即创造出让消费者感到新奇愉悦的消费体验，这将是大型商业地产成功的基因所在。在商业形态形成初期，人们在室外消费逛街，随着商业的发展，人们由室外转到了室内，环境变好了，但是人们逛街游玩的乐趣却没有了。如果开发的商业设施能让消费者体验到文化、设计与美，并参与到各种游乐活动中去，那么，逛街就不仅是消费这么简单，而会成为充满趣味的活动，这时，消费场内的建筑物也都会赋有个性与生命，充满魅力。

比如无锡广益海外风情街项目，利用项目自身的"水"资源，在娱乐区前方 5、6m 宽的河道上开辟一块水上娱乐区：架上独木桥、吊索，水上设置漂浮物等，让游人挑战自我，参与这种富有刺激性的娱乐活动，既汇聚了人气，又营造了欢快愉悦的消费氛围，一举两得。

经验五：聘请专业顾问公司

前面我们已经说过，专业顾问公司的重要性。这里我们以市场分析与业态定位及招商两块核心工作环节来说明与专业顾问公司合作的重要性。

如说市场分析与业态定位，应该说，商业项目的前期市场调研工作是一个相当庞大与复杂的过程，包括商圈的确定、问卷的设计、竞争性商业的考察分析等，都有其自成体系的专业性与科学性，市场调查信息采集的是否准确到位，直接关系到定位的恰当与否，直至最后的商业运营成功与否，这是一连串的因果关系。这就出现了明显的需求——对专业顾问公司的需求。

再如招商，如果说调研定位是运用了专业公司的技术优势的话，那么，招商就要充分运用专业公司的资源优势，专业公司在多年的经营过程中，与各商业经营机构建立了多层面的合作关系，能够为招商提供多方面渠道和有力的保证；相反如果由于缺乏专业顾问公司的介入而导致招商不能顺利完成的话，就会使项目面临巨大的风险，现在众多大型商业店面空置毕竟并不全是物业自身素质不佳导致的。

经验六：重视与商业经营机构的合作

对于有志于长期进行商业地产开发的开发商，应重视与商业经营机构的合作。这种合作当然有别于住宅开发中的买与卖，也有别于与普通小商户间短期的出售或租赁关系，这是一种长期协作，互利平等的战略合作伙伴关系。

对于地产开发公司和商业经营机构，一个旨在租售出去自己的物业，一个为加速发展壮大又多方考察素质好的商用物业。而且地产商在开发物业前，可以多方征询经营商的规矩与需求，做到有的放矢；而经营商也可以根据自己的战略发展目标规划，示意开发商寻找合适的土地有目的的开发，促进其顺利扩张。二者结合，良性互动，同时对项目品牌和价值的提升也相当有裨益，因此达到真正的互利双赢。

经验七：招商与规划设计相互配合

商业项目的招商与规划设计应该是相互配合、彼此互动。开发商首先提出一个总的相对概括的规划设计，用其进行招商，而在确定了一定商家后，再反过来对原先的规划设计进行修改、完善，然后再继续招商这样一个循环往复的过程。而现实中总有不少开发商是在规划设计完全完成后再去找主力店洽谈招商，这种待价而沽的招商方式明显只适合散户小户，而对于大型连锁主力店，则会显得过于被动。

一般来说，大型商业的买家或租客都是为数不多的商业集团，只有量身定做才能真正迎合他们的需求。并且不同的大型主力店有不同的功能要求，比如每家店的规模上下限，扶梯、楼梯的个数、位置，停车位的方式、数量以及空间布局、外立面处理等，这些使用要求就是设计的依据，必须由店家提出，而不是开发商自己制定，等到建成后再要求店家削足适履。所以说，不与招商工作配合的盲目的规划设计只能增加前期不必要的成本和后期招商的难度。

经验八：重视经营管理对接能力

由于出售方式的存在，使得开发商把目光从长远拉回了短期，盯到短期利益上，这与大型商业项目依靠持久经营而获取动态收益是相违背的。大型商业项目的成功开发通常需要具备三个方面的能力：资金运作能力、定位决策能力以及经营管理对接能力，只有把握好这三个方面的问题，项目才能真正成功。但事实上是多数开发商都忽视了经营对接能力，而使得这方面的问题和矛盾日益突出，使项目面临巨大的挑战。

现在市场上普遍采用的是把商业物业出售给中小投资者、出租给大型零售商的方法，这样其实商业管理的作用依然很重要。管理的价值就在于通过营造商圈的号召力、提供多样性的消费服务以及不间断的主题行销推广来汇聚商业客流，帮助商户创造收入，从而开发商自己才能有所收益。这更像一个生物链，只有经营者从消费者身上获得了利润，投资者才能从经营者身上获取投资回报，而开发商也才能从投资者身上获取利润和资金循环。同时也只有保证此良性循环，商业项目的价值才能不断增值，为开发商实现长期的最大利润。

操 作 程 序

五、商业地产开发的基本原则

前面我们讲了商业地产开发的本质、经验，但是我们在实际操作中，要从哪儿入手，本着什么样的原则进行呢？具体说来，有四个原则。

原则 1：城市功能先行，项目立项跟进

城市功能规划为先，商业地产项目立项为后，商业地产项目一定要符合城市发展的总体目标。这是为什么呢？

（1）商业地产是城市发展的最活跃元素之一

商业地产是城市发展中最为活跃的元素之一，是需要不断改善和提高的商业经营场所，也是城市再开发的战略承担者。商业地产与城市长期性、持续性发展特征具有相结合的内在机理，城市开发战略应坚持"以城建商、以商兴城"，以把商业地产作为城市基础设施的高度，严格规划商业地产，政府调控和专业完善并重。

（2）商业地产发展与城市发展共荣共生

我们也必须要看到，商业地产与城市发展之间具有"双刃剑"的特殊关系，促进意义与破坏风险同时存在，因此商业地产投资必须跟紧城市规划的要求，而城市规划也要通过其他公用设施的建设助力经过严格规划和专业评估的商业地产项目。

（3）商业地产开发必须服从城市开发

商业地产项目必须在城市功能指导下实施开发规划，其功能布局应与城市功能布局相协调，并与城市的招商引资形成统筹关系，与城市环境、商业和交通的改善相协调，最终使商业地产项目达成市民需要的生活方式提升的社会责任和"物尽其用"的经济功能。

原则 2：零售商家为先，物业开发为后

零售业态是经营之根本，如何安排和协调零售商家既要满足消费者需求，又要为未来的经营提供保证。所以，很多项目现在都秉持零售商家为先，物业开发为后。这个原则的背后，其实就是以需求为先，以工程建设为后。这是因为：商业地产的开发规模和供给结构需要以零售业的增长规模和发展结构作为依托，并与零售服务企业增长速度相适应。

如，项目开发以社会消费力的增长为基础，并与生活方式的改善相协调，以长期投资回报为目标，并与其他形式的投资回报相协调，杜绝暴利行业的理解。

又如，项目开发关注商业零售业和消费力的变化，关注零售企业的经营和效率、承租能力，并以此为依据调整自身的开发、招商和运营策略，从而满足市场消费、零售企业拓展以及投资者资产管理的需要。

只有把握好上述商业地产发展的各项基础条件和专业条件，商业地产的金融合作才能收到实际效果，金融机构也才能真正对商业地产项目产生直接的资金支持和资金拉动。

原则 3：专业化的商业经营为先，个性化的地产开发为后

商业地产是商业和地产中的高科技产品，需要遵循专业化的程序和逻辑序列，核心的要求是一切从商业运营出发。

首先，商业地产的价值取决于开发、招商、运营的统筹能力，应该形成招商持续改善的业务过程，使招商成为商业运营的组成部分。

其次，商业地产所具有的六大特征都与租户组合及其经营状况具有直接的关联，所以商业地产要"经营好租户关系"。

同时，在商业地产的开发运营中，需要遵循"在市场定位下以运营为先导的商业地产开发计划"，以长期的商业运营体系为基准，确定合理的商业组合，根据商户的需要开发物业，以创新经营增进租户销售和利润增长，这是提高商业地产成功率的专业条件。

原则 4：持续性的商业运营为先，选择性的动态招商为后

从目前情况看，中国很多商业地产项目是把开发、招商、运营割裂开来。所以，导致每个环节都成为一锤子买卖，这种思路严重影响后期经营。所以，我们提出的原则是：持续性的商业运营为先，选择性的动态招商为后。这个原则提出的背景是什么呢？

第一，有些项目招商并不是独立存在，而是融进运营计划中。这么做，好像招商属于一次性工作，其实不是。由于商业运营的改善需要通过租户组合的变化来引导消费、顺应市场，因此招商要随时进行动态业务内容调整，这样看来，招商显然属于一项持续性的工作。

第二，商业地产的投资收益体现为长期性和可持续性，坚持准确定位——运营计划——商业规划和租户组合——工程开发——管理创新是保证商业地产取得最大收益的程序保证，其各自关系体现为开发是运营的平台，招商是运营的组成部分。

第三，商业地产的运营需要细节化的商业管理和物业管理，表现为通过租户组合空间品质化和功能化的不断创新提升其吸引力和消费力。与此同时，在商业地产项目中，还必须认识到，不同商户具有的不同的经营能力和经营效率将直接影响其承租能力，进而也会影响到商业物业的增值能力，所以选择优质商户是商业地产价值提升的重要基础。

链接

商业地产开发顺序的8条军规

除了上面的四条基本原则，在商业地产开发顺序上有专家总结了如下8条军规：

先定位，后拿地；先策划，后规划；先文化，后设计；先招商，后建筑；先融资，后投资；先经营，后销售；先管理，后开张；先品牌，后赚钱。

操作程序

六、商业地产开发的流程

　　商业地产项目的开发不同于住宅项目开发，不能沿用住宅项目开发的操作模式，机械地照搬设计住宅项目的理念和流程对商业项目进行规划设计。商业地产项目无论业态定位，还是设施的规划都要考虑其商业属性，商业属性是项目开发的根本点，贯穿项目开发、设计、建设、运营的每个过程与环节。

1. 商业地产项目全程整合策划思路框架（表3-1）

⊕ 商业地产项目全程整合策划思路框架分析表　　　　　　表3-1

问题层面	名称	问题的提出	焦点问题	干系单位	策划要素	策划结论
基本问题	地产开发	建造成什么样的？考虑的要素是什么？做什么主题？什么概念？怎么规划布局？目前的最大困难？预期的开发目标？项目规模？开发节奏怎么掌握？	怎样科学开发？合理布局？规避风险？	政府及政府相关的部门，投资商，开发商，管理公司，设计公司，建筑公司，监理公司，策划代理机构等	市场依据，整体布局，产品概念，建筑风格，主题形象，功能规划，交通组织，配套安装	项目建筑规划建议报告

问题层面	名称	问题的提出	焦点问题	干系单位	策划要素	策划结论
核心问题	资本运营	项目总体建造成本？现有资金？能筹措资金？工程垫资？能贷款资金？收取诚意金？销售回款资金？租金收入？资本滚动时间周期？资金风险预测？投资回报设计？租售面积比例？	时间与价值，投入与产出；即：一个中心，两个基本点。特别是销售怎么进行？	投资者、开发商、建筑商、设计商、银行、营销策划代理机构、投资者、经营者等	现金流量，财务净现值，动态投资回收，内部收益率，盈亏平衡，经济敏感性，风险决策	项目经济可行性分析报告；项目价格策略报告；项目风险分析报告；项目销售策略报告
关键问题	商业运营	商业环境？竞争环境？经营主题是什么？业态怎么布局？楼层主题怎么分布？目标主力商家是哪些？招哪些功能？经营模式？经营特色？价格策略？招商策略？开业时机？如何持续旺场计划？	招商，招哪些商？怎么招？确定主力商家	商业管理公司、大商家、中小商户、投资业主、消费者	市场依据，整体经营战略，经营规模，经营方式，业态组合，楼层主题，品牌业种组合，经营档次，价格，业种选择，招商策略，招商资源，经营特色，开业时间，旺场计划	项目招商策略策划报告；项目管理策略策划报告；
前期整合策划		宏观经济调研分析报告，商业市场调研分析报告，需求市场调研分析报告，项目系统定位报告，项目分析报告，项目主题策划报告，项目产品策划报告，项目营销推广策划报告，项目广告运作策划报告				

2. 商业地产前期开发的一般流程

　　商业地产开发的一般流程包括从取得土地开始，到前期调研、定位、商业规划、营销推广、招商、实施、运营管理的全程。它依据于商业地产开发的关键环节。我们在这个基本流程中重点讲述前期的开发建设重点环节。

步骤1：市场条件判断

　　开发商需要在项目初期，首先对项目拟选择地区的市场条件进行初步分析判断。该判断可以称为初判断。不进行针对项目微观角度的分析，仅从所在地区的市场状况及潜力入手，判断该城市或地区发展相应商业地产项目的可行性，并对该项目的定位有个宏观的思考。

因为商业地产的形式种类比较多，而且各种商业地产形式都存在市场成熟性的问题。如果某个地区的社会生产力水平比较低，人们的收入水平不高的话，投资商再有实力，也不可以在该地区投资建设大型商业地产项目。

如果已经取得土地了，就必须进行突破性、竞争性的思维，找出项目的出路。

在很多商业物业开发过程中，有不少开发商对商业地产特性的把握存在偏差，对商业规律不了解。要么是套用住宅的开发模式，要么是套用国内外发达城市商业项目模式操作，往往导致水土不服，不伦不类。

知识点

目前阶段，中国商业地产面临的最为普遍的一个问题就是政府在城市新区建设中强调更多的是建筑开发本身，而对招商统筹的重视程度还远远不够，这是造成很多城市在建设中出现"有场无商"的主要原因。

链接

北京巨库大厦为何失败？

北京巨库大厦，地处老城区安定门，地段成熟，人气非常旺，一期商业项目经历开业后，租户纷纷关门。导致商厦连续三次崩盘关门。虽然地段好，但开发商不懂商业，项目周边人气旺盛，但消费档次低下，非得按照高档商业模式来做个高档的商场，结果曲高和寡，大量的经营户觉得租金过高，运营费用难以支撑其生存。

步骤2：项目选址

商业地产项目的选址对于项目的成功将是决定性的。实际上，并不是所有的地方都适合用于商业地产的开发，只有某个地方具备了相应的条件后，才可以做。

商业地产鉴于其功能特点，对位置和周边条件的要求与普通房地产相比差异性大。一个住宅社区、一幢写字楼所要解决的客流局限性在一定范围内，但商业地产则不同，所要解决的客流会随着经营状态的变化发生倍增或锐减。当一个商业地产项目的客流发展倍增的时候，项目所在位置能否适应就成为一个重要的问题。

针对不同的项目有不同的确定方案，开发商可以组织自己的团队进行该项工作的研究分析，也可以委托专业咨询机构进行选择。

选址并不仅仅是选地段，还包括业态是否符合所在区域，本区域人的购物习惯、消费偏好等，都是需要考虑的。

步骤 3：判断可发展规模

在完成商业地产选址工作后，需要针对特定项目选址进行市场前景及可发展规模的可行性分析，即确定该项目的市场基础，周边商圈涵盖人口的情况，可能的客户流量，客户流产生的项目营业额及项目的可发展规模等一系列相关问题。

很多咨询机构分析时使用的方法是以市场调查为基础，建立相关分析模型，测算出该项目地址可能发生的客户流量，依据对所在地区人均零售消费额的判断，可以测算出该项目可能的零售额，再参照所在地区商业设施每平方米平均零售额，即可以得出该项目地可开发商业地产项目的规模。

步骤 4：项目土地取得及政府许可

完成商业地产项目市场前景及可发展规模的分析后，将面临项目土地取得及政府许可的问题。土地取得指投资商通过市场"招、拍、挂"的途径从政府土地部门得到相应地块一定期限的土地开发使用权。政府许可指向政府相关主管部门申请建设商业地产项目，并得到政府相应计划委员会、规划部、商委或经委等政府部门机构的批准等。

项目土地取得应遵循两大标准：

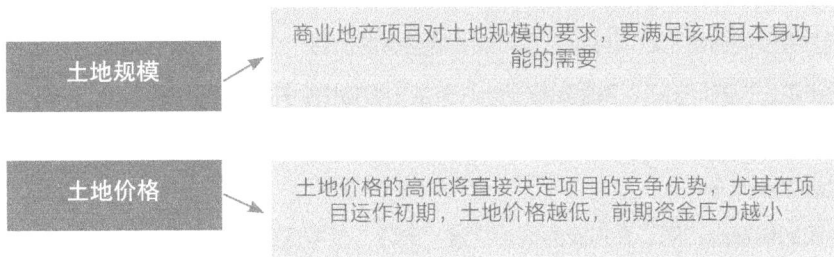

土地规模	商业地产项目对土地规模的要求，要满足该项目本身功能的需要
土地价格	土地价格的高低将直接决定项目的竞争优势，尤其在项目运作初期，土地价格越低，前期资金压力越小

步骤 5：项目定位细化

前期拿地时的定位是一个方向性的定位，在方向正确的前提下，应当彻底地、细致地研究分析项目的消费目标客户、项目类型、商业业态、盈利模式、产品形式、特点、启动策略、财务测算等相关问题。此步骤是项目成功与否的重要因素，如果定位出现偏差，则项目没成功的可能。反复探讨，反复修改定位，定位的准确程度取决于市场。

通常步骤 4 和步骤 5 可同时实施，在取地的过程中修正项目定位，在项目定位过程中取地工作已开始。

项目定位细化的过程主要思考两项工作：

第一：我们该怎样对市场进行分析，设计出适合何种类型的商店？

对市场进行分析，适合何种类型的商店？如何发展？在这样的地点建立是否可行？在西方，这个过程是步骤1的主要部分，在我国，往往是在项目进行到后期才考虑到这个问题。开发商在项目的进行过程中往往会认为它们会建成一流的购物中心，满足国际一流品牌的需要。然后根据此目标推进整个项目的进行，直到它们发现那些一流的国际品牌根本没有要打入中国市场的计划或者投资者并不认为在这适合投资。

第二：我们的消费额在哪里，需要向他们提供什么？

如何给中国的平均消费者做个定义？大量的人群从农村涌入城市，因此城市的收入群增加。城市人口增多，人口密度和收入情况会发生相应的变化，开发商需要作出预测使该项目能够满足这些变化的需要。怎样才能使潜在的消费者加入到项目中来？需要向消费者提供什么？在今后的日子里应该以什么样的趋势来锁定消费者？

这些都要通过对所有的可利用的资源进行合理规划，从最基本的直觉到复杂的统计分析。这个时候，明智的做法是请专业商业规划设计公司介入。利用它们的资源和专业性，从商业的角度，在细致的、有针对性的市场调研基础上，结合可能的招商资源和地产商的投资回报要求来制定专业的商业定位和规划设计。

步骤6：对项目特征的初步设计过程进行评价和定义

西方开发商通常是对项目的外观和给人的整体感觉有个预先的规划并且融入项目中去。如美国米尔公司的折扣店，就是定位于一种类型的购物中心并且建在很多地方。它们寻找适合它们项目定位的地点；如果是填补空隙的项目，它们会对项目进行设计，使其与周围的环境和建筑物协调统一。

中国的情况则不同。大规模的城市扩建、改建，使中国的开发商通常会在一块空地上开始他们的项目，而很少考虑它们的设计和周围的环境是否能够协调。这往往导致会产生很多不同的定位规划，开发商会把不能适应周围环境的理念带入到一个固定的程式中。因此，如何平衡政府形象工程要求和符合商业市场规律的关系，如何平衡科学的商业经营模式要求与开发资金平衡的关系是项目规划和设计中的关键问题。

步骤7：市场方案的优化与整合

1）设计方案的市场化

设计方案的市场化是指投资商必须将建筑师的概念设计方案提供给商业地产市场专家或商业策划公司，由市场专家或商业策划公司针对此概念设计提出基于市场角度的修改建议，并且三方之间的沟通交流必须经过几次循环，才可以最大限度保证最终设计方案的市场化理念具有市场准确度。这正是很多开发商忽略或不重视但又十分重要的环节。原因在于商业地产项目必须强调经营，商业业态无论是百货店、超市、专卖店等都对商业地产里面的合理布局、客流有效引导有需求，如果商业地产的设计不能最大限度满足商户的功能需求，那么商户最简单的选择就是不选择项目，所以任何商业地产项目的设计必须遵守市场需求。

2）动态地与主力店招商工作结合并作调整

主力店的选择可以体现该项目的特点并且在很大程度对项目的设计产生影响。在一个楼层承租 $8000m^2$ 的主要承租商与在两个楼层承租 $8000m^2$ 的主要承租商对于设计风格的需求是不同的。因此必须与预期的承租商进行协商，了解他们的需求，他们对于项目设计理念的看法，以及他们对于项目提出的一些具体功能要求。

3）系统化整合方案

在完成了上述项目设计、市场调整方案及财务资金计划和融资方案后，需要就以上方案进行调整，即系统整合问题。通过调整整合，判断项目规模和投资回报的关系是否合理；判断项目投资规模和企业自身资金、资源背景是否符合投资规律；判断投资商自身资金、资源和其对股权的期望之间是否合理可行等。如果上述判断的结果存在问题，那么需要回到设计阶段进行相关调整，并再循环进行市场调整方案及财务融资方案，验证确定最终可行方案。

步骤8：最终确定设计方案，并且获得政府的批准

确定最终设计方案是综合平衡各种因素产生的结果，是基于前期大量的调查分析、布

局规划调整、投资回报分析、政府关系协调等工作的基础上产生的选择方案。

完成项目方案的系统化整合后，需要向政府计划部门提供可行性研究报告，向规划部门提交方案设计，向交通部门提交交通方案，向消防部门提交消防方案，向环保部门提交环境评估报告，向供电部门提交项目用电方案，向煤、自来水公司、市政管理部门提交相应方案以及向其他主管部门提交相应的文件，并得到上述部门认可批准的过程。项目方案的政府许可过程，常规来讲需要至少近半年时间，需要认真对待。

在上述政府许可的各项内容中，可行性批复、规划审批、交通审批、消防审批及市政审批是比较核心部分，影响到项目的最终规划，项目的交通条件保证，项目的方案能否满足消防规范，以及项目是否有足够的电力、其他市政配套条件。上述任何审批发生较大的变化都会影响项目的投资回报预测。

1）交通审批

交通审批指规划部门协助交通主管部门对该商业地产项目的交通进行审批。通常需要委托专业交通研究机构进行项目的交通分析和研究，对商业地产项目建成后对周边交通系统的影响及项目自身交通的组成进行方案设定及分析，研究其可行性。交通条件及交通组织对于商业地产项目成功运营起决定性作用。交通问题可以成为项目成功的障碍，也可以成为项目成功的有利因素。对于商业地产项目来讲，良好的外部交通环境会有效引导客流进入项目地来消费，否则会大大降低到访客户的数量；良好的内部交通设置可以避免交通堵塞，促进项目的内部交通循环。

2）消防审批

消防审批指消防部门对该商业地产项目的方案设计根据国家的消防规范进行审查，最终确定该方案是否符合国家消防规范，是否可以予以批准的过程。在许多地方，消防审批前置，即项目不能满足消防要求，后序审批不能受理。如果消防部门最终否定了该项目的消防设计，那么将意味着前面所作的工作很大程度上需要返工，这将造成极大的浪费。

一般来说，项目的设计方案和目前国内的消防规范之间总是会有冲突。因为消防规范具有广泛性，但技术有些滞后，防火分区很小，而作为更新速度很快的商业地产项目，几乎不可能真正按照其应有的功能建设。面对这种冲突，开发商应探索双方的平衡点，但安全性是不能忽视的。

3）规划审批

规划审批指项目所在地区规划管理部门依据开发商上报的项目方案设计，以项目的规划使用条件为基础，结合诸如消防审批、交通审批、环保等专项审批的结果对项目的规划方案进行批准的过程。规划审批的结果将是商业地产项目操作过程中又一个对项目成功起决定作用的环节。规划审批一旦定案，商业地产的方案就基本确定，原则上不再修改，而且也最好不要修改，否则浪费太大。

规划审批的过程对于开发商极为重要。如果发生规划审批方案和上报方案差距较大的情况，对投资商来说将面临很多需要返工、损失利益的问题。要想保证规划审批能按照既定目标实现，必须主动有效地与政府各主管部门进行沟通，及时调整说明，将有利缩短审批时间和少走弯路。

步骤9：建筑方案确定和工程制图

如上所述，在中国有很多的开发商都只顾向前推进项目，然后发现有些没有经过充分调查的地方需要改变却为时已晚。有很多时候，有些项目进行到了建筑阶段或者已经在修建，但是在基本的设计方面出现错误，需要开发商进行改正。最为常见的错误是建筑物的柱距、层高、承重等与商业业态的要求发生冲突。

例如，办公楼和公寓通常有5m的柱距即可，而购物中心之间通常有8～12m的柱距。当购物中心楼层上面有办公室或者住宅区域的时候，这些因素都应该考虑进去，以满足大家的需要。但是有些开发商在设计时并没有考虑这些因素，整座建筑物的柱距都是5m。5m的柱距对于小商铺来说也许是可行的，但是对于大型百货店、GMS店、家居专业店、仓储超市等业态，这样的设计像树林一样密集，既无法布局、陈列，也阻碍了人们的视线，难以设计较好的客流动线。

步骤10：进一步寻找承租商，并且进行布局微调

招商是满足需求的重要工作，应及早进行并且在整个的开发过程中都要进行。如果等到项目的建设阶段再去确认承租商的委托事项，那么是接受还是拒绝承租商的要求，会使开发商陷入被动的状态，因此应在设计阶段就尽量明确主力承租商的要求。

同时，聪明的开发商也要不断结合细致的市场调查分析，并且对消费者购买习惯的变化及时进行追踪、经营战略的调整和改变。只有让消费者成为最终的赢家，开发商、投资商和零售商才会真正实现商业地产的长期利益，只有抓住消费者的心才能可持续的发展。

3. 商业地产开发企业组织架构

（1）中小型商业地产开发企业组织架构

中小型商业地产开发企业由于项目和企业实力的关系，从业务角度来说，主要包括外

包和自营。外包业务主要聘请专业顾问机构。而自营业务主要包含五块工作，每块设立对应部门，如图3-7所示。

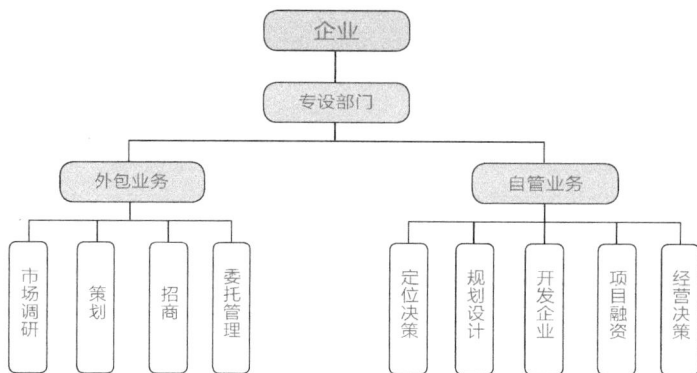

图3-7 中小型商业地产开发企业组织架构

（2）大型专业商业地产开发企业组织架构

大型专业商业地产项目资源多，涉及经营环节多。大部分业务功能都是通过自己来组织和运作。其部门的设立基本上涵盖了市场开发、资本运作和运营管理三个层面（图3-8）。如可针对资本运营设立自有资产部、托管部、融资部、财务管理公司等。

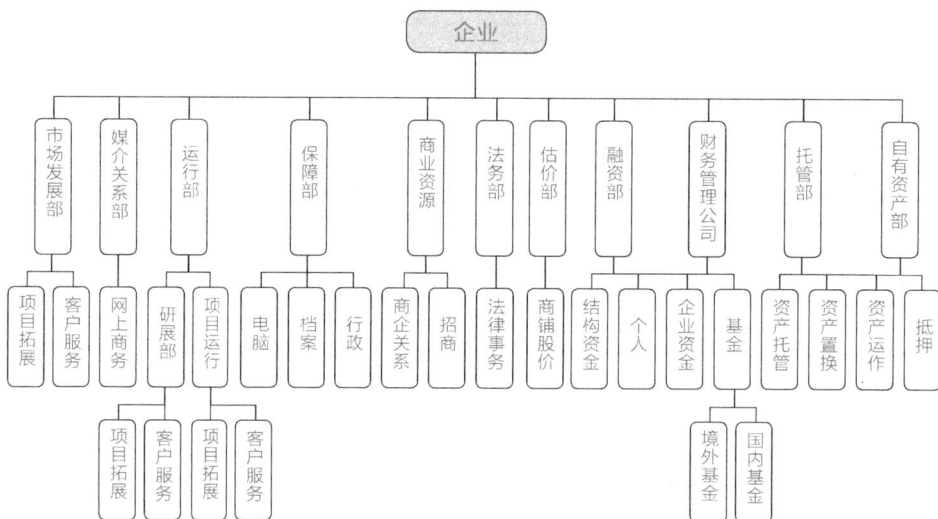

图3-8 大型专业商业地产开发企业组织架构

操作程序

七、商业地产工程建设程序

1. 内部立项研讨

首先，公司根据发展计划，在确定目标开发城市之后，根据市场调研分析报告，组织财务、工程等部门进行可行性论证分析，分析内容主要包括政策分析、市场分析、效益分析、管理分析、法律分析、风险分析及风险规避等。必要时聘请有资质的中介机构组织专家进行讨论，在充分论证的基础上形成项目投资评审报告，呈报董事会进行审批。由董事会按照投资原则，对该项目进行批示意见进行表决，董事会通过确定后进行立项开发。

2. 项目前期筹备程序

（1）立项审批

1）准备工作

办理好土地出让手续，取得国有土地使用权，委托有资质的勘察设计院对待建项目进行勘察，制作报告书，并落实足够的开发资金。

2）行政审批部分

根据我国当前法律、法规、规章，房地产建设项目的行政许可程序一般共分六个阶段（图3-9）。

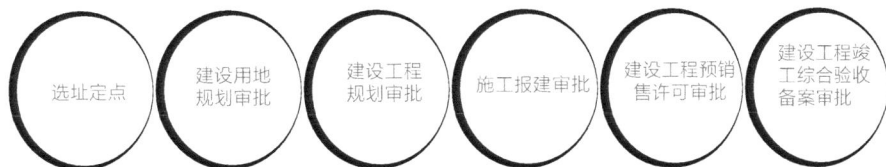

选址定点　建设用地规划审批　建设工程规划审批　施工报建审批　建设工程预销售许可审批　建设工程竣工综合验收备案审批

图3-9　商业地产前期行政审批的六个阶段

3）项目权属初始登记

由房管局核准新建商品房所有权初始（大产权证）登记。开发商应提交材料，包括申请书、企业营业执照、用地证明文件或者土地使用权证、建设用地规划许可证、建设工程规划许可证、施工许可证、房屋竣工验收资料、房屋测绘成果、根据有关规定应当提交的其他文件。

以上几个阶段，需增加或减少的相关事项及时限，会因实际情况不同而发生变化。

（2）项目规划及方案设计

1）由市规划局根据城市总体规划和立项文件核发勘察设计红线，提供规划设计条件。

2）签订委托设计合同，委托设计单位进行建筑设计。分为三个阶段，即方案设计、初步设计和施工图设计。

3）市建委负责联系市有关部门对初步设计进行会审批复。

（3）项目投资预算及签定工程总包合同

初步设计或施工图设计结束，委托专业的、具备资质的造价咨询机构进行投资预算。公司计划部负责对投资预算的结果进行审核确认，并通过招标投标方式确定施工单位并签订工程总包合同，最后进行建设工程报建。这里重点介绍一下建设工程报建所包含的 7 大块工作的内容。

① 建设工程报建

建设工程报建，首先要提供表 3-2 所列的资料到市建委办理登记手续。

⊕ **办理建设工程报建所需手续**　　　　　　　　　　　　　**表3-2**

部门	登记手续
计划委员会	《固定资产投资许可证》或主管部门批准的计划任务书
规划局	《建设用地规划许可证》和《建设工程规划许可证》
国土资源局	《国有土地使用证》
建委施工图审查处	符合项目设计资格设计单位设计的施工图纸和施工图设计文件审查批准书
人民防空办公室	《人民防空工程建设许可证》
公安消防支队	《建筑工程消防设计审核意见书》
防雷办	防雷设施检测所核发的《防雷设施设计审核书》
地震办	《抗震设防审核意见书》

续表

部门	登记手续
当地银行	建设资金证明
咨询公司	工程预算书和造价部门核发的《建设工程类别核定书》
其他	法律、法规规定的其他资料

② 公开招标建设工程

公开招标的建设工程，要补充如下资料到招标办办理手续。

第一，建设单位法定代表人证明或法定代表人委托证明；

第二，建设工程施工公开招标申请表；

第三，建设工程监理公开招标申请表。

③邀请招标建设工程

邀请招标的建设工程，要补充如下资料到招标办办理手续。

第一，建设单位法定代表人证明或法定代表人委托证明；

第二，建设工程施工邀请招标审批表；

第三，建设工程监理邀请招标审批表；

第四，工商部门签发的私营企业证明；

第五，法人营业执照；

第六，其他申请邀请招标理由证明。

④ 直接发包建设工程

直接发包的建设工程，要补充如下资料到招标办办理手续。

第一，建设单位法定代表人证明或法定代表人委托证明；

第二，建设单位申请安排建设工程施工单位报告；

第三，建设单位申请安排建设工程监理单位报告；

第四，工商部门签发的私营企业证明；

第五，法人营业执照；

第六，建设工程直接发包审批表。

⑤ 办理建设工程质量监督

办理建设工程质量监督，要提供如下资料到质监站办理手续。

第一，规划许可证；

第二，工程施工中标通知书或工程施工发包审批表；

第三，工程监理中标通知书或工程监理发包审批表；

第四，施工合同及其单位资质证书复印件；

第五，监理合同及其单位资质证书复印件；

第六，施工图设计文件审查批准书；

第七，建设工程质量监督申请表；

第八，法律、法规规定的其他资料。

⑥ 办理建设工程施工安全监督

办理建设工程施工安全监督，要提供表3-3所列资料到安监站办理手续。

🌐 **办理建设工程施工安全监督所需手续**　　　　　　　　　　　表3-3

建设单位提供的资料	施工单位提供的资料
工程施工安全监督报告	施工组织设计方案和专项技术方案
工程施工中标通知书或工程施工发包审批表	安全生产、文明施工责任制、管理目标、检查制度和教育制度
工程监理中标通知书或工程监理发包审批表	项目经理资质证书复印件，安全员、特种作业人员上岗证原件和复印件
工程项目地质勘察报告（结论部分）	建设工程施工安全生产责任书、受监申请表
施工图纸（含地下室平、立、剖面图）	现场设施、安全标志等总平面布置图
工程预算书（总建筑面积、层数、总高度、造价）	购买安全网的合格证、准用证发票原件和复印件

⑦ 领取《施工许可证》

领取《施工许可证》，除提供前面所列的资料外，还要补充如下资料到市建委办理手续：

第一，工程施工中标通知书或工程施工发包审批表；

第二，工程监理中标通知书和工程监理合同；

第三，施工单位项目经理资质证书（桩基础工程要提供建设行政主管部门核发的桩机管理手册）；

第四，使用商品混凝土《购销合同》或经建设行政主管部门批准现场搅拌的批文；

第五，质量监督申请安排表；

第六，安全监督申请安排表；

第七，建设工程质量监督书；

第八，建设工程施工安全受监证；

第九，施工许可申请表。

3. 项目建设实施程序

（1）组建工程项目部

根据项目规模，确定项目负责人及项目各专业主管工程师人选（表3-4），组成一个熟悉商业地产开发的复合形专业人才团队。

🌐 **项目部组成人员的素质要求** 表3-4

项目部组成人员	素质要求
项目负责人	对项目整体负责，能够对房地产与商业进行有效整合，确保行业间资源的整合力度
项目专业主管工程师	对项目的各专业负责，个人技术水平能够确保支撑整个商业地产开发项目的正常运转

（2）质量控制

有效利用施工现场项目监理部力量，抓住关键的质量控制点。

1）事前控制

① 进行规划设计时应严格遵守"三段式"设计原则，即方案设计、初步设计、施工图设计。

② 工程项目部收到设计单位提供的施工图纸后，应召集施工方、设计方、监理方共同进行图纸会审，发现问题及时解决。

③ 公司工程项目部应制定严格的质量控制管理制度，严把工程质量关。

2）事中（过程）控制

① 应监督现场各施工单位严格按照施工图纸进行施工，如实际确有变化，应有建设单位、监理单位、设计单位及施工单位共同签署的设计修改变更通知单等正规手续。

② 应严把材料质量关，所有进入施工现场的原材料、设备及各种预制构件必须提供国家规定的各种质量证明文件，并经监理验收合格后方能落地使用。

③ 现场施工过程中，建设单位工程管理人员及监理人员必须对施工半成品的质量进行随时监控，找到关键的质量控制点，上道工序未经验收合格不得允许施工单位转到下道工序进行施工。

④ 建设单位负责工程管理的相关人员应要求现场工程监理人员对工程项目的关键部位、关键工序必须进行旁站监督。

3）事后控制

① 过程验收与竣工验收过程中，参加人员必须做好验收记录，发现常见施工质量问题应定期整改，直至验收合格。同时制定相应的奖惩措施。

② 验收过程当中，建设单位的工程管理人员如发现工程质量出现较严重问题应立即在现场组织质量研讨会，制定相应的处理方案。并在事后查清原因及相关责任人或对施工单位进行严肃处理，将结果报至房地产公司相关领导。

③ 验收过程当中，建设单位的工程管理人员如发现工程关键部位出现质量问题且影响到工程项目整体结构安全，应立即向施工单位发出停工指令，同时向公司主管领导汇报。在查明事故原因后，将不合格施工产品立即拆除，同时追究相关监理及施工单位责任，直至将责任单位清理出场。

（3）进度控制

第一，项目部及时审查施工单位报送的施工总进度计划，报直属上级审核，批准后组织落实。

第二，项目部应依据工程承包合同有关条款、施工图及经过批准的施工组织设计制定进度控制方案，对进度目标进行风险分析，制定防范性对策。

第三，工程部应要求施工单位报送工程阶段性（季、月、周）计划报审表。严格要求施工单位按照进度计划执行。现场工程师应检查进度计划的实施情况，随时跟踪检查并加以分析。记录实际进度及相关的情况，进行进度控制。当实际进度滞后于计划进度时，应及时报主管领导，商定采取进一步措施。

第四，当实际进度符合计划进度时，应要求施工单位编制下一期进度计划。当实际进度滞后于计划进度时，工程部应书面通知施工单位采取纠偏措施并监督实施。

第五，建立例会制度。工程部每周必须组织召开一次施工生产调度会，内容主要总结上周计划完成情况，下达下周施工计划，协调解决各单位施工进度等问题，动态更新调整施工进度计划，工程部将进行统计并将本月施工计划完成情况及下月施工形象计划上报。年、季度施工计划在年、季度初的前一个月与月计划同时上报。同时，补充和动态调整月施工进度计划。

（4）投资（成本）控制

设计阶段是房地产项目成本控制的关键与重点。设计质量的好差直接影响建设费用的多少和建设工期的长短，直接决定人力、物力和财力投入的多少。

1）设计阶段的成本控制

① 推行设计招标，择优选择设计单位，推行建筑方案与经济方案相结合的设计招标方法。

② 积极推行限额设计，健全设计经济责任制，有效避免设计不精、深度不够的情况，从而有效控制工程造价。

③ 采用合同措施，有效控制造价。针对目前设计人员经济观念淡薄，设计变更随心所欲的现象，应在设计合同经济条款上，增加设计变更及修改的费用额度限制条款。

④ 新项目开发的经营单位应根据建筑规范随时调整建筑方案及商业布局。

2）招标投标阶段的成本控制

① 项目招标过程中的成本控制。工程招标投标包括设备、材料采购招标投标和施工招标投标两个方面，通过招标投标选择施工单位或材料供应商，这对项目投资乃至质量、进度的控制都有至关重要的作用。

② 做好合同的签订工作。应按合同内容明确协议条款，对合同中涉及费用的如工期、价款的结算方式、违约争议处理等，都应有明确的约定。在合同签订的过程中，对招标文件和设计中不明确、不具体的内容，通过谈判，争取得到有利于合理低价的合同条款。同时，正确预测在施工过程中可能引起索赔的因素，对索赔要有前瞻性，有效避免过多索赔事件的发生。

③ 争取工程保险、工程担保等风险控制措施，使风险得到适当转移、有效分散和合理规避，提高工程造价的控制效果。工程担保和工程保险，是减少工程风险损失和赔偿纠纷的有效措施。

3）施工阶段的成本控制

施工阶段是资金投入的最大阶段，是招标投标工作的延伸，是合同的具体化过程。加强施工控制，就是加强履约行为的管理。

① 抓好合同管理，减少工程索赔。另外，对施工单位及材料供应商不履行约定义务及时提出反索赔，使成本得到有效控制。

② 完善职责分工及有关制度，落实责任，从工程管理机制上建立健全投资控制系统。同时做好月度工程进度款审核，避免投资失控。

③ 从技术措施上展开项目投资的有效控制，选用新工艺、新材料，是提高劳动生产率和缩短工期的有力保证。

④ 从经济措施上展开项目投资的有效控制。

4）竣工阶段的成本控制

该阶段是成本控制工作的最后阶段。根据合同预算及费用定额、竣工资料、国家或地方的有关法规，认真审核工程款。以政策为依据，对送审的竣工决算进行核实工程量，落实联系单签证费用，使审核后的结算真正体现工程实际造价。

4. 工程跟进

为营造安全、有序的施工环境，合理分配人员的岗位责任，保护新建设施不受损坏，对所有施工人员及施工项目进程进行全面督导，确保卖场如期开业。

5. 项目竣工验收程序

（1）项目初验

由总监理工程师组织，项目部相关人员、施工单位相关人员、物业相关人员一起进行项目初步验收。

（2）正式验收

项目部主要负责人员组织监理方、设计方、勘测方、施工方、质量监督方以及其他相关各方一起对工程质量进行正式验收。

（3）项目移交

房地产相关负责人组织项目经营方、项目物业方、施工方、集团审计部和经营管理部相关人员一起对项目的功能性进行验收，项目满足使用经营方及物业方要求后移交给经营方与物业，进入保修期。

（4）项目竣工验收手续的办理

1）建设工程竣工验收，要提供如下资料到质监站审核，质监站在 7 个工作日内审核完毕；建设单位组织有关单位验收时，质监站派员现场监督。

① 已完成工程设计和合同约定的各项内容。

② 工程竣工验收申请表。

③ 工程质量评估报告。

④ 勘察、设计文件质量检查报告。

⑤ 完整的技术档案和施工管理资料（包括设备资料）。

⑥ 工程使用的主要建筑材料、建筑构配件和设备的进场试验报告。

⑦ 地基与基础、主体混凝土结构及重要部位检验报告。

⑧ 建设单位已按合同约定支付工程款。

⑨ 施工单位签署的《工程质量保修书》。

⑩ 市政基础设施的有关质量检测和功能性试验资料。

⑪ 规划部门出具的规划验收合格证。

⑫ 公安、消防、环保、防雷、电梯等部门出具的验收意见书或验收合格证。

⑬ 质监站责令整改的问题已全部整改好。

⑭ 造价站出具的工程竣工结算书。

2）建设工程竣工验收前，施工单位要向建委提供安监站出具的工程施工安全评价书。

3）建设工程竣工验收备案，自工程竣工验收之日起15个工作日内，要提供如下资料到质监站办理手续。如工程竣工验收报告、《施工许可证》、竣工验收备案表、工程质量监督报告、工程竣工验收申请表、工程质量评估报告、工程施工安全评价书、工程质量保修书、工程竣工结算书、商品住宅要提供《住宅质量保证书》和《住宅使用说明书》及法律法规定的其他资料。

4）建设工程竣工结算审核，要提供如下资料到造价站办理手续。

① 工程按实际结算的，要提供如下资料：建设单位和施工单位的委托书、工程类别核定书、工程施工中标通知书或工程施工发包审批表、工程施工承发包合同、施工组织设计方案、图纸会审记录、工程施工开工报告、隐蔽工程验收记录、工程施工进度表、工程子目换算和抽料（筋）表、工程设计变更资料、施工现场签证资料、竣工图。

② 工程按甲乙双方约定的固定价格（或总造价）结算的，要提供如下资料：建设单位和施工单位的委托书、工程承包合同原件、竣工图。

5）项目规划验收。

（5）办理预售许可证

1）预售人已取得房地产开发证书、营业执照。

2）已取得土地管理部门出具的用地批文及土地使用证。

3）持有《建设工程规划许可证》及《建设工程施工许可证》。

4）计划部门签发的《项目投资许可证》。

5）如向境外销售，需提供境外销售商品房批文。

6）已签房屋施工合同。

7）三层以下的商品房项目已完成基础和结构工程；四层以上的商品房项目，有地下室工程的，已完成基础和首层结构工程，无地下室工程的，已完成基础和四层结构工程。

8）建设银行审核开发建设资金要达到工程总投资25%以上资金的验资证明。

9）已在项目所在地商业银行开设商品房预售款专用账户。

10）预售商品房项目及其土地使用权未设定他项权。

11）具有预售说明书（内容包括：商品房的位置、地点、装修标准、售价表、销售计划；公共建筑的分摊、项目工程施工进度、开工及竣工交付使用时间等）。

12）项目规划平面图（由核发预售许可证部门在平面图中注明预售商品房项目的坐落位置和楼号）。

13）物业管理方案已经落实。

6. 开发过程中的执照办理

（1）营业执照

1）目的

开展符合国家法律规定的经营活动。《企业法人营业执照》的登记事项为：企业名称、住所、法定代表人、注册资金、经济成分、经营范围、经营方式等。营业执照分正本和副本，二者具有相同的法律效力。

2）办理流程

① 公司名称的确定：名称预先核准通知书，其中包括：名称；投资人、投资额及比例；注册资金数额；投资人签字盖章；委托人身份证及签名；营业范围的确定。

知识点

领取营业执照后，还必须办理以下事项：刻制印章、法人代码登记、申请纳税登记、开立银行账户。

② 公司住址的确定：租房协议、房照及复印件。

③ 公司住址的实地核查：所在地工商所专管员俩人签署意见；公司营业范围的确定、公司注册资金数额的确定。

3）集团需提交的材料

包括公司设立登记申请书；公司代理人证明（授权）；公司董事、监事、法定代表人、总经理任职证明；企业章程；验资报告。

4）申办及验资费用

（略）

5）办理时间

上述材料递交后 15 个工作日取得营业手续。

6）需协调政府部门

项目所在城市工商局。

（2）建筑工程施工许可证

1）用地批准手续：国有土地出让合同、建设用地批准书、国有土地使用证（项目所在城市土地局）。

2）建设用地规划许可证、建设工程规划许可证（项目所在城市规划局）。

3）工程中标通知书：建筑工程施工直接发包审批表（项目所在城市建委招投标管理处）。

4）拆迁手续：房屋拆迁许可证（项目所在城市拆迁办）。

5）施工图纸审查手续：建筑工程图纸设计审核意见书（项目所在城市施工图纸审查中心）。

6）工程委托监理合同（由监理公司负责办理，需项目所在城市质检站审查）。

7）保证工程质量和安全的具体措施、银行资金证明：施工单位需提前准备相关资料，会同施工单位到市建委协商缴费事宜。办理《建设工程质量监督书》、《建设工程安全施工条件审查意见书》和意外伤害保险（需项目所在城市质检站和市安监站审查）。

8）消防手续：《建筑工程消防设计审核意见书》（项目所在城市消防支队消审科）。

9）立项手续：《房地产开发项目批准书》（项目所在城市开发管理办公室）。

10）施工合同：需项目所在城市建经处审查。

11）建设工程项目备案手续：项目备案确认书（项目所在城市发展和改革委员会）。

12）报建手续：XX市建设工程报建申请书（项目所在城市政务中心建委窗口）。

13）工程造价：提供工程预算或与项目所在城市建委进行协商。由工程造价问题所涉及的缴费至少有16项，我们以某项目为例，见表3-5。

🌐 **某建设项目前期费用表（工程总造价为：2亿元）**　　　　　　　　　　表3-5

收费项目名称	收费单位	收费标准与依据	应交金额	实缴金额	待交金额	减免情况
市政公用设施配套费	市财政局	非住宅80元/m²	免			
城市消防设施建设费	市消防支队	非住宅2元/m²	342000元	171000元		50%
散装水泥专项资金	市散装水泥办公室	1.20元/m²	205200元	102600元		50%
新型墙体材料专项基金	市墙改办	8.00元/m²	1368000元		684000元	50%
副食品价格调节基金	市物价局	2.00‰造价	400000元		200000元	50%
工程质量监督费	市质检站	1.50‰建安工作量	300000元	300000元		
工程定额测定费	市建经处	1.00‰建安工作量	200000元	200000元		
农民工工资保障金	市劳动局劳动监察大队	3.00‰造价	6000000元		6000000元	
工程装饰费	市质检站	1.50‰建安工作量	300000元		300000元	
意外伤害保险	市安监站	1.00元/m²	171000元	171000元		
建设工程劳动保险费	市社会保险公司	造价×工时费×26.68%	4296406元仅一建公司部分		1500000元	34.9%
防空地下室易地建设费	市人防办	30元/m²	5130000元		5130000元	
测绘费	市房地局测绘大队	2元/m²	357000元	250000元		70%
图纸审查费	市图纸审查中心	4.00‰造价	800000元		330536元	

收费项目名称	收费单位	收费标准与依据	应交金额	实缴金额	待交金额	减免情况
配套设施抵押金	市城市开发管理办公室		510万	20万元		
开发项目保障金	市城市开发管理办公室		6124万元	免交		
合计			24969606元	1394600元	14144536元	

14）市城市开发项目联合审批中心审核，市政务中心建委窗口发放《建筑工程施工许可证》。

（3）食品卫生许可证

1）需提供资料（见表3-6）

食品卫生许可证办理所需资料 表3-6

类型	需提交资料
食品加工行业	① 生产企业基本情况（主要包括生产位置、面积、厂区周围卫生情况，使用的水源、主要设备及生产的品种生产车间地面、墙壁、天棚情况，是否有产品检测能力等）； ② 法人代表或负责人身份证复印件； ③ 生产厂区的方位图、生产车间的平面布置图（标注各生产车间名称及面积）； ④ 生产工艺流程图及文字说明； ⑤ 产品配方； ⑥ 产品质量标准； ⑦ 产品标签及说明书样稿； ⑧ 主要生产加工设备、卫生设施清单； ⑨ 卫生质量检验机构人员资质证明、仪器设备清单、所能检测项目或产品检验委托协议书； ⑩ 卫生管理组织、制度（包括原料采购索证、验收制度；生产过程中控制污染制度、从业人员卫生知识培训及体检制度；生产加工过程制度、库房管理制度、产品出厂检验制度等）； ⑪ 生产场所使用证明（房屋产权证或租赁合同）

续表

类型	需提交资料
食品经营行业	① 经营场所基本情况（包括经营场所的位置、面积、经营场所周围的卫生情况，经营场所内部的卫生情况；主要所经营的品种；库房情况；卫生设施，冷冻及冷藏设施、从业人员卫生培训及健康体检情况等）； ② 法人代表或负责人身份证复印件； ③ 经营场所的方位图及平面布置图（标注各经营品种的区域、面积）； ④ 卫生设施清单； ⑤ 卫生管理组织机构、卫生管理制度（卫生制度主要有食品索证、验收制度，经营场所卫生制度、从业人员卫生知识培训和健康体检制度，库房管理制度等）； ⑥ 从业人员卫生知识培训和健康检查合格证明； ⑦ 有现场加工还应按食品加工行业提供相应的材料； ⑧ 经营场所使用证明（房屋产权证或租赁合同）
餐饮业和食堂	① 餐饮业和食堂基本情况（包括经营场所的位置、厨房面积、餐饮或食堂周围卫生情况，厨房地面、墙壁、天棚、生产用水情况，卫生设施、设备情况，主要经营的品种等）； ② 法人代表或负责人身份证复印件； ③ 餐饮或食堂场所的方位图及平面布置图（标注餐厅、厨房各功能间的面积）； ④ 卫生设施清单； ⑤ 卫生管理组织机构、卫生制度；（卫生制度主要有原料的索证、验收制度，加工过程卫生制度，冷拼间卫生管理制度、餐（饮）具的消毒制度，从业人员卫生知识培训和健康体检制度，库房管理制度等）； ⑥ 从业人员卫生知识培训和健康检查合格证明； ⑦ 用水为自备水源的应提供自备水源水质卫生检验合格报告单； ⑧ 餐饮具的消毒程序、消毒方法及餐具消毒效果评价； ⑨ 经营场所使用证明（房屋产权证或租赁合同）

2）收费标准

卫生许可证工本费 17.5 元 / 证；食品生产、经营，公共场所新开业现场审查费，按面积每项 50 ～ 800 元。

3）审批流程

① 申请人或申请单位到政务服务中心卫生局提出申请；

② 政务服务中心卫生局窗口按照有关法律、法规及职业范围，作出是否受理的决定，并书面告之申请人，如不受理向申请人说明原因，并出具不受理的法律文书；

③ 符合受理条件的申请人填写卫生许可证申请表，并按要求提供书面材料；

④ 市卫生局窗口工作人员对书面申请材料进行审查；

⑤ 市卫生局组织卫生监督人员进行现场验审和必要的采样；现场审查合格，申请人组织从业人员到市卫生局卫生监督所进行卫生知识培训；到市疾病预防控制中心进行健康检查；按法律法规需对产品进行检测和现场监测的，由卫生监测人员现场采样和现场监测；

知识点

审批前还应提供以下材料：使用自备水源的，要提供自备水源水质卫生检验合格报告单；从业人员卫生知识培训和健康检查合格证明；产品卫生检验报告单。

⑥ 政务服务中心卫生局窗口对现场验审合格及产品卫生检测合格的单位或申请人发放卫生许可证。

4）审批时限

自申请之日起 20 个工作日内办结（不包括产品卫生检验时间或因申请人自身造成的原因）。

5）需协调政府部门

项目所在城市政务服务中心卫生局。

（4）动物防疫许可证（产品经营、交易场所）

动物防疫许可证（产品经营、交易场所）办理手续见表3-7。

⊕ 办理动物防疫许可证（产品经营、交易场所）所需手续　　　　表3-7

提交资料	现场审查	审核	审批费用	需协调政府部门	办理时限
XX市政务中心市牧业局窗口领取《动物防疫合格证》申请表；4张法人相片、身份证复印证（原件）；按经营、饲养、观赏应具备的设备、环境、条件进行准备	市动物防疫监督科	审核意见，签字确认；政务服务中心牧业局窗口审核发证	工本费10元，条件审核50元	项目所在城市政务服务中心牧业局	10个工作日

（5）延长、更改公共交通路线审批

对拟开发项目所在地区公共交通情况组织相关人员进行调研，根据调研情况提出相应需求，报当地政府请求支持。办理手续见表3-8。

⊕ **办理延长、更改公共交通路线审批所需手续** 表3-8

提交资料	审批流程	需协调政府部门	办理时限
书面申请；线路走向图及站序表；如是经营者需提交拟定票价请示	① 申请人到市政务服务中心窗口提出书面申请； ② 市政公用局公交客运管理处组织相关人员进行实地踏查； ③ 对踏查情况进行论证并形成初审意见	项目所在城市市政公用局	5个工作日

（6）其他证件执照申请（见表3-9）

⊕ **办理其他证件执照申请所需手续** 表3-9

名称	提交资料	需协调政府部门	办理时限
组织机构代码登记	营业执照副本及复印件一份、法人身份证及复印件一份、单位公章及法人名章、证照费用	项目所在城市工商局	3天
办理《建设工程选址意见书》	建设项目联系单或计委计划、1：500或1：1000符合现状地形图、土地招、拍、挂手续或土地权属证明、涉及相关单位有关协议、有污染项目的环评报告	项目所在城市总体规划处	
办理《建设用地规划许可证》	定址申请书、审定的详细规划、其他相关材料	项目所在城市规划用地处	
办理《建设工程规划许可证》	定址申请书，审定的详细规划，其他相关材料，效果图，平、立、剖面图册四套（含电子文件）	项目所在城市建筑设计审查处、规划用地处	
办理《建设工程规划许可证》（市政道路、管线）	道路、管线等市政工程项目申请报告（加盖公章）；道路、管线、路径走向方案图；相应带状地下管网现状图（四份）；市政道路、管线施工图（四份）	项目所在城市市政工程处	

名称	提交资料	需协调政府部门	办理时限
办理工程定位放线通知单、验线单	市土地局核发的《建设用地批准书》或改变土地使用性质批准书、土地证；消防部门核发的《建设工程消防设计审核意见书》；市建委核发的《建设工程开工许可证》；市规划局财务出具的《规划许可证发证通知单》；市建委拆迁办核发的《拆迁验收合格证》	项目所在城市测绘处（市测绘管理办公室）	
国有土地使用证	企业法人营业执照及复印件，代码证及复印件，法人、委托人身份证及复印件，建设用地、建设工程规划许可证及复印件，建规图、现状图、竖向图，项目备案确认书及复印件，土地出让金、契税、管理费等费用缴纳票据及复印件，到发证日期年检	目所在城市项目所在城市政务中心国土局	
建设项目备案确认书	关于项目的立项请示，项目立项申请表，项目可行性报告，土地使用协议、建设用地及建设工程规划许可证、营业执照、法人身份证原件及复印件，发展与改革委员会投资处、政务服务中心发改委窗口，7天后到发改委投资处取项目备案确认书	项目所在城市项目所在城市发改委	7天
房地产开发项目批准书	营业执照原件及复印件，建设用地批准书原件及复印件，建设用地、建设工程规划许可证原件及复印件，建规图、现状图、竖向图，项目备案确认书原件及复印件，缴纳开发项目保证金、市政设施配套抵押金（按项目建设投资额比例，可以就具体金额协商），现场踏查确认项目，7天后到城市开发管理办公室项目处领取	项目所在城市开发管理办公室	7天
商品房预售登记证	建筑工程施工许可证，房地产开发项目批准书，建规图、现状图、竖向图，项目建设完工25%证明（由企业自行出具或请监理单位出具），现场踏查确认，7个工作日领取	项目所在城市的城市开发管理办公室企业服务处	7个工作日
商品房预售许可证	营业执照，房地产开发资质证书，建设工程规划许可证，国有土地使用证，工程投资25%以上的证明（六层以上项目，主体以上完成；七层以上项目，主体结构完成2/3以上；由开发企业自行提供证明），商品房预售方案（商品房位置、交付使用日期、预售总面积、物业管理等内容，由企业自行提供），测绘报告（房地产测绘大队、按面积缴纳测绘费用，可协商，一次性收费、图测和实测），建筑工程施工合同，建设工程施工许可证，商品房预售登记证（原件），商品房预售监管协议（企业、银行、房地产市场管理处联合签署），7个工作日政务中心房地产局窗口领取	项目所在城市房管局	7个工作日

续表

名称	提交资料	需协调政府部门	办理时限
城市排水许可证	市政务大厅市政公用局窗口递交申请，领取《排水接装申请表》，提交《建设工程规划许可证》、施工平面图、施工方案；市政设施管理处、市政公用局窗口审批人员现场勘察、初审并提出意见，领取《雨污排水接装批准书》；由市政专业队伍施工，经市政公用局相关部门验收合格，发放城市排水许可证后方可使用	项目所在城市规划局市政工程处	5个工作日内办理完结
酒类流通备案登记证	包括法人身份证复印件；工商营业执照副本及复印件；卫生许可证及复印件；国地税登记证及复印件；实行备案制，手续齐备当天出件	项目所在城市工商部门	
环评报告	名称预先核准通知书或营业执照；项目备案确认书；报建手续；政务中心环保局窗口申报；现场踏查，确定环评等级；委托有资质环评单位编制《建设项目环境影响报告表》并签订委托协议；提供《城市排水许可证》；提交《建设项目环境影响报告表》；开发监督处在3个工作日内组织对环评报告表进行审查、作出批复结论并备案	项目所在城市政务中心环保局窗口登记盖章	3个工作日
房屋租赁许可证	产权证或相关证明复印件；租赁合同及复印件；（租赁合同多提供书面说明：商户数、商铺数）；商场租赁商铺布局平面图；营业执照副本及复印件；租赁管理费：X元/㎡；房屋租赁许可证申请表；缴费、发证	项目所在城市房地产市场管理处商场管理科	
物业资质	向项目所在城市区物业办提出申请，领取《物业管理企业三级（暂定）申报表》；按表内填表说明进行填写、准备相关材料并上报区物业办；区物业办现场踏查、初审；市政务中心房地局窗口递交初审材料；包括： ① 工商营业执照； ② 企业章程、验资报告； ③ 企业法定代表人身份证明； ④ 物业管理专业人员执业资格证书和劳动合同； ⑤ 管理和技术人员的执业资格证书和劳动合同，相关人员职称证明（复印件）；市物业办审核报市房地局审批	项目所在城市的市政务中心房管局	20个工作日办理完结

名称	提交资料	需协调政府部门	办理时限
印刷、音像制品及电子出版物、娱乐经营许可证	法人身份证复印件；法人相片；法人居住地派出所出具无劣迹证明；娱乐场地平面布局图、场地位置图；电子游艺品类及数量；电子游艺需当地政府领导批准，公司应提出申请；办理上述许可证的申请；营业执照复印件；验资报告复印件；房屋产权证明；消防验收批件；区属文化体育主管部门现场踏查；缴纳证照费用	项目所在城市文化体育主管部门	7个工作日

新手知识总结与自我测验

总分：100 分

第一题：商业开发包括哪三类体系工作？（10 分 / 个，共 30 分）

_____

_____

_____

第二题：请说出 4 条商业地产开发成功经验。（5 分 / 个，共 20 分）

_____

_____

_____

第三题：一个生鲜市场开发需要取得哪些许可证？（20 分）

_____

_____

_____

思考题：商业地产开发一般可分为如下 10 步，请在每一步右边的空格处，用数字标注属于哪一步。（30 分）

☐市场条件判断　　　☐拿地及报建取证　　　☐项目选址　　　☐体量确定

☐定位细化　　　☐确定并获批设计方案　　　☐建筑方案确定和工程制图

☐寻租和布局微调　　　☐市场方案优化和整合　　　☐初步设计论证

得分：　　　　　　　　　　　签名：

商业地产
新兵入门

04

了解市场分析与定位
确定商业地产开发纲领

操作程序

一、拿地与选址
二、市场调研
三、定位技术

本章使用指南

商业的市场分析与定位属于前期策划的内容，它包括了拿地、选址、调研定位等关键环节。它是一个思想交锋的过程。了解这一过程的目的，最终都是为了得出商业地产的开发方案，这个方案既然是总纲——战略思想的形成，也是细则——战术执行的手册。

操作程序

一、拿地与选址

拿地与选址是项目开发的第一个环节。在土地出让市场逐步规范，供应量日渐减少的形势下，拥有土地无疑已成为开发商的核心竞争力。因此，即使在地价持续高涨的面前，开发商也毫不退缩，不惜以天价参与土地的竞标，最终也使得土地成本在整个商业地产开发项目总投资中所占比例不断上升。

1. 拿地模式

现阶段，开发商从市场上拿地的方式主要有两种：

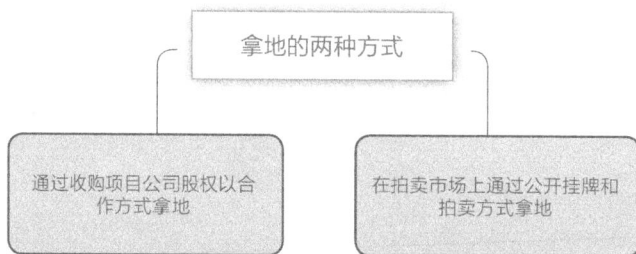

```
拿地的两种方式
```
```
通过收购项目公司股权以合        在拍卖市场上通过公开挂牌和
作方式拿地                      拍卖方式拿地
```

从公开市场上拿地，开发商首先要对竞拍的土地进行估价。常用的土地估价方法是剩余法，也称假设开发法，是在求取土地资产的价格时，将土地资产的预期开发完成后不动产正常交易价格基础上扣除预计的正常房屋开发成本及有关专业费用、利息、利润和税费，以价格余额进行折现，估算估价对象土地价格的一种方法。它适用于能够确定的预测未来现金流的土地资产的估价，公式如下：

地价＝房地产开发价值－总建筑费－专业费、管理费－利息－销售费用－税费－利润／（1+贴现率）× 开发期。

土地价格构成见表4-1。

地价构成表   表4-1

低价构成	内容	主要因素汇总
房地产开发价值的预测	对于销售性项目而言，影响房地产开发价值预测结果因素有4个：项目开发时间、拿地以后至项目开发完成期间区域房地产市场的变化、项目产品创新能力、竞争项目数量。对于收益项目而言，其开发价值的预测则依赖于对项目经营收益模式的把握	预期房地产价格
总建筑费用	影响总建筑费的因素主要有2个：项目园林及建筑规划设计、开发商成本控制能力	
专业费和管理费	产业链上合作机构(建筑设计商、监理商)的选择，并为此的成本支出	
利息	资金筹集方式及能力，主要与银行贷款利率有关	
销售费用	合作代理商和选择，并为此的成本支出	开发成本
税费	各种开发税费的汇总成本，以及考验如何合理避税能力	
贴现率	一般以3~5年银行贷款利率为计算标准	
开发期	一般包括建设期和销售期，时间长短不一	
利润	目标利润率的确定	利润要求

从上述分析中可以看出，影响土地估价的因素中最主要的有 3 个：预期房地产价格、开发成本控制和开发商的利润要求。

同一地块，开发成本不同，预期房地产价格不同，利润要求不同的开发商对同一地块的估价也不一样。在市场化拍卖中，被拍卖土地总是被开发成本低、预期房地产价格高、利润要求低的开发商获得，因此他们更愿意出高价。

2. 拿地动力

品牌开发商对房地产开发整个流程相当熟悉，且在其中某些环节控制能力非常强，为储备土地的需要，他们在剩余法的基础上，摸索出一套适合自己本公司的测算地价的方法。

一般来说，品牌开发商的目标利润率要低于一线开发商及普通开发商在 15% 左右，保证其在拿地时有更大的竞争力。影响品牌开发商的利润率选择的因素主要有以下几个方面：

（1）企业品牌战略

开发商为了进入一个新的地区开拓业务，为达到宣传自己品牌的目的，有意识地降低自己的利润要求，往往会采取高价拿地的策略。

（2）土地储备战略

有的开发商土地储备少，公司无地可开发，无法向股东交代，拿地时会将自己的利润率将低。

（3）企业公关战略

有的开发商为了搞好同当地政府的关系，追求社会效益，适当地降低自己的经济效益。

3. 看地技术与价值评判

以什么为标准评价商业经营场所的价值？开发商以商圈及立地条件为视点，判断场所具有多大的商业地产开发价值。开发商不仅希望未来商圈扩大，同时希望商圈能有质的提高。高层次的商圈可以吸引高端商业的进入，同时带来物业的升值。对一般的商业地产开发来说，建设周期一年，3～5年收回建筑投资，接下来就是业态调整。这并不是开发商情愿这样做，而是激烈的市场竞争要求从选址阶段就要开始考虑3年、5年后的业态调整，以适应环境的变化。

除了商圈以外，其他了解地块商业价值的手段包括如下：

第一，调查消费人口、消费群体、消费模式、购买力、消费偏好的现状和发展状况；

第二，调查目标地块的所处商圈（商圈比单个商业建筑的影响更大）；

第三，调查竞争者分布、经营状况、租金状况现状和发展趋势；

第四，调查目标城市近、远期城市规划和商业规划；

第五，调查目标地块的商业价值和机会点；

第六，调查商铺置业者投资购买力、投资心理。

商业地块判析如图4-1所示。

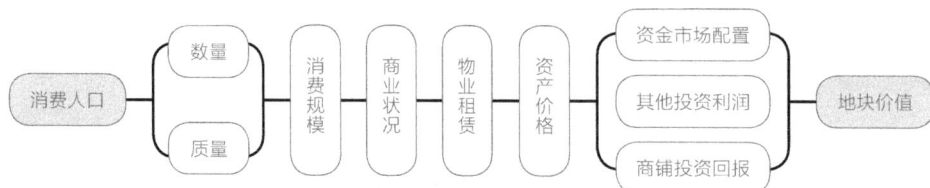

图4-1 商业地块判析的办法

4. 项目选址

所谓选址，关键在于"选"，因为选址是一项系统工程。选址不是在"找地"，选址的核心理念："引凤筑巢"而不是"筑巢引凤"。

（1）项目选址常见的三类区域（见表4-2）

项目选址要用专业的、系统的选址策略操作，同时要综合商业和地产不同业态的整合经验。

⊕ 一般商业项目选择三类区域　　　　　　　　　　　　　　　　　　　表4-2

地形	地形特征
金角	城市主要干道的交叉路口的把角为上等立地（十字、转盘）
银边	城市主要干道的边缘地带、商业特色街的中间地段
草肚皮	人口集中的腹地地带、大型社区主干道等

（2）地块素质的四大要素

商场上有句名言："一步差三成"。还有句话叫做"隔街死"。所以商业选址绝非拍脑袋心血来潮，一定要反复研讨，一定要看政府长期规划，多方面综合评估。

要素一：土地位置

位置一定要好，最好是在传统商业区域或靠近交通要道。因为在人们长期的消费习惯沉淀下，已经形成了一定的消费思维定式，某块地方就是做什么的或不是做什么的。在人们心里有时候已经有了根深蒂固的认识，与其改变这种认识，另外开辟一块处女地重新引导人们接受，当然不如就近在传统商业区域开发，能够收到立竿见影的效果。

要素二：区域消费能力

周边地区要有足够的消费群体以及购买能力。对此，国外的商业开发已经形成了一套相应的体系，区域内人口达到多少、人均可支配收入超过多少才能开一个多大规模、什么档次的商业消费中心都有明确的参比规律，当这些基础的条件都不能满足时，项目的开发无疑是有很大风险的。

要素三：交通

要求一定要流畅、方便，要有尽可能多的交通工具存在。我国农村有句话说：要想富，先修路。对于商业项目，同样可以说：要想旺，道路畅。

要素四：匹配商家的要求

此外，我们知道，一般商业项目在选址时都有严格的要求，如店址与市中心的距离、市场需求趋势、周边人口密度、客流车流、停车设施、交通条件、建筑状况、使用年限、规划限制、周边店铺数量、规模等，只有这些基本条件符合了要求，它们才会考虑是否进驻的问题。可见，项目地块的质素高低彻底影响着以后的招商及存活问题。

（3）项目选址的困境问题

在国外商业地产的选址是市场经济行为，投资商可以请专业的商业策划顾问机构来策划符合他们投资回报预期的项目，从而选择合适的地址进行开发。而现在的我国开发商在做国外分别由投资商——开发商——招商运营等所有的工作。

最为关键的是，项目的选址无法按照市场要求去做，首先要按照政府规划去做，但往往政府规划是比较超前的，比如，在某地区规划人口是 100 万人，将建一个社区商业中心，但是这一百万人居住区的开发是需要很长时间的。但是开发商只要拿到了地，你就要按照规划去做，不管先期入住的人口是 10 万人还是 20 万人，社区是否成熟，商业项目照样开建，造成的结果是招商困难和营业萧条。

同时，还有一大批公司按照住宅开发的思路选址，忽视商业地产的特殊性。

（4）正大广场和宁波万达广场的选址经验

商业地产的项目选址非常重要，成熟的商业区域为首选，但就我国大中城市现状，在城市中心区域商业相对饱和的状况下，也可以选址在有升值潜力的新区或郊区。

1）正大广场

正大广场在 10 年前投资开发，但是属于浦东新区建设规划，在当时没有形成规模型的商业需求，而随着陆家嘴金融中心的确立和不断发展，正大广场随之成为新区的成熟商业项目，并在十年后的今天成为商业地产的翘楚（图 4-2）。

2）宁波万达广场

万达集团在宁波的商业地产项目，综合面积超过 60 万 m²，商业面积 27 万 m²，这个项目选址在新区。为什么选在新区？第一，旁边有行政中心，工商、税务、保险、银行都搬过去。第二，附近规划有大的居住区，大约 10 平方千米，现在这个地块正在大规模开始建设，而且地价、房价比较贵，平均房价 6000 元 /m² 左右，将来消费层次高。在这做购物中心开始可能人流量不大，但将来升值潜力大（图4-3）。

图4-2 正大广场

图4-3 宁波万达广场

操 作 程 序

二、市场调研

1. 商业地产为什么要做好市场调研？

要回答这个问题，我们需要首先了解客户（投资者）需要什么？他们关心什么？投资者最关心什么？物业是否能增值？其实，商业地产的客户不仅指投资客，更是针对经营者，因为他们才是更加专业、更加挑剔的客户。

那么，怎样才能让投资者觉得某个物业能增值呢？或者说什么才能保证物业能增值呢？我们要了解影响客户决断的因素。

背景环境——大的经济环境是否健康发展
行业环境——商业地产行业是否是投资热点
地块价值——地产项目所处地块是否在未来有发展
同类市场经营状况——某个地产项目预计经营的业态目前是否有发展空间
项目规划——商铺规划设计是否合理，是否符合经营要求
价格合理——销售价格是否与实际价值趋同

其实，这些都可以通过市场调研获知

所以，科学、客观、充分的市场调查，是项目成功的关键因素之一。

2. 商业地产市场调研的基本概念

（1）商业地产市场调研概念

商业地产市场调研就是以商业地产为特定的商品对象，运用科学的方法，有目的、有计划、系统地收集商业地产市场方面的各种情报资料，通过对相关的市场信息进行系统的收集、整理、记录和分析，进而对商业地产市场进行研究与预测，为决策者们了解房地产市场的变动趋势，制订公司营业计划，拟定经营策略，提供参考与建议。

（2）商业地产市场调研的特征

商业地产调研相对于其他的调研行为，具备一定的特殊性，主要体现在以下几点：

1）内容广泛

商业地产市场调研内容广泛，既有宏观方面的房地产政策环境、法律环境，也有细分到一个案例的调研，同时还包括对投资者的需求调研，消费者的性别、年龄、文化程度、态度或爱好之类的调研。

2）针对性强

商业地产市场调研在营销的不同阶段的内容不同，实施调研需要具体问题具体分析。商业地产项目调研对地域性、时效性要求也很高，如销售率（出租率）、价格等动态营销信息的调研，时间发生变化，动态营销信息也会发生改变。

3）方法多样

电话调研、实地调研、座谈会等。

（3）商业地产市场调研与住宅市场调研的区别

商业地产项目所作的调研，是包括对商用物业本身的地段交通、商圈业态、市场供需，以及竞争状况等各种开发环境所作出的调查。它与住宅项目的市场调研相比，调查的区域更弹性、更集中，内容更广泛、程度更深入、难度更大。二者的区别见表4-3。

商业地产市场调研与住宅市场调研的对比表　　　　　　　表4-3

对比	商业地产		住宅	
客户群体	投资者和经营者，其经营者的最终目的，是各种不同业态的终端消费者		住宅地产所要针对的客户主要是自住型买家	
调查内容	投资研究	商业发展规划与政策、区域开发计划、街区改造和重点扶持对象、在建拟建大型商用物业、政府相关的政策与管治水平、项目所处的商圈及其范围、文教娱乐设施重点住宅楼群的数量、道路的类别、商业功能定位、档次、客流量、气氛等	购买力水平	收入水平
	经营研究	业态业种的分类、特点、要求、聚集程度、氛围、构成组合、比例关系；商户总量、商品种类、品质、产地、品牌，重点商户经营概貌、商业竞争趋势	购房者的需求与偏好	物业类别、户型、面积、方位、价格、装修、景观、配套、物管
	终端消费研究	客流量、消费者生活形态、消费欲望与消费水平、市场需求特征及影响因素、购买动机与购买行为	购房者的共性特征	年龄、文化程度、职业、家庭结构、原居住地等
衡量指标	业态比例、业种比例、营业面积比、平均租金等；衡量消费者消费水平的指标有：瞬间顾客密度、收银台排队人长度、结伙人数、客单价、提袋率、关联消费宽度、可停留时间等		容积率、户型比例、面积配比、户均面积、使用面积、销售均价等；针对购房者的衡量指标有：付款方式、最高承受单价、最高承受总价、看楼车满座率、单位时间内洽谈台数等	

3. 商业地产市场调研内容

　　总体而言，一个完整的商业地产市场调研，包括宏观环境调研、项目地段环境调研和项目商圈调研三大部分。

（1）宏观环境调研（见表4-4）

🌐 **宏观环境调研内容**　　　　　　　　　　　　　　　　　　　　表4-4

调研内容	细项内容
城市经济发展环境	城市的经济发展水平、城市居民的人均收入水平、可支配收入水平、储蓄和信贷水平、消费支出水平模式和消费结构状况
城市人口环境	城市的人口总量，人口的地理分布状况，高收入人群、中等收入人群、低收入人群等各自所占的比例及其分布状况，居民的职业特征及年龄结构、性别结构、民族结构特征等
人文环境	包括价值观念、宗教信仰、道德观念、审美观念和世代相传的风俗习惯等
商业环境	包括城市零售消费总量；城市主要商业区的分布状况及其规模、性质、商圈特征；城市商业网点的密度及其分布特点；主要的大型零售商店和商业物业的经营状况等
其他宏观环境	包括城市的规划环境、房地产开发的法律法规环境、城市的自然资源生态等

（2）项目地段环境调研（见表4-5）

🌐 **项目地段环境调研内容**　　　　　　　　　　　　　　　　　　表4-5

调研内容	细项内容
周边居民环境	① 地段交通环境； ② 地段交通道路的性质； ③ 地段交通辐射的区域； ④ 地段交通车流状况； ⑤ 项目地块交通条件状况； ⑥ 其他对外交通设施
地段商业环境	① 地段环境中商业区的类型； ② 地段环境中商业区的经营规模、销售规模； ③ 地段环境中商业区商业构成及业态组合情况； ④ 地段环境中商业区的规划布局及租金水平等
地段区位特征	地段所在的区域性质、特征以及在城市中的地位等
地段未来规划状况	地段区域未来的交通规划、商业规划、居住区规划及其他公共设施的规划状况等
项目地段开发条件	项目地段的形状、高差、可进入性、可视性等物理条件

（3）项目商圈调研（见表4-6）

🌐 项目商圈调研内容　　　　　　　　　　　　　　　　　　　　　　　表4-6

调研内容	细项内容
商圈范围的确定	① 商圈分类标准； ② 商圈范围确定
商圈分析	① 商圈消费者的人口统计特征，包括人口规模与密度、人口的年龄结构和性别特征、人口的受教育程度、人口的职业分布、人口收入水平、商圈中商品零售总额等； ② 商圈消费者的社会特征，包括商圈居民的社会水平、社会阶层、家庭生命周期、时间分配等； ③ 商圈消费者的心理因素，包括认知程度、行为倾向以及期望的经营形式等
经营者调研分析	包括各类商户的承租能力、承租条件、对项目的要求等
消费者调研	① 消费者消费心理（习俗、偏爱、经济、好奇、便利、美观、求名等）和购买行为（习惯、理智、感情、冲动、经济、随意等）调研； ② 消费者的媒介喜好状态； ③ 消费者对行业/产品了解程度（包括功能、特点、价格、包装等）； ④ 消费者对品牌的意识、对本品牌及竞争品牌的观念及行为差异； ⑤ 消费者分布（地域、行业等）及特性（年龄、收入、职业等）
项目周边竞争对手调查	① 竞争对手商业物业形态（临街铺面、商场）； ② 竞争对手商业物业相关配套（物业结构、车库、车位等）； ③ 竞争对手商业物业规划业态； ④ 竞争对手商业物业招商、销售模式； ⑤ 竞争对手物业招商、销售情况； ⑥ 项目周边人流情况，人流高峰分布时间段

（4）生活结构调研（见表4-7）

🌐 生活结构调研内容　　　　　　　　　　　　　　　　　　　　　　　表4-7

调研内容	细项内容
人口结构	人口结构调查除了要了解目前的人口结构外，还要调查了解有关过去人口聚集、膨胀的速度等方面的情况，并要对将来人口结构的变迁进行预测，同时将人口结构依行业、职业、年龄教育程度等进行分类整理，以便进一步的深入分析

续表

调研内容	细项内容
家庭户数构成	家庭户数构成调查，主要是对家庭户数变动的情形及家庭人数、成员状况进行调查，并以此了解人员变化趋势，通过人员构成比率的对比分析，来探索生活形态变化与都市发展之间的关系
收入水平	收入水平调查，主要是了解某一地区内消费者的生活状况及高中低收入者各自所占的比例情况，以此来分析消费者消费的可能性，了解家庭收入水平，并将这些资料与其他都市、其他地域相比较，进行分析对比，作为是否开设商店的主要依据
消费水平	消费水平调查，主要是要了解消费者个人及其家庭的消费情形，并针对消费内容依商品类别进行划分，掌握不同商品类别的消费支出比重。以此掌握商圈内的消费购买力的一般概况，为确定百货商店的店型提供参考
购买行为	购买行为调查，主要是调查了解消费者购买商品时的活动范围及购入某商品时经常在何种类型商店购买等情况，研究消费者购买行为的目的，一是可以得悉消费者的购物活动区域，二是可以知悉消费者选择商品的标准，以便对该地区的消费意识作深入研讨。这对具体确定百货商店的经营范围及经营规模大有帮助

（5）城市结构调研

城市结构调查主要是对某一区域内市民生活的空间进行调查，具体要调查中心地带及周围区域都市的结构机能，以了解该地域内设施、交通、活动空间等方面的情况，并了解将来的城市发展规划，以便选取最具商业价值的地域开设百货商店（表4-8）。

城市结构调研内容　　　　　　　　　　　　　表4-8

调研内容	细项内容
地势结构	地势情况调查主要是对地域内地形状况进行调查，尤其要了解平地的广阔度及腹地的纵深度等情况，因为地势情况直接制约着百货商店的规模选择
交通情况	一般而言，百货商店的位置应位于交通要道两侧，因为交通网密布的地方，往往人口容易集中或流量特别大，自然是设店的理想地点。所以调查时对于交通路线及车辆往来的班次、载送量等均可作为考虑的重点，有时对于停车空间也有调查的必要
地段的调查	在繁华的地段，往往是商店容易集中之处，所以百货商店选择在热闹地段是理所当然的，但其地价及租金较高，因此投资成本提高的情况下，如何作有利的运用以及将来可能变动的趋势，均成为在繁华地段设店的考虑要素

调研内容	细项内容
各项机能的调查	一般设店位置若为行政、经济、文化活动等密集的地方，则整个都市机能易于发挥出来，诸如行政管理、经济流通、娱乐服务、商品销售等机能，自然成为人口流动集中的焦点。因此对于流动的人口究竟是以公务人口为主体或是以购物、社交、娱乐的流入人口为主体，均为调查上应予以明了的事项
城市规划调查	除了都市结构的现状外，有关将来发展的方向，城市的发展规划，诸如交通网的开发计划、社区发展计划及商业区的建设计划等，均为设店时在地点因素上所必须要考虑的因素，因为这些因素直接影响着商圈的变动，必须对此进行相应的调查

（6）消费者调研（见表4-9）

⊕ **消费者调研内容**   表4-9

调研内容	细项内容
购买习惯的调查	这项调查的目的是对欲设店地区的居民的年龄、职业、收入、购买倾向进行研究分析，以调查可能的商圈范围。其调查对象以家庭为主，可采用抽样调查的方法，调查时可以到学校、工厂发放调查试卷，也可以直接入户调查。其调查项目一般包括：居住地名、家庭构成、户主年龄、职业、工作地点、商品购物倾向等。该项调查的特点是：居住地别购物倾向与设店预定地的评价易于比较，但调查费用较高
购买能力的调查	该项调查的目的主要是了解设店预定地顾客的实际消费购买能力，一般是对设店预定地通行人数进行抽样调查，或是对百货店的主力顾客进行调查。在一般情况下，对调查地点通过的行人，依一定时间段采取面谈方式，时间以十分钟以内为佳。其调查项目主要包括居住地、年龄、职业、上街目的、使用交通工具、上街频度、月均支出额等。该项调查费用较低，但较为困难，对于居住地与设店预定地购物依存度较难明确保证
购买量的调查	该项调查主要是对设店预定地的顾客流量情况（分不同日期及同一天的不同时间段）进行研究分析，以作为确定营业体制和商店规模时的参考

（7）竞争者调研（见表4-10）

⬤ 竞争者调研内容 表4-10

调研内容	细项内容
场所调查	这主要是对设店预定地商圈内竞争店的主力销售场所及特征展开的调查。在调查时可安排销售人员与销售促进人员同步进行，针对营业面积、场所及销售体制进行调查，以便共同研讨
商品构成调查	该项调查是对前项调查的继续，主要是对于商品组成的细目进行调查。在调查方法上，可以安排销售人员、采购人员与销售促进人员共同进行调查，着重进行主力商品量的调查
人流调查	该项调查的主要调查对象是以出入竞争店的十五岁以上的男女顾客为主。该项调查一般与顾客通行量的调查同时进行，以了解竞争店不同时间、不同日期的出入店人数，尤其要注意特殊日期或各楼类流动量的调查

4. 商业地产市场调研步骤

从图4-4我们可以看出商业地产调研一般经历三个阶段，分别是准备阶段、实施阶段和结果处理阶段。

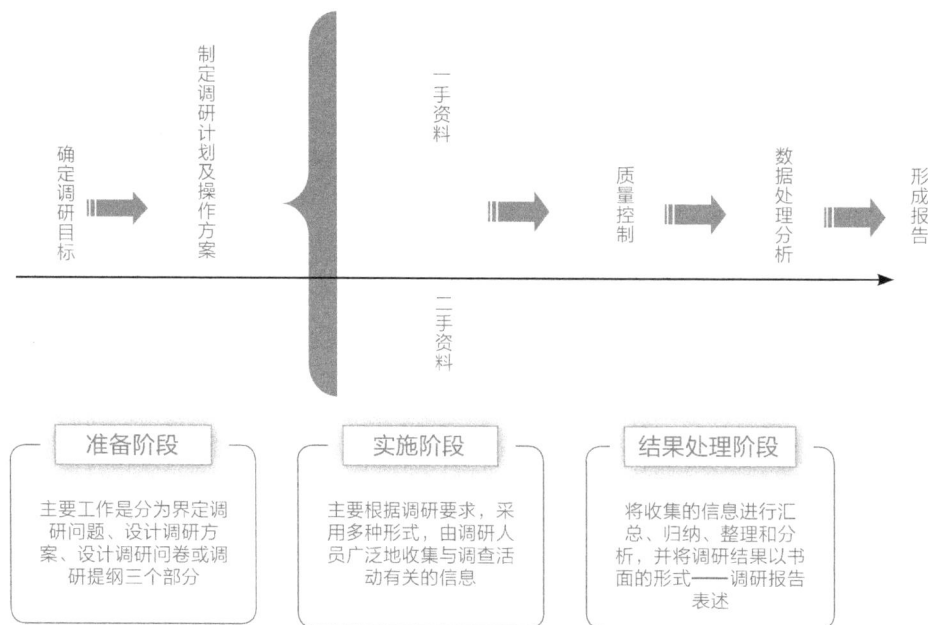

准备阶段	实施阶段	结果处理阶段
主要工作是分为界定调研问题、设计调研方案、设计调研问卷或调研提纲三个部分	主要根据调研要求，采用多种形式，由调研人员广泛地收集与调查活动有关的信息	将收集的信息进行汇总、归纳、整理和分析，并将调研结果以书面的形式——调研报告表述

图4-4 商业地产市场调研—步骤

在以上三个阶段中，其实包含了商业地产调研的 7 个重点步骤，它们是每一次商业调研都要反复经历的关键点。

第一步：确定调研目标

为什么要进行调研？客户想知道什么？知道以后有什么用处？ 为什么要调研？需要什么信息？怎样得到这些信息？在这一阶段主要进行探索性调查，与决策者探讨，采访有关专家。

第二步：设计调研方案

设计调研方案就是对整个项目各个方面和各个阶段任务的一个通盘的考虑和安排，是整个调研项目的一个框架或蓝图。包括调研目的与内容、调查对象与范围、调查方法与抽样、质量控制与复核、调查人员的安排、时间与费用安排。

第三步：调研资料准备

工作计划。Why、What、Where、When、Who、How、Money（5wlhlm）。

资料预热。有关调查城市区位（商圈、项目的书刊、报纸、网站等公开信息与内部资料）。

配齐工具。准备好考察表格、问卷、访谈提纲、公司资料、数码相机、摄像机等。

考察线路。前往考察区域对象的交通工具、入口、行走方向、重要节点、出口等的预计、判断及分工安排。

时间安排。市调时段的安排（平日、周末、节假日、白天、夜晚），考察时间长短的估算，考察项目、地段的时序安排等。

第四步：调研计划实施

采用多种形式，由调研人员广泛地收集与调查活动有关的信息。进行调研工作的质量监控。同时，还要查验和评价调研员的工作。

第五步：调研数据分析

资料查收和数据校对，信息编码，录入数据，建立数据库，查错和数据净化，数据处理、制表作图，统计分析。

第六步：调研报告提交

调研报告是调研工作的最终产品。它包括书面报告和口头报告。

第七步：信息反馈

追踪调查前一段工作的成效，调查结果的采纳情况。

5. 商圈调研与应用

在商业地产的调研过程中，会反复提到商圈，可以看出商圈的重要性。

（1）商圈的构成

商圈大致由三部分组成，即主商圈、次商圈、边缘商圈。

1）主商圈

主商圈即主要商圈，也称第一商圈，是指最接近商店的区域。在主要商圈内，消费者去商店购物最为方便，一般情况下，65% 左右的顾客来自主要商圈。在主商圈内，顾客在人口中的密度较高，每个顾客的平均购货额也最高，这一商圈很少与其他类型商店的商圈发生重叠，否则就易出现过度竞争。一般来说，小型商店的核心商圈在 0.8 公里之内，顾客步行来店在 10 分钟以内；大型商场的核心商圈在 5 公里以内，无论使用何种交通工具来店，不超过 20 分钟。

2）次商圈

次商圈即次要商圈，也称第二商圈，是指位于主要商圈外围的次要区域。在这一区域内，顾客较为分散，但消费者来店购买商品也较为方便，在次要商圈内聚集着百货商店 25% 左右的顾客。一般来说，小型商店的次要商圈在 1.5 公里之内，顾客步行来店在 20 分钟以内；大型商场的次要商圈在 8 公里以内，无论使用何种交通工具来店，平均不超过 40 分钟。

3）边缘商圈

边缘商圈也称第三商圈，是指位于次要商圈以外的区域。在边缘商圈内，散居着百货商店约 10% 左右的顾客，在这个区域的消费者来商店购买商品中不太方便。一般来说，小型商店的边缘商圈在 1.5 公里以外，顾客步行来店在 20 分钟以上；大型商场的边缘商圈在 8 公里以外，无论使用何种交通工具来店平均在 40 分钟以上。

商圈在受各种因素的影响，其范围和形态状是会经常变化的，一般情况下，商圈形态表现多为各种不规则的多角形，为便于研究分析，一般将商圈抽象地视为以商店为中心向外辐射的圆心圈形。

（2）商圈形成与发展

商圈的发展和形成有它内在的规律，与整个城市的城市化进展、经济水平的发展，商业网点的搭建等有重大联系。从图4-5中我们可以看到，商业高速发展过程中，市中心核心商圈首先成型，逐步出现潜力商圈，并形成新兴商圈。

发展阶段	起步期	快速发展期	结构调整期	稳步发展期
市场表现	各个居住区、交通汇聚点出现少量、低档次商业	商业快速发展，经营档次、结构发生飞跃	散铺向集中、规模化商业形式演变	规模化商业、大型购物形态商业中心浮出市场
经营模式	自有住宅底商经营或出租为主	商铺基本市场化，经营和销售同时存在	商铺市场化，销售成为核心赢利手段	销售不是实现收益的最终手段，持有出租为主
经营业态	百货为主	专业市场	餐饮、休闲	休闲、娱乐
赢利模式	营业收入+租金收入	营业收入+租金收入+销售收入	销售收入+租金收入	销售收入+租金收入
标志节点	城市发展较为落后，市政配套设施处在规划中	市政配套正在完善，集中市场、步行街出现	由街铺、步行街向集中商业发展，新商业出现	大型商业机构进入，商业水平稳步上升

市中心核心商圈首先成型，逐步出现潜力商圈，并形成新兴商圈

图4-5 商业形成与发展的阶段特征

（3）商圈分析

商圈分析是指对商圈的构成、特点和影响商圈规模变化的各种因素进行综合性的研究。对商场来讲，商圈分析有重要的意义。它有助于项目选址，有助于企业制定市场开拓目标，明确哪些是本商场的基本顾客群和潜在顾客群，不断扩大商圈范围，有助于企业有效地进行市场竞争，在掌握商圈范围内客流来源和客流类型的基础上，开展有针对性的营销。

1）商圈分析应考虑的因素（表4-11）

由于商圈分析对项目选址、经营等特定意义，所以，商圈分析应考虑的因素众多。

● 商圈分析的四大考虑因素 表4-11

因素	考虑内容
人口数量及特点	包括居住人口数量、工作人口数量、过往人口数量、居民户数和企事业单位数，及相应人口年龄、性别、职业和收入水平构成等
建设状况	包括公共交通、供电状况、通信设备、金融机构等对于百货商店营销的方便程度
社会因素	分析地区建设规划、公共设施（公园、公共体育场所、影剧院、展览馆），以及本地区的人文等，是否有利于项目发展
商业发展潜力	包括购买潜力和现有商场的经营状况。这两个因素是对项目影响的最直接因素。在对商业发展潜力进行分析时，应计算该地区的商圈饱和度，以了解这个地区内同行业是过多还是不足。在商圈饱和度低的地区建店，其成功的可能性必然超过商圈饱和度高的地区

2）影响商圈大小的因素

前面我们说了一般商圈有三个层次：主商圈、次商圈、边缘商圈，那么是什么因素影响商圈范围的大小呢？总体来说，一般包括如下七个因素：

因素1：项目自身的特点

不同的项目有不同的商圈，即使是同类型项目，坐落于同一地区，由于其各自不同的特点，商圈范围也有所区别。造成这种区别的因素有：商店的形象和信誉，服务质量的优劣，商品经营的特色，价位的高低，以及物质设施的差异等。经营同类商品的两个商店即便同处一个地区的同一条街道，其对顾客的吸引力也会有所差异，相应地，商圈规模也不一致。那些经营灵活，商品齐全，服务周到，在消费者中树立了良好形象的商店，商圈规模相对地会较其他同行业商店大。

知识点

商圈分析是百货商店选址的一个重大步骤、也是重要的基础工作。商场在选址时，首先要明确商圈范围，了解服务对象，确定经营范围，评估经营效益，然后确定大致地点和商店规模。

因素2：项目经营规模

项目因其经营规模不同，商圈大小也不相同。如北京大悦城和北京新中关购物中心的商圈由于规模不同，其商圈明显不同。

一般来说，经营规模大、种类品种多，吸引顾客的范围也大。但因为规模越大，品种就越多，销售的辐射区域就越广，商圈的半径就越大。应该指出的是：商圈总是有限度的，不会无限扩张。

因素 3：经营商品种类

我们以百货商店为例，百货商店的商圈大小因其经营的商品种类而异，即百货商店的商品经营种类对其商圈大小有重要影响。一般情况下，以经营日常生活用品为主的百货商店，其商圈大多以主要商圈（第一商圈）为主，而以经营高档大件耐用消费品为主的百货商店，其商圈的边缘部分可扩展到 12 公里左右。

因素 4：交通运输情况

位于交通便利地区的项目，商圈规模会因此扩大，反之则限制了商圈的延伸。自然的各人为的地理障碍，如山脉、河流、铁路以及高速公路，会无情地截断商圈的界限，成为商圈规模扩大的巨大障碍。所在界定商圈时，要考虑到影响顾客来店的交通条件，如街道通达程度、公共汽车运行状况、交通设施和管理措施等因素，尽量扩大商圈，使项目有更宽的服务面和更广的服务群。

因素 5：竞争对手的地理位置

相互竞争的项目之间距离越大，它们各自的商圈也越大。如潜在顾客居于两家同行业商店之间，各自分别会吸引一部分潜在顾客，造成客流分散，商圈都会因此而缩小。但有此相互竞争的商店毗邻而设，顾客因有较多的比较选择机会而被吸引过来，则商圈反而会因竞争而扩大。

根据有关专家的研究，两家同类型的百货同商店相距在 1.5 公里以外、8 公里以内，对顾客的争夺是激烈的，两家商店的商圈都会缩小。两家同类型的百货商店距离在 8 公里以外，随着距离的扩大，竞争程度会逐渐减弱，以至形成各自的商圈。

因素 6：促销程度

商圈大小固然要受到一系列客观因素的影响和制约，但它决不是固定不变的，经营者的主观努力也会影响商圈的变化。如通过广告宣传，开展公关活动，以及广泛的人员推销与营业推广活动不断扩大知名度、影响力，吸引更多的边际商圈顾客慕名光顾，随之商店的商圈规模会骤然扩张。

因素 7：消费者的流动性

随着消费者流动性的增长，光顾的顾客来源会更为广泛，边缘商圈会因此而扩大，项目的整个商圈规模也会扩大。

（4）商圈应用

商圈最主要的应用就是分析某区域的商业是否饱和，这就引出一个概念，叫做商圈饱和指数，它与潜在顾客的数量、人均零售支出和商业面积相关，其公式如下：

IRS（商圈饱和指数）$= C$（潜在客户）$\times RE$（人均零售支出）$/RF$（商业面积）

例1：某三、四线城市一般标准为 1000 ~ 4000 元 / m²，假设某市的商业设施营业额为 2000 ~ 6000 元 / m²，取接近中值的 4000 元 / m²。

C（潜在客户）：40 万人（按照城镇人口计算，市区人口占全市人口 115 万人的 35%，115×35%=40 万人）。

RE（年平均购物额）：2010 元 / 年·人 ×0.8=1600 元 / 年·人（按照平均社会消费品零售总额的 80% 计算）。

RF（某市可支撑商业面积）$= C \times RE / IRS = 40 \times 1600/4000 = 16$ 万 m²。

那么从这个案例最终可以推出，商圈的饱和容量为 16 万 m²，如果超过容量，经营就有较大风险。

例2：假设在商圈内有 10 万个家庭，每周在食品中支出 25 元人民币，共有 15 个店铺在商圈内，144000m² 销售面积。则该商圈的饱和指数为：

$IRS = C \times RE / RF = 100000 \times 25 / 144000 = 17.36$。

操 作 程 序

三、定位技术

定位是项目入市的第一步，是商业地产项目设计的第二个环节。项目定位是在项目市场调研及可行性分析的基础上回答项目"是什么、做什么、如何做"的问题。要对项目科学定位，首先要对项目进行科学的分析，分析项目自身及资源条件，主要方式是对项目进行科学的 SWOT 分析。在完成 SWOT 分析后，再对项目进行定位。

1. 定位概念及特征

简单地说，定位就是决定一个项目要做成什么样的？卖给谁？谁来使用？严格地说，项目定位就是通过市场调查研究，确定项目所面向的市场范围，并围绕这一市场将项目的功能、形象作特别有针对性的规定。商业地产定位具有如下三个明显特点（图4-6）。

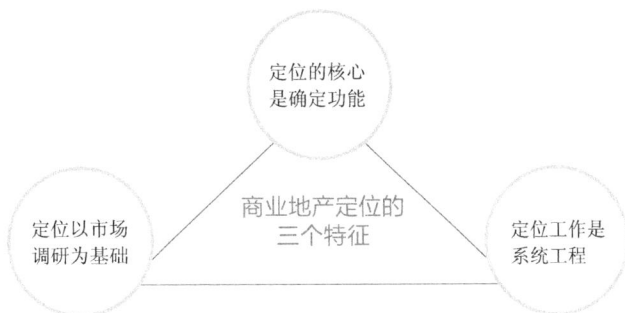

图4-6 商业地产定位的三个特征

（1）定位以市场调研为基础

优秀企业家也会根据自己的判断定位，而且也能取得良好的效果。但是房地产开发是输不起的行业，一个项目做砸了，全盘皆输。所以，定位应建立在必然性规律上，根据事物的发展规律研判事物发展态势。市场调查和研究就是集合各个阶层的意见和专家智慧达到必然结果的正确选择。

知识点

商圈饱和这一指数数字越大，则意味着该商圈内的饱和度越低；该数字越小，则意味着该商圈内的饱和度越高。在不同的商圈中，应选择零售饱和指数较高的商圈开店。

（2）定位的核心是确定功能

例如，建筑性质是什么？有何用途？如果我们定位方向是商场类物业，那么，具体应该是什么样的物业？超市、产权市商铺、集贸市场、百货商场还是专业性市场？

（3）定位工作是系统工程

确立了定位的同时，也应该确定了目标客户和目标形象，以及相关的市场推广策略。单一的定位往往造成前后脱节，降低定位的协同效能。

2. 定位的内容和构成

商业地产定位是个抽丝剥茧的过程，它的内容相当丰富，它是项目操作的指导思想，是大纲，既是战略也是战术，即是大纲也是执行方案。所以，我们经常会在项目策划报告中看到以下经常见的八种定位技术。

第一种：市场定位

市场定位的核心就是要确定自己的客户在哪里，他们具有什么样的特征。把握好客户群定位，基本上就把握好了客户定位。而客户定位就是确定谁是建筑的投资者、使用者、运营者、物业管理者和消费者。它的基本操作方法是对区域商圈范围的分析，寻找商场需求空白点空间范围；在商圈范围确定之后，根据区域产业结构、行业发展态势，确定客户群，然后通过对消费者的市场细分，最终确定消费群。

当然，市场定位好包括想建什么样的产品，也就是产品定位的范畴。如果再细分的话，还包括企业的自身定位、竞争定位以及区域定位等。大体上说，就是想在市场上留下一个什么么形象，这种形象能吸引怎样的消费者。

那么市场定位该采用怎么的步骤呢？见图4-7。

| 第一步 辨析定位问题 | 第二步 细分市场 | 第三步 选择目标市场 | 第四步 确立定位 | 第五步 评价定位 |

图4-7　商业地产定位的程序

第一步：辨析定位问题

在项目分析以及经验分析的基础上，辨析定位问题，也就是需要通过市场调查和研究回答的问题。例如，写字楼底层的空间应该做什么用途最好？底商发展餐馆是否合适？发展大型超市与产权市商铺哪个最好？谁有可能投资购买物业？正确地提出问题，就相当于定位问题成功了一半。所以我们应该善于提出问题，提出的问题越尖锐、越深刻，得到正确结论的机会也就越多。

第二步：细分市场

根据调研结果分析市场，进行细化。例如，北京某大厦准备整层对外销售，策划人根据行业变量、规模变量、地理变量、经营变量和个性特征，把市场细分为：

① 政府机构转制出来的大集团（公司）以及将要转制的大集团（公司）。

② 金融机构，包括各级银行、保险、证券、期货及其他非银行金融机构。

③ 大型股份制公司及外省市集团（公司），包括上市公司。

④ 行政职能型部委机构。应该承认一些不确定的因素限制了行政职能型部委机构对写字楼的需求。

第三步：选择目标市场

接上例，为了使细分市场的辨识具有科学性，需要评价每个细分市场的潜在利润，标准是：

第一，细分市场的规模和发展前景；

第二，细分市场的赢利潜力；

第三，公司目标和资源。

标准分成 A、B 和 C 三级，逐级递减。结果发现除行政职能型部委机构与上述三个评价标准不一致外，其他三个细分市场（政府转制公司、金融机构和外省市集团和股份公司）是理想目标。

第四步：确立定位

确定定位首先是确定客户组合群的过程，也就是什么样的客户是物业的潜在购买者和使用者，他们应构成完整的生态关系群落，具有系统性、整体性、和谐性的特点。

第五步：评价定位

一个物业的市场定位是否正确，体现了物业的价值，应予以系统评价，多方案比较。

第二种：功能定位

功能定位就是确定建筑的用途及发挥的作用。简单地说，就是明确项目的基本服务功能，回答项目可以做什么的问题（表 4-12）。

现代商业建筑通常体现四大功能　　　　　　　　　　表4-12

功能类型	功能表现
购物功能	体现于商品品种、档次上，购物功能是商场最基本功能
休闲功能	往往被当作附加功能加以设置，目前被逐步重视，如咖啡厅、健身房等
娱乐功能	体现于各类游玩活动，如电玩、电影城、儿童游玩区等
服务功能	主要体现于商场物管和商场客户经营主体服务两方面

第三种：主题定位

明确项目的主题，回答项目应该做什么的问题。主题定位往往与项目特色定位结合起来，主要体现在：特色主题、特色服务。该定位方式市场风险较大，但一旦成功，较易形成品牌。有了特色才具有不可替代性，从而具有竞争力。

第四种：形象定位

明确项目的形象，回答项目的经营特色、差异化策略、宣传推广原则的问题。项目形象定位随着商场的经营运作而持续存在并发挥作用。商场形象可以通过 CIS 系统加以塑造并传达给消费者（表 4-13）。

⊕ 商业项目的形象构成   表4-13

形象构成	举行
通过商场建筑外观来表现	如建筑形状、结构、颜色等
通过顾客对卖场购物气氛表现	如场内购物环境、卖场布局设计、橱窗设计、形象展示、POP广告等
通过软形象表现	通过产品价格、质量、服务、促销策略等形式表现

第五种：经营方式定位

根据企业实力、经营目标、承受风险能力等因素考虑采用哪种经营方式，按实际情况，一般可以采用自营、招租、委托经营管理三种方式。这些往往在定位中被忽略，这是因为前期就会被开发商自身限定。

第六种：业态定位

业态定位就是要明确项目的业态，回答项目是什么的问题。商业地产项目的业态组合定位不是一成不变的，随着客观市场条件的变化，项目的业态组合会发生一定的变化，从最初的业态组合到稳定的业态组合，必定要经过一个阵痛期。所以，我们常常说的业态定位都是初步业态定位。

1）初步业态规划的方法

第一步：供给面调查

根据商业地产项目所辐射的商圈范围的业态普查结果，选出商业机能较强的业态，并兼顾涵盖各类型的业态。

第二步：需求面调查

根据商业地产项目所辐射的商圈消费群的特性，消费习性及潜力后，评选集客力强且具市场竞争力的业态组合。

第三步：国内外标杆项目经验参照

参照国内外标杆商业地产项目的经验，并配合租赁管理，使店铺均能在效的经营管理制度下运作，可以达到绩效相互补充的功能。

经过以上三步的运作，基本可以确定初步业态规划。

知识点 功能和客户定位是核心，两者相互影响，互有依赖。例如，一个项目的用地性质是写字楼，就排除了客户定位的任意性，对客户定位产生约束。但在确定功能的大方向下，功能设计细节则要根据客户定位的结果确定，客户定位的结果要通过功能设计表达和实现。

2）项目初步经营业态比例试算方法

供给面商圈各业态营业额的比例，与需求面的消费者最常去的业态的消费比例，再加上消费者最希望增加业态的消费金额的比例，三项比例平均之后，得出商业地产项目业态发展规划比例及面积分配比例。

3）项目业态定位最终确定（图4-8）

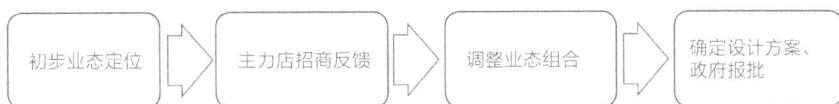

初步业态定位 ➡ 主力店招商反馈 ➡ 调整业态组合 ➡ 确定设计方案、政府报批

图4-8 业态定位最终确定流程

在初步业态定位确定之后，然后先进行主力店招商，根据主力店的需求调整业态组合，再确定设计方案、政府报批，这个时候业态的定位和组合基本上就已经确定。

第七种：规模定位

商业地产规模也有大有小。规模大的商业房地产如shoppingmall项目，可以达到几十万、上百万平方米，规模小的商业房地产项目仅几百平方米，甚至更小。项目的规模越大，它所能覆盖的商圈范围就越大，但规模也并非越大越好，适当的规模才能达到经营的最优。我们可以用一个公式来初步计算项目的规模：

规模＝商圈购买力－圈内竞争分流购买力

商场购买力取决于商圈人口及其消费水平，商圈人口通常包括圈内居住人口、市内过客及外地游客；消费水平往往与其收入水平和消费习惯有关；竞争店分流的购买力往往与竞争各方在规模、档次、经营能力、经营范围等方面的差异程度有关。

第八种：价格定位

价格定位就是确定建筑的目标价值和价格。在很多开发商看来，建设一个好的商场并不难，判断"商铺卖多少钱市场才能接受"也并不难，难的是怎样才能在最短的时间内完成项目的销售，迅速回笼开发资金，降低投资风险，争取更大的利润，这就取决于价格策略。有竞争优势的价格，有符合市场需要的户型、配套、商业氛围，促进项目销售自然水到渠成。

1）成本定价法

销售价格 = 开发成本 + 开发商目标利润

从上面公式可以看出，销售价格的的确定，在很大程度上受开发商的综合开发实力（如开发能力、开发经验、开发水平等）制约。从理论上看，这个定价方法能够达到开发商收回投资、赚取利润的开发目的，但站在投资者的角度来说，这个定价只能作为参考价格，销售价格的确定必须符合商业物业市场需求状况和租金水平。

由于开发成本和目标利润两个方面都是由开发商决定，以成本来衡量和拟定商铺价格是不科学和不全面的，很容易会造成销售价格与市场需求脱节。综合开发实力较强的开发商，成本控制能力也相对较强，当开发商的利润率水平一致的时候，开发成本较低的项目售价将较低。

2）市场比较法

市场比较法就是通过项目的类比，与参考项目进行各种参考因素的比较打分，从而确定项目的最终租售价格（图4-9）。

知识点

在同一商场内同时引入百货与超市两种业态，以超市来提高客流量，以百货来确保商场整体毛利率，把两者的优势有机地结合起来。

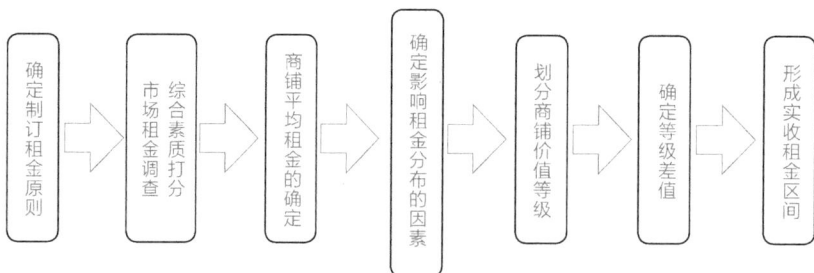

确定制订租金原则 → 综合素质打分市场租金调查 → 商铺平均租金的确定 → 确定影响租金分布的因素 → 划分商铺价值等级 → 确定等级差值 → 形成实收租金区间

图4-9 市场比较法操作流程

3）租金反推法

这是一种用于计算的方法，具体见表4-14。在下面的公式中，360天为国际通用的年营业收租时间，12年为国际通用投资回报年限，同时去掉物业费和营业性税收，并忽略购房时的维修基金、契税和印花税等。

租金反推法计算公式   表4-14

精确测算	简易测算
售价=（日租金×360天－物业费－相关税收）×12年－维修基金－相关税费	售价=日租金×365天×12年

3. 项目定位须有差异性

（1）项目定位的差异性影响建筑规模上的差异性（表4-15）

不同购物中心的规模差异   表4-15

项目定位	建筑规模	覆盖商圈
市级购物中心	3万m²以上	覆盖整个城市，服务人口30万人以上
地区购物中心	1万～3万m²	覆盖城市局部，服务人口10万～30万人
居住区购物中心	0.3万～1万m²	覆盖城市的一个居住区，服务人口1万～5万人
邻里型购物中心	0.3万m²以下	服务人口1万人以下

（2）项目定位的差异性与主题的创新相辅相成

如运动主题的购物中心、科幻主题购物中心、娱乐主题的购物中心、文化主题的购物中心等，都为项目的定位提供了创新的思路。

（3）项目定位的差异性与品牌店组合差异性密切相关

品牌店的组合差异性对项目经营中消费人群、消费档次影响很大。比如，时尚精品店品牌组合——北京新东方广场，与传统老字号店组合——北京琉璃厂步行街，在消费人群、档次上就有明显差别。这对建筑的风格和经营风格的要求也截然不同。

知识点

市场比较法影响租售的因素，包括地理位置、交通通达性、周边消费者覆盖能力/客流通达性、区域商业发展及竞争态势、项目物业条件、项目物业结构。其中，项目物业条件包括基础规划布局、商铺层数、业态限制；项目物业结构包括进深、面宽、设施配备情况、内部交通差及视野差问题。

新手知识总结与自我测验

总分：100 分

第一题：商业地产拿地有哪两种主要的方式？（10 分 / 个，共 20 分）

_____

_____

第二题：请简要列出商业地产调研的步骤。（共 30 分）

_____

_____

_____

第三题：业态定位的目的是什么？它需要达到一个什么目标？（20 分）

_____

_____

_____

思考题：某市共有 100 万人，其中市区人口 30 万人，该市商业设施营业额 5000
元 /m^2，该年全社会人均支出为 2500 元，而该城市人均支出为 5000 元，请问该
市最大商业面积达到多少就会饱和？（30 分）

_____

_____

_____

_____

得分：   签名：

商业地产新兵入门 05

浅说规划与设计
商业地产的产业链条

操作程序

一、商业建筑识图

二、商业地产规划设计的构成

三、商业地产规划设计的流程

四、为何说项目策划是规划设计的总纲

五、商业布局规划

六、商业建筑设计

七、目前商业项目规划设计存在的五大问题

本章使用指南

近年来，我国商业地产取得了很大的发展，与此同时开发与运营中潜在的问题也正在不断显现出来。其中，最集中体现在规划设计缺乏科学性和专业性以及商业地产项目的盲目开发。可见，商业地产规划设计做成功，并不意味着商业项目就一定会成功，但是它能最大程度地规避风险，商业规划设计是整个商业地产开发当中一个承上启下的关键环节，必须给予高度重视。

操作程序

一、商业建筑识图

1. 商业建筑图纸

一套完整的建筑图纸，根据其专业内容或作用的不同，一般包括：

（1）图纸目录

图纸目录包括每张图纸的名称、内容、图纸编号等，表明该工程图纸由哪几个专业的图纸及哪些图纸所组成，便于检索和查找。

（2）设计总说明

设计总说明主要说明工程的概况和总要求，内容一般应包括表5-1所列要求。

⊕ **设计总说明的内容**   表5-1

内容	要求
设计依据	如规划限制、设计规模、建筑面积以及有关的地质、气象资料等
设计标准	如建筑标准、结构荷载等级、抗震要求等
施工要求	如施工技术、材料要求以及采用新技术、新材料或有特殊施工的工艺说明

以上各项内容，对于简单的工程，也可以分别在各专业图纸上写成文字说明。

（3）建筑施工图

建筑施工图包括总平面图、平面图、立面图、剖面图和构造详图。表示建筑物的内部布置情况，外部形状，以及装修、构造、施工要求等。

（4）结构施工图

结构施工图包括结构平面布置图和各构件的结构详图。表示承重结构的布置情况，构件类型，尺寸大小及构造做法。

（5）设备施工图

设备施工图包括给水、排水、采暖通风、电气等设备的平面布置图、系统图和详图。表示上下水及暖气管线布置，卫生设备及通风设备等的布置，电气线路的走向和安装要求等。

2. 商业建筑常用符号及图例

为了保证制图质量，提高效率，表达统一和便于识读，我国制定了国家标准《房屋建筑制图统一标准》GB 50001，其中几项主要的规定和常用的表示方法如下：

（1）定位轴线

在施工图中通常将房屋的基础、墙、柱和梁等承重构件的轴线画出，并进行编号，以便于施工时定位放线和查阅图纸，这些轴线就是定位轴线。

定位轴线采用细点画线表示。轴线编号的圆圈用细实线，在圆圈内写上编号。在平面图上水平方向的编号采用阿拉伯数字，从左向右依次编写。垂直方向的编号采用大写英文字母，自下而上依次编写，英文字母中的I、O、Z不得作轴线编号，以免与数字1、0、2混淆。

对于一些与主要承重构件相联系的次要构件，它的定位轴线一般作为附加轴线，编号可用分数表示。分母表示前一轴线的编号，分子表示附加轴线的编号。

（2）标高

在总平面图、平面图、立面图和剖面图上，经常用标高符号表示某一部位的高度。各种图上所用的标高符号如图5-1所示。

2.450	−0.450	6.400	9.000 6.000 3.000
总平面标高	个体建筑负标高	个体建筑正标高	多层建设标高

图5-1 标高表示

标高数值以米（m）为单位（不标单位），一般标注至小数点后三位数。标高有绝对标高和相对标高两种。

绝对标高：我国把青岛黄海的平均海平面定位绝对标高的零点，其他各地标高都以它作为基准，在总平面图中的室外地面标高中采用的一般都是绝对标高。

相对标高：除了总平面图外，一般都采用相对标高，即把首层室内主要地面标高定位相对标高的零点，并在建筑工程的总说明中说明相对标高和绝对标高的关系。如室外地面标

高 -0.450，表示室外地面比室内首层地面低 0.45m。

（3）尺寸标注

施工图中均应注明详细的尺寸。尺寸标注由尺寸界线、尺寸线、尺寸起止点和尺寸数字四个部分组成。根据《房屋建筑制图统一标准》GB 50001 规定，除了标高及总平面图上的尺寸以米（m）为单位外，其余一律以毫米（mm）为单位。为了使图面清晰，尺寸数字后一般不必注明单位（图5-2）。

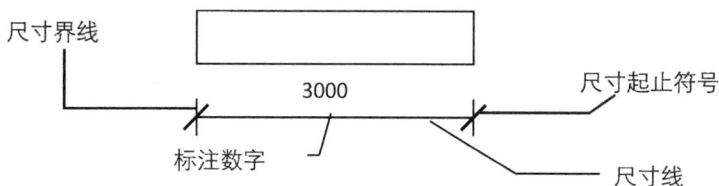

图5-2 施工图尺寸标注示例

在图形外面的尺寸界线是用细实线画出，一般应与被标注的长度垂直，但在图形里面的尺寸界线以图形的轮廓线和中线来代替。尺寸线必须用细实线画出，而不能用其他线代替；应与被注长度平行，且不宜超过尺寸界线。尺寸线的起止点用 45° 的中粗斜短线表示，短线的方向应以所标注数字为准，自数字左下角向右上角倾斜。尺寸数字应标注在水平尺寸线的上方，垂直尺寸线左方的中部。

（4）常用图例（表5-2）

商业建筑施工常用图例　　　　　　　　　　　　　　　　　　表5-2

名称	图例	名称	图例
新设计建筑物		原有的建筑物	
计划扩建的预留地或建筑物		地下建筑物或构筑物	
拆除的建筑物	× ×	散状材料露天堆场	
建筑物下面的通道			

（5）建筑施工图的识读方法

一幢建筑物从施工到建成，需要有全套的建筑施工图纸作指导，一般一套图纸有几十张到几百张。阅读这些施工图纸要先从大方面看，然后再依次阅读细小部分，先粗看，再细看，平面图、立面图、剖面图和详图结合看。具体识图步骤如下：

第一步：从建筑平面图看起，若建筑施工图第一张是总平面图（图 5-3），要看清楚新建建筑物的具体位置和朝向，以及其周边建筑物、构筑物、设施、道路、绿地等的分布或布置情况，以及各单元户型情况；

第二步：平面图与立面图对照，看外观及材料做法；

第三步：配合剖面图看内部分层结构；

第四步：最后看详图，了解必要的细部构造和具体尺寸与做法（图 5-4）。

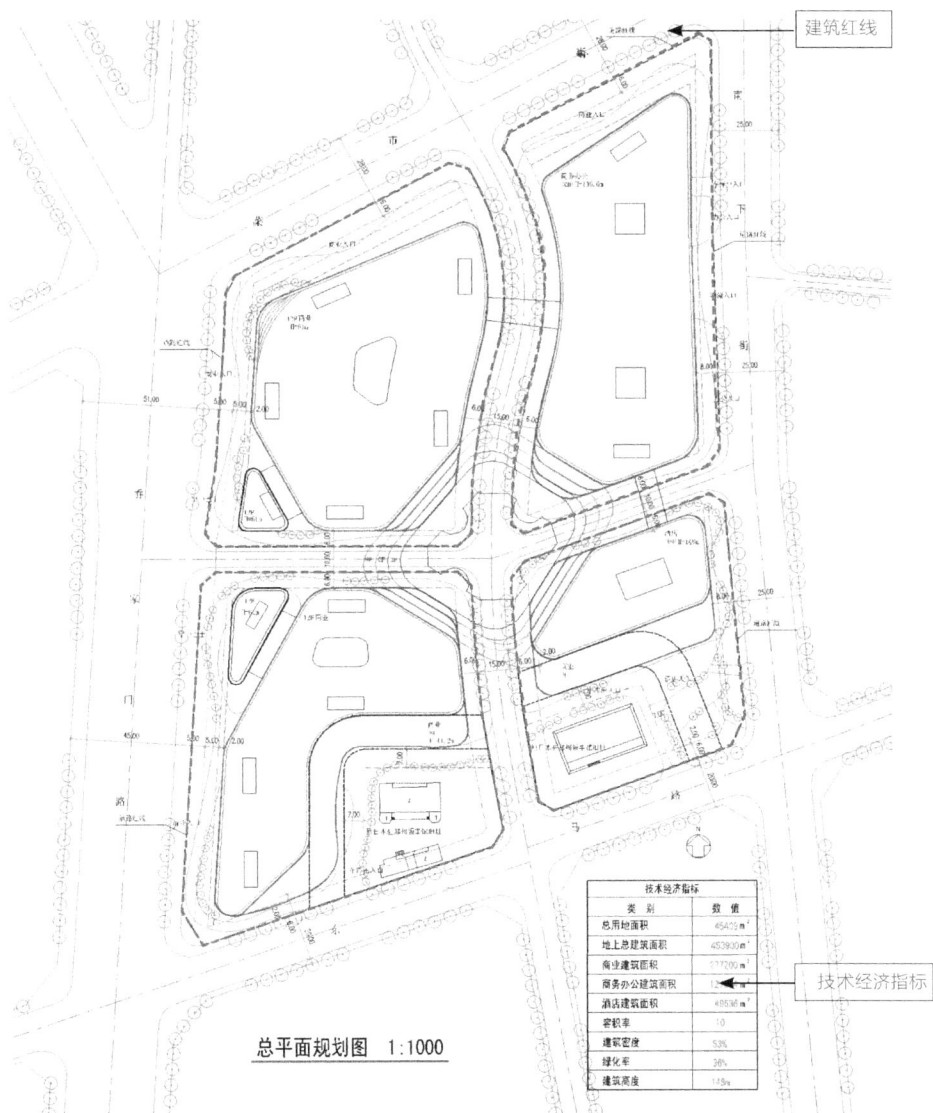

图5-3 总平面图示例

图5-4 建筑施工图示例

3. 商业建筑材料

建筑材料是建筑物的物质基础，它的性能、质量、品种和价格等直接关系到建筑物的结构形式、建筑功能质量和建筑造价。

根据材料来源不同，建筑材料可以分为天然材料和人造材料；根据使用部位不同，可以分为墙体材料、地面材料和屋面材料等；根据材料功能不同，可分为结构材料、防水材料、保温材料和吸声材料等。为了研究学习方便，一般将材料的化学组成分为无机材料、有机材料和复合材料三大类（表5-3）。

⊕ 建筑材料的分类　　　　　　　　　　　　　　　　　　　表5-3

无机材料	金属材料	黑色金属：钢、铁
		有色金属：铜、铝等及其合金
	非金属材料	天然石材：砂、石、各种岩石制品 烧结与熔融制品：烧结砖、陶瓷、玻璃等 胶凝材料：水泥、石膏、石灰、水玻璃、混凝土、砂浆等
有机材料	植物类材料	木材、竹材及其制品
	高分子材料	塑料、涂料、胶粘剂等
	沥青及其制品	石油沥青、煤沥青、沥青制品
复合材料	无机材料基复合材料	钢筋混凝土、钢纤维混凝土
	有机材料基复合材料	沥青混凝土、胶合板、纤维板等

操作程序

二、商业地产规划设计的构成

商业地产总规划设计实际上包含商业规划和规划设计两块内容。而规划设计实际上又包括建筑规划、配套规划两块内容，而建筑规划包括建筑设计、装修规划、空间规划、人流交通规划等内容（图5-5）。

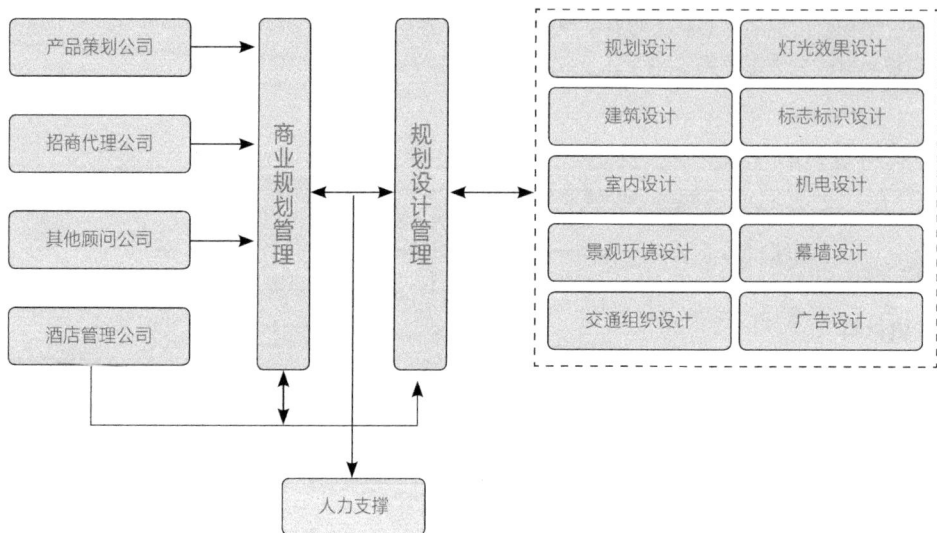

图5-5 商业地产规划设计的构成

1. 商业规划管理

　　商业规划就是对项目物业室内空间的限定和功能划分进行规划。大型商业项目由于体量大，其功能不仅仅只是满足购物，同时必须满足休闲、观光、文化、娱乐、餐饮等多种功能，其功能和业态复合性强，每种业态、每个功能、每个消费者对空间个性都会有具体要求，这就需要专业人士进行科学设计，不能按照住宅项目的设计或想当然地进行空间的限定和功能划分。

　　在这个设计环节中，功能组合及分区设计是最重要的设计内容。

　　首先，从开始规划设计时就要充分考虑其商业属性，确定经营模式、服务对象，再按经营业态和服务功能需求进行建筑规划与设计，否则项目建成入市以后改建的费用会大大增加。在建筑设计上要充分注意动线设计的科学性，避免由于区域死角所带来的物业价值的贬损。

　　其次，结合项目特征、定位以及项目所处商圈的具体情况，把握差异化竞争策略，合理控制和规划项目各零售业态营业面积的比例。

2. 规划设计管理

　　项目的规划设计包括项目商业运营方案设计、建筑方案设计、初步设计及施工图设计等。其中，尤其以商业运营方案设计为重中之重，没有商业运营方案设计，那么建筑就会变得没有意义。在国内，商业运营方案设计通常是由策划机构或咨询公司来完成，从而使建筑设计有了依据。在建筑设计方面，方案设计可以称为宏观设计，将决定商业地产项目的外部布局、内部功能、土地的利用效率，室内空间的利用效率、商铺出租的价格潜力、室内空间的合理动线布局等。初步设计及施工图纸设计可以称为微观设计，即在商业运营方案设计基础上进行纯建筑工程角度的深化与细化。规划设计管理包括如下几块核心内容：

（1）建筑规划

建筑规划包括建筑设计、立面规划、卖场规划、装修规划等内容。

1）建筑设计

建筑设计主要涉及项目市场定位和主力店两个问题。开发商在动工前，应对市场做一个调查，深入了解目标消费群体的消费习惯和购买能力等，确定适合做什么，也就是先找准市场经营定位。明确市场定位后要重视主力店的商场建筑要求，因为主力店的引进，能帮助提升整个项目的价值。开发商应更多地和一些主力商家沟通，了解他们对规模、层高、楼板荷载等要求，尽可能按照主力商家的要求来设计卖场。很多开发商忽视了这一环节，不管项目适合做什么拿了地块就做，如有些项目地段非常好，但由于卖场规划设计不合适，导致有意向的大商家进不来。

2）卖场规划

一个项目商铺分割应做到如何将大量商铺灵活组织，化整为零的利于出售，同时又可化零为整，利于整体出租和经营。商铺的分割要考虑业态定位，如社区商业的铺位不应太大，以中小面积为主；而购物中心的铺位划分则应以大面积为主。此外，卖场的人流动线，通道、出口、电梯等也要全面考虑，要让偏角的商铺也能充分享受人流。

3）立面规划

商业建筑的立面规划体现商业项目的整体形象及对消费人群的吸引力。立面规划应和周围的其他商业形成差异化，有自己独特的风格，强调项目的可识别性。其中，要注意广告位、招牌、灯箱的投放，营造繁华感和商业氛围，不能给人杂乱无章的感觉。

4）装修规划

装修规划包括公共装修、铺位装修。公共装修主要包括天花板、地板、灯光、隔墙等；铺位装修有对开门与平开门、卷闸门与玻璃门的统一要求。商场的装修规划要求，经营业态是关键，装修档次、材料色彩运用等都要符合经营业态的特性。如超市、社区商业面向的是大众化的住宅居民，其装修设计普通档次即可；而西餐或酒吧一条街往往要装修设计成欧美风格等。

（2）配套规划

不同业态有不同的配套要求。如超市对理货区、中央空调、电梯、消防等都有特殊的要求；餐饮需要有独立排烟管道、防噪设施、上水下水、充足的停车位等；电影院需要大空间、厕所、消防、隔声等配套。在项目修建时就要充分考虑到各种商业业态的配套要求，尽量让配套规划完善到位。

操作程序

三、商业地产规划设计的流程

1. 按照开发的一般流程

从图5-6可以看到，如果按照开发流程来看，建筑规划领域属于规划的第一阶段，主要包括建筑规划、规划条件、基本概念构想、方案设计四块内容，而建筑设计领域的内容又包括基本概念构想、方案设计、实施设计三块内容，它们都属于设计的第一阶段。我们会发现建筑规划与建筑设计之间会在基本概念构想和方案设计这两个环节实现交叉，这正表现了规划设计的复杂性。

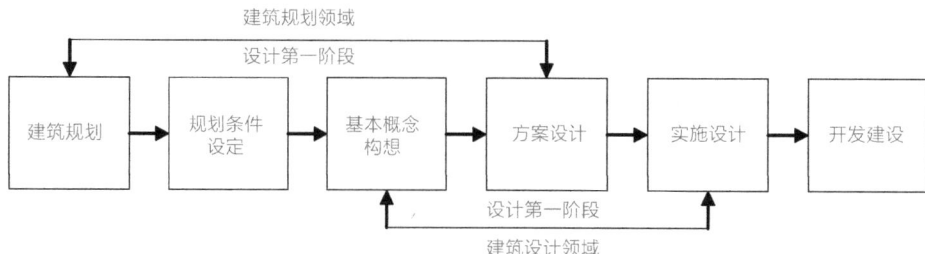

建筑规划领域
设计第一阶段

| 建筑规划 | 规划条件设定 | 基本概念构想 | 方案设计 | 实施设计 | 开发建设 |

设计第一阶段
建筑设计领域

图5-6 按项目开发的规划设计流程

2. 按照经营的一般流程

如果按照经营来设计，规划设计的重要节点是商业经营规划，也就是我们常说的商业规划，建筑规划与建筑设计都得围绕其进行协调、实施、反馈并不断修正，如图 5-7 所示。

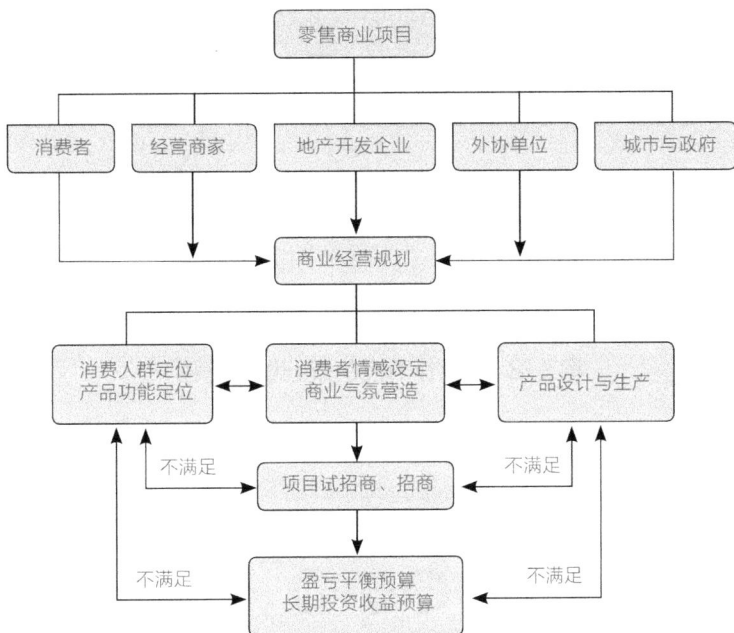

图5-7 按经营的规划设计流程

3. 按照工作节点的规划设计过程

如果按照全程开发的工作节点，我们可以从图 5-8 看到，规划设计的工作基本上伴随项目的始终。

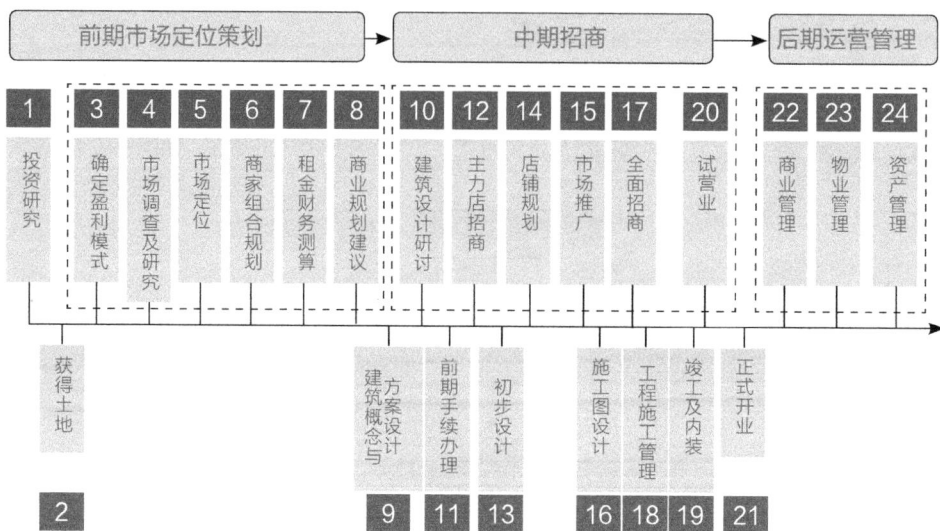

前期市场定位策划 → 中期招商 → 后期运营管理

| 1 | 3 | 4 | 5 | 6 | 7 | 8 | 10 | 12 | 14 | 15 | 17 | 20 | 22 | 23 | 24 |

投资研究｜确定盈利模式｜市场调查及研究｜市场定位｜商家组合规划｜租金财务测算｜商业规划建议｜建筑设计研讨｜主力店招商｜店铺规划｜市场推广｜全面招商｜试营业｜商业管理｜物业管理｜资产管理

获得土地｜方案设计建筑概念与｜前期手续办理｜初步设计｜施工图设计｜工程施工管理｜竣工及内装｜正式开业

| 2 | | 9 | 11 | 13 | | 16 | 18 | 19 | 21 |

图5-8 按工作节点的规划设计过程

操 作 程 序

四、为何说项目策划是规划设计的总纲

1. 先策划后规划设计的背景

策划是一个项目的初始，用现有的资金来做何种项目是项目策划要解决的首要问题。这里需要考虑的因素很多，包括企业熟悉的领域，地区内的产业优势和劣势，社会发展的规划，消费者需求分析，地区的经济发展阶段，区域内现有商业地产项目的业态、布局和经济效益分析等，也就是要兼顾自身的优势和社会的需求，去制定所开发项目。可以说一个项目的成败是从策划开始的，它规定了项目的选址要求，建筑设计的形态，营销的方式，招商运营手段和形式，更重要的是资本回收的时间和回报水平。

比如要做个社区的商业中心，那么就要考虑所在社区的人口构成、收入水平、社区规划、项目的定位、业态选择等因素后确定项目的策划方案，进而决定项目在社区的具体位置，根据业态的要求设计建筑形态，确定项目的营销方案，招商目标运营形式，测算投资回报的周期和水平（图 5-9）。可以说项目策划是项目开发的龙头。

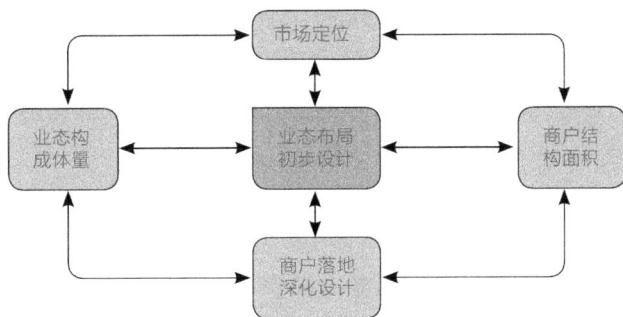

图5-9 业态策划与规划设计的关系

2. 规划设计在中国的特殊国情

在中国，商业地产不是开发商的事情，由于中国城市规划的独特方式，这些决议不是由开发商提出，而是通过当地的政府提出。有时允许开发商有些微小的调整和改动，但是这只有在开发商的最初提出的理念不能通过时。而且在项目的开发中往往是既重视策划，又忽视策划。项目开发之初重视策划，随着项目开发的推进，却把策划丢到脑后，任意修改原有的方案，这样的例子屡见不鲜。造成这种项目方案不断调整的根本原因就是策划功夫做的不够深入和彻底，有的公司甚至是公司老板心血来潮，全凭感觉就决定做什么样的项目，有些策划案也是在迎合老板。这样做的结果是项目不断地调整，左右摇摆，最终导致项目的开发出现问题。

3. 先策划后规划设计的操作手法

（1）要确立策划为先的观念

商业地产项目，没有策划就没有定位，没有定位就没有业态，没有业态规划设计就不可能有的放矢。一个地块周边人口及消费状况、现有市场竞争环境、未来发展倾向等，只有通过策划公司的深入调研才能明确，项目适合做什么、做什么才能生存下去，更是需要进一步分析研究，并与对应的商家深层次地沟通，才能把握市场的脉搏。

（2）要摒弃"先做后改"的操作模式

对于商业地产的规划设计，开发商普遍有一种"先做后改"的心态，为了抢时间，首先规划设计一味要快，然后不行再改；设计院对市场及各方想法未能全部吃透，时间又紧，于是先出规划，等策划公司介入后，规划设计上一些先天不足暴露无遗，规划设计随之进入艰难的修改状态。修改之所以艰难，一方面是因为原有方案可能要彻底否定，重新再来，一方面是因为方案已经报建不能大改，加上工期紧迫，没有回旋余地。

"先做后改"的初衷就是图快，而实际结果却是欲速则不达。

（3）要调动策划者、设计者、经营者全体参与

开发商业必须了解商业，一个商业地产的开发者，必须由一个"门外汉"变成"商业通"，通过与商业策划者、设计者、经营者的广泛接触，了解商业地产开发的基本规律，然后再充分调动群体参与。如通过策划公司介入深入解读市场，提前与拟引进的大商家进行意向性接洽，让设计者按业态量身定做，达到商业设计与业态需要的高度吻合，这才是一条商业地产规划设计的"捷径"。

操作程序

五、商业布局规划

商业项目非常注重整体规划、细部处理和创新设计意识，以营造富含商业气息的高质量空间。城市总体规划对街道、交通、市政、公共设施、居民住宅以及其他建设和改造规划，将影响拟建项目的近远期的优劣势，甚至成败。同时，商业项目必须具有易达性。需要有合理交通组织和足够的停车位，使购物者在交通上花费的时间和精力最少。根据交通工具的不同，应有不同的交通组织和停车方式。

1. 业态布局与规划

一个成功的商业，不是将所有有名的品牌拉进去就成功。组合和搭配非常关键。需要一些主力店，也需要一些愿意负担很高租金的中小型商家，比例多少，怎么搭配，要进行经

济效益分析（表5-4）。

🌐 **大型商业地产的主题及主题区域**　　　　　　　　　　　　　　表5-4

名城	规模	主题区域
日本福冈县博多水城	占地76.2万m²	星际天地、月亮步道、地球步道、海洋世界和太阳广场
马尼拉超级MA摩尔	50万m²	主力主题店、影城 、玩具反斗城、展览中心、小型室内迪士尼游乐中心
中关村国际商城	35万m²	中央公园、时尚大道、雕塑园、小型家庭游乐园
宁波天一广场	22万m²	童梦园、潮流服饰馆、宁波服装精品馆，家私馆、美食广场、娱乐中心
Mall of America	39万m²	开创"娱乐零售"新概念、 "史努比营"主题游乐园、水下探险世界、世界著名的购物街
上海港汇广场	40万m²	超时空历险区 、迷幻震撼嘉年华区、青春科技运动区 、热歌劲舞旅游休闲区

（1）业态布局

　　大型商业地产项目业态和功能均较住宅物业复杂，各种人流、物流、水平、垂直交通与消防疏散的组织相当烦琐；在满足功能要求的前提下，如何满足未来大量商家的需求，特别是可视性和可达性，以获得最大的商业利益，进而为开发商获得最大的出租和出售回报，是规划设计至关重要的问题。

　　各种业态对商铺的要求具有不可替代性，商业地产的规划必须在招商的基础上进行并伴随着整个招商过程，才能避免因规划不当带来的投资损失。

（2）业态组合原则——同业差异、异业互补

　　同业差异，简单地说，就是市场有一定承受力，不能盲目招同一品类的店。譬如，零售业态的核心主力店招商，就不要同时招来两家基本上都是经营食品和日用品的大型超市；核心主力店同质化无差异更是不能想象的。

　　异业互补目的就是要满足顾客消费的选择权，并能让顾客心身体验变化，提高其消费兴趣。譬如，百货、超市因为经营品项不同，可以互补；让顾客逛购疲劳的零售店与让顾客休息放松的餐饮店可以互补等。

（3）业态组合定位的界定——兼顾商圈、消费者和市场竞争需要

1）从经营商家需求界定

业态组合定位有许多选择。但任何选择都必须考虑大量的细节，内置步行街商铺的开间、进深和购物动线宽度应该多少为宜，商铺面积如何划分才利于招商又利于经营，公摊面积多少易为经营商接受，所有这些细节都必须与项目的业态组合定位"精准"吻合。

2）从消费群需求上界定

业态功能组合必须尊重客户的购物习惯，方便客户购物，引导客户在商场里停留得更久，使客户产生强烈的购买欲，保证人流的良性循环，使客户在商场里逗留更长时间，保证消费者在这一微环境中保持愉快的心态和较高的兴致。

3）从市场竞争中界定

从市场竞争中界定主要考虑如下几个因素：

因素1：尽可能引进符合项目实际需要的新业态，以造成对原有业态的强烈冲击，颠覆旧有商业格局；同时，所确定的业态必须有足够大的规模，以至于3～5年内无人能出其右，形成规模上的强势地位，将项目打造成新的商业中心。

因素2：要有主流业态和核心店，保证项目开业后对周边商业物业形成竞争态势，销售力强，以吸引人气，积聚商气；但又强调多业态经营，以使各业态之间优势互补，降低整体经营成本，提高利润率，预防风险。

因素3：现代百货公司和大型综合超市比较适合作为主流业态引进，但二者之间存在竞争关系，要注意它们的错位经营。

因素4：首层和二层尽管采用产权清晰、便于日后管理的内置步行街业态，即使引进现代百货或综超作为核心店，也必须考虑采用适合进行产权分割的办法，将项目化整为零进行销售，确保回笼开发资金。

因素5：大型综合超市能够有效地形成商气，对确保项目运营成功有利，但其要求租金相对较低，容易形成"租售"矛盾。

因素6：现代百货公司以时尚和女性消费为主，可以承受较高的租金，但该业态必须从首层开始配置，公摊面积最少40%。其与大型综合超市大体相似，将在一定程度能上能下导致部分潜在客户群不愿投资此类业态。

（4）商业业态分布规划也会影响局部规划设计

商业物业内的经营户较多，购物中心或商场必须将承租户经营业态、业种进行统一商业规划，这样必将影响内部各经营户区域的设计，建筑、结构、水电、暖通、装修等方面的设计要与经营户的要求相配套。

2. 内部空间的布局

由于内部空间大多是一种线状的建筑空间，能更利于消费者的购物、休闲、交流、娱乐，更能感受到繁荣的商业氛围，也利于商场的经营管理，因此，室内步行街设计是最受欢迎的空间形式。

（1）内部空间整体布局的四种形式（表5-5）

内部空间整体布局的四种形式 表5-5

布局形式	布局核心点	示例
室内大开间	无街道，商铺间没有完全隔绝，如百货、大卖场	
露天步行街	上空无顶棚，空间开敞的步行街，如吴江路步行街、梅川路步行街等	

续表

布局形式	布局核心点	示例
回廊式步行街	步行街的两侧或一侧为回廊，步行街局部遮盖，如西郊百联购物中心	
室内步行街	步行街在室内，完全遮盖，如港汇广场、正大广场	

（2）内部空间规划设计8大黄金法则

法则一：规划最佳使用率

商铺使用率不能太低也不能太高，经过科学论证和西方国家长期的实践证明，除去消防、消费者活动空间等外，使用率在50%左右，为商铺最佳状态。

知识点

商业项目在追求宽敞舒适的空间的同时，对得房率K（实际使用面积/销售面积）也要控制，不能过小。室外步行街的得房率K能达到80%~90%，而室内购物中心的得房率要小得多，因中庭、过道（街道）、休闲区等公共部位面积都属于公摊面积，一般得房率在55%~65%之间。

法则二：打造进深与门面的黄金分割点

商铺进深与门面比例适中不仅利于投资经营，而且有利于商场整体规划及日后经营管理。经过500多个案例调查与深入研究得出：商铺的进深与门面的最佳比例为2：1，高3：1。

法则三：突显曝光度和能见度

商铺是商场内部的主要部分，如何使商铺在紧凑中突显商场空间，是商铺布局设计的重点。比如采用"穿透式"设计，商铺与商铺通过透明玻璃墙体间隔，以通透效果，突显空间。

法则四：遵循人流消费习惯

按中国消费习惯从左至右的全场回环原则，商场的平面规划设计宜采取纵向规划蜗牛式步步引诱的原则。大部分购物中心采用的是循环型动线，基本上符合消费者习惯。但是，最复杂的是混合型购物中心，因为这些项目面积很大，同时还需要考虑到分区问题，因此有可能需要建立交叉的人流系统。

法则五：强调第三功能辅助

现代人已从目标购物向随意购物转变，商场在规划时要注意兼顾休闲、娱乐甚至健康运动等元素功能的规划。

法则六：适度规模

根据调查，消费者在出现疲劳的时间指数为大于 3 小时，路程指数大于 7500m。商场的规模设计要适度，太小不足形成卖场，太大也会出现空壳现象。

法则七：导示系统明了醒目

一个项目导示系统的设置情况，能反映出项目对消费者的重视程度，以及人性化程度的高低。消费者不太喜欢像迷宫一样的商场，尤其有些项目消费者找个卫生间，还需要找半天，影响消费者购物情绪。

法则八：合理预留广告位

对于一个有档次、有品质的项目，广告位设置一定要合理、整齐、美观。一方面能提升项目本身的品质，而且也是经营收入的来源。灯柱、广告招牌等附属设施亦会影响到人流动线，这些附属设施要保证一定的间距，以确保人流的通行空间不受到影响。

（3）内部动线组织规划

动线规划方案是在总体上考虑了商业业态的总体平衡，使通过所有承租户的人流通行量达到最大，达到项目的整体人气平衡。在规划设计上常用手法有：

1）以主力店引导人流。一般将主力店的出入口安排在动线终端，尽可能地延长人流通过线；

2）以局部的造景、中厅引导人流；

3）以餐饮休闲娱乐区引导人流；

4）出入口数量和位置的设置调节人流量均衡；

5）无障碍设计。为残疾人提供使用的便利设施。

（4）室内步行街规划

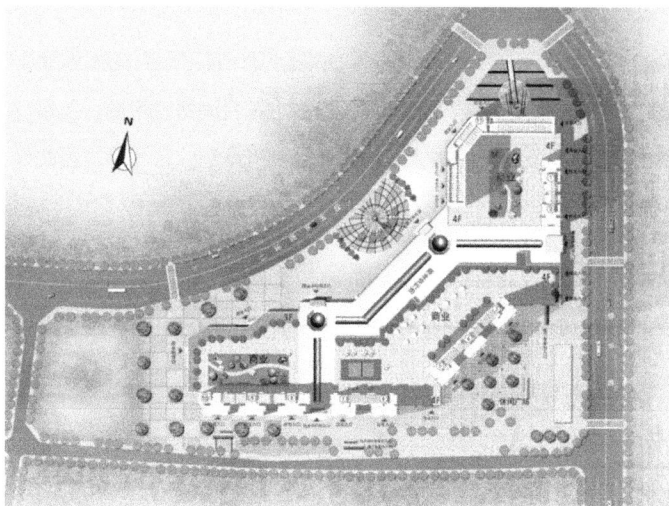

图5-10 成都万达广场

大型商业地产项目尤其是 MALL 项目很多都规划有商业步行街。SHOPPING MALL 的商业步行街是整个购物广场的核心区域，它贯通各业态、各商家以及广场的公共区域，是人流动线的枢纽和脉搏（图5-10）。它的建造标准直接影响到整个购物中心的内部结构分割和商业动态布局。

步行街建造包含：沿街商铺的建造标准、公共通道及区域的建造标准、公共通道卫生间的建造标准、广场总服务台的建造标准、广场员工休息区域的建造标准、电梯间的建造标准、室内景观建造标准、广场广播系统的建造标准等，同时还包括休闲区域、绿化的配套，活动区域的配套。活动区域的配套包括广场室内外促销及创收经营的基础配套建造标准，广场大型展览、活动的基础配套建造标准。

这里举宁波万达商业地产第三代项目作例子。项目总建筑面积超过了 60 万 m²，商业中心面积在 30 万 m² 左右。项目的中心是一条室内步行街，几个大主力店围绕室内步行街布局。步行街的每一层都通往各主力店，在任何一个平面或立体上顾客都可以到达任何商店。平面立体形成互动，这就是万达在商业中心设计上的创新。

万达商业地产第三代的灵魂就是这条室内步行街。室内步行街不仅可以便利地到达所有的主力店，而且设计有中庭，可以自然采光，冬暖夏凉，环境舒适。

步行街设置为三层，其实两层的感觉是最好的，但我国的土地太贵，

图5-11 宁波万达广场室内步行街

不做三层太奢侈；但也不能超过三层，超过三层室内步行街的感觉就全变了。

3. 主力店的布局与规划

（1）主力业态定位

主力业态定位，即将核心主力店和主力店选择作为项目规划前期工作的核心内容，是为项目开发、招商和经营创造条件，保障持续经营成功的关键。

核心主力店和主力店是拥有国内外知名品牌、商誉和口碑的连锁或单店的目的性商店，具有极强的消费号召力，开业之地往往人气聚集、商气鼎盛，产生巨大的广告效应和经营收益，使项目更具活力。

（2）主力店类型选择

确定主力店和次主力店大有学问，有些业态适合在商业中心区，有些业态适合在副中心，有些业态适合在郊区。在核心商圈，不能搞建材、家居，在郊区不适合做百货、珠宝，这里面是有商业内在规律的。在什么位置上适合建什么主力店，这里面学问很深，要根据你的地址和规模选择合适的业态。比如在副中心你就选新兴业态，如果在核心商圈，你就不要选大卖场，尽可能选租金比较高的业态，而在郊区，尽量选聚集人气的业态（表5-6）。

⊕ **主力店类型选择表**　　　　　　　　　　　　　　　　　　　　表5-6

主力店类型	商家
现代百货主力店	国商、大商、上海百联、新天地等
家居建材主力店	月星、居然之家、红星美凯龙、蓝景丽家、吉盛伟邦、好百年等
家居建材超市	百安居、东方家园、家德宝等
日用品超市	家乐福，沃尔玛、华联、美廉美、物美、麦得隆、大福源等
专业店	独立专业店：ITAT、海澜之家等；连锁专业店：屈臣氏（属专业护理店）、国美、苏宁、肯德基、麦当劳、加州牛肉面、斗牛士牛排、上岛咖啡、星巴克
品牌专卖店	报喜鸟、雅戈尔、七匹狼、庄吉、劲霸、红蜻蜓、百丽、菲姿、哥弟、歌莉娅、埃古、森马、卡马、TOTO、科勒、皇朝家具、芝华仕等

续表

主力店类型	商家
功能店	休闲娱乐：影院、咖啡吧、茶吧、球馆、电玩、游乐设施等；配套功能店：美容护理、洗车行、洗浴、快捷酒店等
美食店	成品：老昌、阿满、中之杰等；中高档餐饮：大宅门、灶王爷、牛扒店、东方饺子王、米锅店等；快餐、特色小吃：一般针对内部员工、快速流动人员等
医药连锁店	吉林健康万家、深圳美信、珠海济生、北京金象、广西嘉进等

（3）主力店的作用

1）核心作用

主力店的作用应该主要从人流量带动和品牌度两个方面考量，当然这两个方面的作用也可以是互相交叉的，但首先要认识到它们是不同的。

有的主力店可以在品牌度方面发挥较大作用，但未必它会对其他店铺带来多大的有效人流量。比如，沃尔玛、百安居等这些大型的品牌商家，它们的品牌度非常高，而且光顾它们的顾客也非常多，但他们吸引来的客流多是进行大宗采购，他们未必能被别的商铺共享。如果你是一个时装专卖店，或者首饰店，你觉得去沃尔玛的采购者会拎着大包小包的东西去你店里逛逛吗？大多数经营商户比较理智地看待品牌商家的作用，与傍着500强的心理相比，实际的营业额增长要现实的多。

相比较而言，品牌百货店在这两个方面的作用会更好一点。比如美美、莲卡佛这些品牌百货，首先从品牌度来讲，没有问题，无论是对消费者还是对商家，人们都认可它们。更重要的是，它们带来的客流可以被许多其他业态所共享。

主力店的作用确实很大，但到底能起到什么样的作用，能否达到项目开发的既定目标，各个项目应该具体分析，不然，等到开业后才发现问题，后果就会变得严重。

2）辅助作用

作用一：以商带住，以大带小

主力店的进入可以促进整体项目的住宅销售，同时，也是对小型商铺的销售或招商的巨大吸引，便于带动其他商家的入驻。

作用二：稳定运营商，稳定租金

主力店的租金虽然不高，但是从投资角度来说，稳定的主力店运营对开发商有如打了针强心剂，同时，也可为开发商带来稳定的租金回报。

操 作 程 序

六、商业建筑设计

　　建筑师最大的长处是通过其建筑美学思路有效地创造美学空间，而且不同建筑师将展现不同特点及风格的美学空间概念。关注建筑师的美学空间概念本身并没有错误，但把一个建筑艺术品转化为商业产品必须将市场概念、功能概念融合进去，否则该项目将面临空前的市场压力。

1. 建筑设计不等于商业规划

　　在这里，我们需要强调的一点是，建筑设计不等于商业规划。由于商业地产属于复合型地产开发，它首先要求地产商、投资商按商业地产"以经营为本"的开发理念进行开发建设，要求建筑设计公司按照"以商业空间实用为本"的设计理念进行规划设计。但由于很多建筑设计师并非专业从事商业地产的建筑设计，因此会导致相应的建筑规划方案并不符合商业要求。北京东方基业商业面积约 7 万 m^2，项目为整个汽车城所环绕，建筑规划师把中心大楼直接放在汽车城的中心，又按照汽车停车场的要求进行设计建筑，这样导致中心大楼的业态招商极难，因为商家不愿进去做生意，而中心大楼的招商根本难以实现，目前是面对空楼百般无奈。

2. 常规商业项目的设计要求

（1）通道

第一，外廊式（布置单面房）的走廊宽度 1.3 ~ 2.2m；

第二，内廊式（双面房）的走廊宽度 1.6 ~ 2.2m；

第三，走道净高大于等于 2.1m，最远的房间到厕所的距离应小于 50m；

第四，超过 50m^2 或 60 人以上的房间应有两个出口，两出口间距 5m 以上：

——建筑两端头设置疏散楼梯时，房间到楼梯的距离在 40m 以内；

——建筑单侧设置一部疏散楼梯时，最远的房间到楼梯的距离在 22m 内；

——房间内一角设置有楼梯时，房间对角线的距离在 40m 以内。

（2）电梯配比

大型商场营业部分层数为四层及四层以上时，宜设乘客电梯或自动扶梯；商场的多层仓库可按规模设置载货电梯或电动提升机、输送机。营业部分设置的自动扶梯应符合下列规定：

第一，自动扶梯倾斜部分的水平夹角应等于或小于 30°；

第二，自动扶梯上下两端水平部分 3m 范围内不得兼作他用；

第三，当只设单向自动扶梯时，附近应设置相配伍的楼梯。

货梯布局和数量应考虑交通通道路线的便利性、商业功能配置、业态的分布以及物业的规划设计而相应配比。

（3）停车场的设计与配比

停车场分为配建停车场和公共停车场：

机动车公共停车场的服务半径，在市中心地区不应大于 200m，在一般地区不应大于 300m；自行车公共停车场的服务半径宜为 50 ～ 100m，并不得大于 200m。

城市公共停车场总面积：$F = A \times n \times a$

F——停车场所需面积；A——城市规划期末的汽车总数；n——使用停车场的汽车百分数；a——每辆汽车所占用的面积。

城市公共停车场的用地总面积按规划城市人口每人 0.8 ～ 1.0m² 进行计算，其中：

机动车停车场的用地为 80% ～ 90%，自行车停车场的用地为 10% ～ 20%。

（4）灯光照明

照明除满足视觉功能外，还应强调艺术效果。照明数量按工作精细度分级。照明质量要求如下：工作（明视）照明，环境（气氛）照明，照度充分，高低根据需要，亮度均匀，明亮因地而异，尽量避免眩光，允许少量高光，阴影适可而止，追求立体效果，光源显色性好，调动颜色功能，方案实用经济，局部画龙点睛，照度稳定，消除频闪效应。居室人工照明应大于 10lx（勒克司）。

（5）配电

第一，高压配电网架应与二次送电网密切配合，可以互通容量。高压配电网架宜按远期规划一次建成，一般应在二十年内保持不变。当负荷密度增加到一定程度时，可插入新的变电所，使网架结构基本不变。高压配电网中每一主干线路和配电变压器，都应有比较明显的供电范围，不宜交错重叠。

第二，高压配电网架的结线方式，可采用放射式。大城网和特大城网，应采用多回线式或环式，必要时可增设开闭所。低压配电网一般采用放射式，负荷密度地区及电缆线路宜采用环式，市中心个别地区有条件时可采用格网式。

第三，配电网应不断加强网络结构，尽量提高供电可靠性，以适应扩大用户连接用电的需要，逐步减少重要用户建设双电源和专线供电线路。必须由双电源供电的用户，进线开关之间应有可靠的连锁装置。

第四，城市公路灯照明线路是配电网的一个组成，配电网规划中应包括路灯照明的改进和发展部分。

（6）层高

第一，多层商场的平面柱网一般为 7.5m × 7.5m 或 7.8m × 7.8m 或 8.4m × 8.4m，层高一般 4.5 ~ 6m。

第二，写字楼层高一般为 3.6m。

第三，商业建筑首层主要是门厅，是一个建筑的展示空间，在效果上讲究大气、庄重、豪华，故首层层高可考虑通高两层，甚至三层，一般为 4.5 ~ 7.5m。

（7）街宽

这个主要针对步行街。步行街要增加绿化，布置环境设施，如：座椅、休息廊、路灯、雕塑、水池、广场、装修店面，街宽至少 12m 左右。

（8）通风、采光、消防规范

1）通风

南北房间应考虑通风，并组织穿堂风。

2）采光

住宅的间距应保证第一层楼在冬至（12月22日）有至少 1 小时的日照；居室天然采光系数（开窗面积/地面面积）应不小于 1/10。

3）消防规范（表5-7）

🌐 **商业物业消防规范一览**　　　　　　　　　　　　　　　　表5-7

分类	具体要求
道路消防规范	当建筑沿街部分长度超过150m或总长度超过220m，应设穿过建筑的消防车道
	沿街建筑应设连接街道和内院的通道，其间距不大于80m
	建筑物内开设的消防车道，净高和净宽均应大于或等于4m
	消防道路宽度应大于3.5m，净空高度不应小于4m
	尽端式消防道的回车场尺度应大于等于15m×15m
	高层建筑宜设环形消防车道，或沿两长边设消防车道
	超过3000座的体育馆，超过2000座的会堂，占地面积超过3000m²的展览馆，博物馆，商场，宜设环形消防车道
建筑物消防间距	多层建筑与多层建筑的防火间距不应小于6m
	高层建筑与多层建筑的防火间距不应小于9m
	高层建筑与高层建筑的防火间距不应小于13m
建筑设计消防要求	防火面应有直通室外的楼梯或直通楼梯间的出口
	高层建筑主体须有不小于1/4周长的防火面，在防火面一侧建筑的裙房，高度不应大于5m，深度不应大于4m

（9）空调系统

第一，商店营业厅通风设备允许噪声，顶层宜取45～55dB(A)，底层宜取50～60dB(A)；当周围环境噪声级较低时，采用下限允许值，当周围环境噪声级较高时，采用上限允许值。

第二，当计算空气调节冷负荷时，营业厅人数应包括顾客和售货员两部分，顾客人数应按星期日平均流量计算。

第三，当计算人体散热量时，应考虑顾客和售货员中成年男子、成年女子和儿童的比例及其散热量不同的群集系数，一般可取0.92。

第四，商店营业厅空气调节宜采用低速全空气单风道系统；有条件时，可采用变风量系统。

第五，商店营业厅空气调节，空气处理宜采用喷水室或带喷水的冷水表曲式冷却器；冬季不应加湿。

第六，机械送风系统（包括与热风采暖合并的系统）的送风方式应采用上侧送；当有吊顶可以利用时，可采用散流器直送。

第七，大门热风幕或空气幕宜采用自上向下送风，条缝和孔口处的送风速度应保证气流射向地面；热风幕送风温度不宜超过 50℃。

（10）幕墙设计

幕墙设计也是主要外立面的设计，是建筑临街面和展示面，有一定视觉效果要求。幕墙材质有大片玻璃幕墙，或通透玻璃幕墙，或粉饰幕墙、石材幕墙等。

（11）主入口及次入口的规划要求

入口位置距道路交叉口的距离不应小于 70m，主入口是大量车流人流交通的出入口，次入口主要是后勤服务用房、管理等的出入口。

（12）外立面风格与颜色格调的要求

外立面风格一般有古典式（古希腊，古罗马），采用白色；现代的有：玻璃钢架，通透；原始材质，保持材料的本色。

（13）顶部的处理手法

顶部采用弹性面层处理，弹性垫层处理，楼板做吊顶处理可降低噪声，屋顶要做好防水、保温、隔热、排水等处理。

（14）设备房的设计布局及面积要求

设备用房单独设置出入口，靠近次干道，避免和主次入口冲突。设备用房应集中布置作为裙房，资源尽量公享。

（15）店招的设计规格

根据有关规定，所有临街店面和单位要基本做到一店一招，同一建筑物要统一设计，统一规格。店招店牌还要无陈旧破损、无别字、无错字等。

（16）隔墙的处理办法

两户之间的墙和楼板要有良好的隔声。隔墙布置吸声材料，如多孔吸声材料，薄板，穿孔板，特殊吸声构造，或采用双层墙隔声。

（17）荷载

荷载是建筑物本身所承受的重量，分为活荷载和死荷载：活荷载指人、家具、陈设品等。死荷载指楼板、隔墙、门窗等建筑实际构成部分。每平方米的单位重量／每平方米的单位面积＝每单位平方米的荷载。

3. 建筑设计的对接

（1）开发前期房产技术条件分析

第一，大型商业项目作为一站式购物、休闲、商务、金融中心，其业态配比的完善和多元化将对项目基础工程技术条件有不同的要求和品类限制。

第二，超市卖场、零售百货、家具家饰、影院、美容健身、KTV、食品零售、快速餐饮、大型餐饮、银行金融、家电数码等各种业态、各种品类都有自身的经营特点和工程技术条件，因此在项目开发前期必须对业态招商有大区位的规划，随后对各业态进行合理布局，在布局规划的基础上，针对性地进行工程设计及建设，达到与业态、品类及各品牌的成功技术对接（图5-12）。

第三，同时项目内其他基础设施设备、公共配套亦遵循商业地产在开发前期的技术条

图5-12 第四代万达广场立面效果

件规划。包括商业步行街、停车场、灯光照明、广告规划等对商业的配套和完善。

第四，在主力店招商规划解决以后，规划设计还应注意三点：

1）交通体系

规划设计中最重要的是交通体系。第一是平面交通体系，人车要分流，人流出入的大门口不要紧挨着车出入口。第二考虑垂直交通体系要合理，方便人流上下。第三卸货区要合理安排。现在多数做法是放在地下室，保证地面整洁，消费者看不到货车，尤其是建材、超市等，这样比较方便顾客。

2）高度、荷载

不同的业态对高度、荷载的要求是截然不同的。超市最少要 1 吨，图书要 2 吨，建材要 4 吨。做餐饮楼板要降板，要排油、排烟、排水。

3）留有余地

对于业态有可能更换的情况下，要留有充分的建筑设计余地。例如，商业用房改建为影院用房，如果留有相对层高，将节约大量建筑成本。

（2）商业租赁用房工程技术对接

1）商业租赁用房建造标准

既要遵循商业用房一般标准建造，也要根据业态规划、主力商家进驻标准建造。

2）基础设施配备

第一，商业用租赁面积。

第二，根据品牌经营内容和租赁区域的功能用途，对商业用租赁区域有相应的工程承载要求。

第三，商业用租赁的配电负荷、给排水需求、煤气接驳（主要为餐饮）需求，通风、给排水管道、强、弱电设备安装的条件，租赁物业的屋顶及墙面完成防水工程，主要针对食品餐饮的室外隔油池的有效容积要求，排油烟井道的内截面积要求。

第四，消防系统接驳要求。

第五，室外灯光照明、广场道路、停车场等配套。

第六，根据不同业态，对相关品类的工程技术条件进行分类说明（表5-8）。

⬤ **不同业态工程技术条件对接示例** 表5-8

业态	主体	工程技术条件		
影院工程技术条件界面	影院主体结构			
	影院装修工程	观众厅墙体及墙面		隔墙应使用标准砖，不能使用空心砖
				相邻观众厅的公共墙体须为双层墙体，中间留空100～150mm
		由租赁方完成租赁区域内结构性隔声、隔震处理		
		卫生间由租赁方完成结构防水，留有足够排污、排水口，排水管与排污管均不小于DN110		
	消防系统	室内外消火栓系统、喷淋系统、消防排烟系统和消防泵房设备及火灾自动报警系统按规范完成。所有安装于各影厅的消防强排烟管不得穿越不同的影厅，以免传声		
	影院机电工程及给水排水工程			
大型餐饮业态工程技术条件界面	俏江南	空调系统：制冷量、新风量、系统形式、空调系统状况、餐厅排风量； 消防系统：提供消防终端设备内容； 给水排水：厨房排水管径、隔油池、给水管管径、给水管水表、卫生间上下水、水景部分上下水接驳管径； 厨房排油烟：排油烟系统设备及系统要求、油烟净化器、补新风设备及风量； 强电：餐厅用电、户外霓虹灯用电量； 弱电：电视、电话、宽带； 燃气：燃气量； 其他：霓虹灯、广告、车位等要求		
超市卖场等工程技术条件界面	总体要求	对超市卖场或此类业态工程建设中的结构工程、建筑及转修工程、消防系统、机电设备、配套工程、室外工程等做相应的提供和配备		
	其中部分特定的技术要求	室外隔油池的有效容积：生鲜区为8㎡，餐饮为6㎡		
		排油烟井道内截面积：生鲜区井道内截面积不小于1.5㎡。KFC机餐饮区各井道内截面积不小于0.5㎡		
		货梯要求3台左右的3t货梯		
		供电需要3500-5500kVA		
		燃气提供每小时200m³燃气，或100m³左右天然气，燃气表及表后接口		

业态	主体	工程技术条件
超市卖场等工程技术条件界面	其中部分特定的技术要求	排污潜水泵，需要一用一备
	相关的荷载要求	卖场的承载750kg/㎡、收货区的承载1500kg/㎡、办公区的承载350kg/㎡、生鲜加工区承载1000kg/㎡、仓库的承载1000kg/㎡、卸货区的承载3000kg/㎡
快速餐饮业态工程技术条件界面	肯德基	选址要求：一般在城市一类商圈的繁华地段，有一定的消费支持
		技术要求： 楼板到梁顶高度不得低于3m； 楼板承重：厨房区楼板负荷为450kg/m²，餐厅区活荷载为250kg/m² 提供空调及200kW的用电量； 提供25t水/天，并具有相应的用水指标； 在餐厅附近区域应提供适宜位置，供餐厅制作隔油池； 要求首层店铺350m²以上（使用面积），门面宽12m
	迪欧咖啡	面积：建筑面积600m²以上
		楼层：一、二楼为佳，需有独立门面
		广告招牌位：要求有明显的广告招牌位置
		供水量在35t以上、电容量达100kW以上、具备排污、排烟管道
娱乐健身业态工程技术条件界面	威尔士（健身中心）	选址标准：以高档住宅、高档商务写字楼、大型购物中心、繁华商业街为主要选址标准
		技术要求： 建筑面积2000m²以上（附带游泳池为优选）； 具备水、电、煤基本设施（供锅炉）； 楼板承重在400kg/m²； 层高3m以上

4. 建筑设计的经验与技巧

（1）建筑设计讲求店招和标示两种方式合理运用

商业物业的室外立面和室内的处理，要讲究建筑的个性风格，同时要追求商业气氛和娱乐性。比较常用的是店招和标示两种方式。

1）屋顶和外立面的合理处理店名招牌广告位，既满足经营期购物气氛的营造，又能取得可观的广告位出租收入。

2）建筑细节中融入标志和图示，也能完美地将建筑美和商业味融合。

（2）商业项目讲求无障碍设计

商场应为残疾人、老人、孕妇、儿童等弱势群体提供良好的平等的购物环境，在建筑设计体现"以人为本"的思想。比如，自动步道的运用、平进平出出入口、自动门、有高差处设坡道、残疾人专用电梯、专用厕所、专用停车位等。

（3）商业项目讲求内部绿化景观

丰富的绿化能创造舒适休闲的购物空间和温馨气氛，给购物者购物赏景的感觉。如同其他设计一样，景观绿化设计在项目开始时就要拿出方案来，比如对种植花树的荷载的考虑、与空调出入口的关系、现场植被的围护问题、浇灌系统的设计、避免强光光源的影响等等因素。

（4）商业项目讲求商业灯光照明

商业灯光照明对创造舒适的购物环境极其重要。如突出商品立体感和质感的重点照明；注重情调表现，用在餐饮、娱乐、休闲等服务区域的装饰照明等。良好亮度的商业灯光照明还能明显改善空间感。在室内空间感较小的购物中心尤其要采用良好的灯光照明，使室内空间显得宽敞。要达到良好的购物中心室内灯光效果，在设计时要处理好照明的色温、照度、显色性与室内装修的质感、色彩的关系，使灯光和装饰相映生辉。

 操 作 程 序

七、目前商业项目规划设计存在的五大问题

1. 忽视商业定位，忽视前期策划

目前商业地产项目前期规划设计的基本程序是：拿到地以后，组织自有力量做个简要调研论证，然后先找设计院设计，再报建，项目批下来之后再找策划公司。

在这个流程当中，开发商虽然对项目定位也会做一些调研论证，但是其目的性、专业性、可操作性、深刻程度、可靠程度、与市场的契合程度，与专业的商业地产策划公司的工作往往无法相提并论，导致很多时候开发商对项目的定位本身就是模糊的、摇摆不定的（图5-13）。而项目定位不精确，甚至带有一定程度的主观性、随意性，又必然导致对规划设计的导向作用不明显、指导性不强，由此埋下种种隐患。

图5-13 忽视商业定位及前期策划的五大表现

（1）缺乏必要的业态论证，造成盲目定位失误

商业地产的盲目定位者往往对商业本质一无所知，对商业经营的地段、交通、消费市场等基本概念都看不清楚，只看到商铺租售价值高于住宅的表面现象，不管地理位置，不论项目周边商业氛围和人气状况，先盖个万儿八千平方米的商场再说，等项目建成了去招商，才发现项目根本无法满足经营要求，造成了商业项目的严重空置。盲目定位的结果，必然导致方向性的错误，这对于商业地产来说，无疑是毁灭性的。

（2）缺乏对商业业态的了解，导致建筑设计货不对版

不少商业项目，先前在没有定位的情况下，为提升商场的品质，都规划设计了中庭，这些项目一旦未来引进超市市场，就必须将中庭填平，才能满足超级市场开放式陈列货架的需要。

（3）规划设计重住宅轻商场，导致商场空间难用

目前除商业中心有一些纯商业项目之外，绝大多数都是商住项目，开发商与规划设计单位在设计方面为保证住宅的户型、朝向等，对裙楼商场的空间破坏性较大。在商场的内部，如由于住宅核心筒的摆放位置不当，导致商场整体开放式格局被割裂，有的不得不结合核心筒设计"回"字形动线；在商场的外部，比如住宅大堂的布置破坏了外部商业街的连续性，使得室外商业街的商业气氛荡然无存等。

（4）缺乏业态常识，规划设计配套不足

在超市租赁的洽谈过程中，除卖场空间有着诸多不适合的情况之外，在配套方面也有一些不足，如超市必须的理货区方面、熟食区的烟道方面，商场的前期设计欠考虑或者考虑得不够，尤其是前文提到的平步式自动扶梯，其跨度远远超过踏步式自动扶梯，有的商场受空间限制，想改都改不了。

（5）主力店规划之前不能确定，规划设计难以量身定做

尽管目前出现了"订单式商业地产"模式，但主力店在项目规划之初不能确定，依然是项目明确规划的障碍所在。

2. 以销售为导向的开发模式

开发商以销售为导向的开发模式，加上资金链的需要，决定了商业地产的规划设计越快越好，回款越早越好。这种销售的功利性，导致商业地产往往开始是极具随意性地规划设计一种报建方案。等方案报建之后，策划公司介入，即使方案不合适经营定位，开发商也往往急于开工建设，难以下决心更改设计方案，其结果往往是，策划公司只能在方案不大改的前提下，提出适当的修正意见，商业规划设计与市场经营定位脱节的问题暴露无遗。

3. 设计院的不专业和非市场化

尽管规划设计院在规划商业地产项目时，也是会考虑市场定位，但是，由于行业的局限，规划设计院对商业业态的建筑设计和配套规范及细节知之不多，只能简单地通过参考样本的手段来进行规划设计。与规划设计单位在住宅领域的驾轻就熟相比，在商业地产领域，其经验和深入程度，差得太远。

4. 纸上谈兵，与经营脱节

商业地产的实际参与者包括开发商、规划设计者、策划代理商、商业经营者、投资者，这五者之中，商业经营者是商业地产的基础。商业地产的规划设计，必须充分了解经营者的需求，才能做到适销对路。令人遗憾的是，在实际的规划设计过程中，极少有某一方与经营者沟通和求教，一个经营者缺席的商业规划设计，其结果必然与实际市场需求脱节。

5. 策划代理结构与开发商的对接障碍

商业地产策划公司一般习惯于做项目的全程代理，更关注招商、销售代理收益，如果单独做前期策划，不但投入人力多，而且收费太少，往往兴趣不大。同时，开发商对于策划机构介入前期规划的价值也没有充分的认识，更不愿意在前期策划投入资金。于是商业地产规划设计为先、策划滞后的现象见怪不怪，而规划设计没有策划的导航，就只能跟着感觉走。

新手知识总结与自我测验

总分：100 分

第一题：商业规划管理和规划设计管理有何区别？（20 分）

_____

_____

_____

第二题：店铺规划属于下列哪个环节的工作事项？（20 分）

□前期市场定位策划　　　□中期招商　　　□后期运营管理

第三题：内部空间布局有哪四种形式？（6 分 / 个，共 30 分）

_____

_____

_____

思考题：万达广场项目采用的是订单商业地产形式，开盘之前的主力店和精品店基本上已经招租完毕，这种模式的主要优点是什么？采用这种模式有哪些掣肘点？（30 分）

_____

_____

_____

得分：　　　　　　　　　　　　　签名：

初探运营管理

商业地产的经营方略及利润密码

操作程序

一、商业地产的发展模式

二、商业地产招商

三、商业地产四种运营模式

四、商业地产管理模式

五、盈利模式与资本运营

本章使用指南

运营管理是商业运营的核心，是商业地产收益和物业价值提升的源泉。现在商业地产管理运营的精髓就是要把松散的经营单位和多样的消费形态，统一到一个经营主题和信息平台上。统一的运营管理模式，其实际意义就是旨在把投资者、经营者、管理者三者结成利益共同体。不能统一运营管理的商业地产项目，会在激烈的竞争中逐渐蜕变，直至最终完全丧失自己的商业核心竞争力。

操作程序

一、商业地产的发展模式

商业地产是开发商、投资者和经营者三合一的有机整体，是一个不可中断的链条。经营大型商业地产要着重考虑两方面的问题，一是前期的规划，二是后期的商业运营管理。那么开发商业地产都有哪些模式呢？主要包括建设模式、投资模式、管理模式（图6-1）。

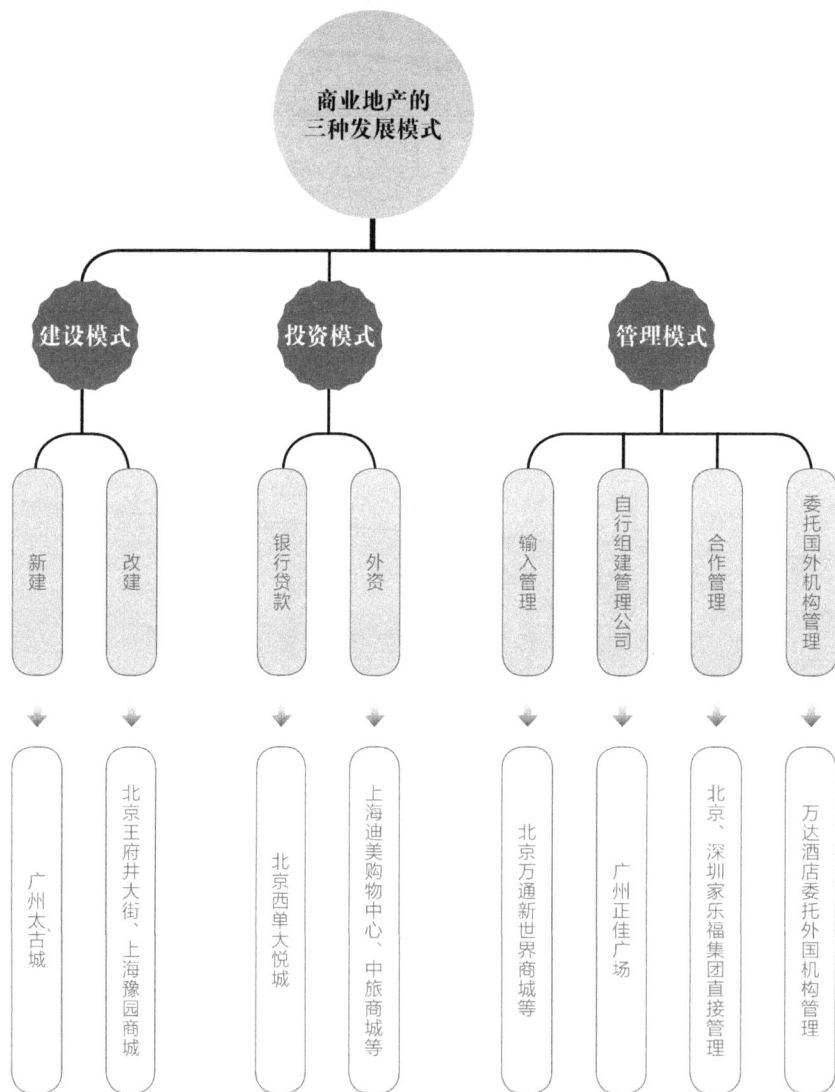

商业地产的三种发展模式

- **建设模式**
  - 新建 → 广州太古城
  - 改建 → 北京王府井大街、上海豫园商城
- **投资模式**
  - 银行贷款 → 北京西单大悦城
  - 外资 → 上海迪美购物中心、中旅商城等
- **管理模式**
  - 输入管理 → 北京万通新世界商城等
  - 自行组建管理公司 → 广州正佳广场
  - 合作管理 → 北京、深圳家乐福集团直接管理
  - 委托国外机构管理 → 万达酒店委托外国机构管理

图6-1 商业地产发展模式

操作程序

二、商业地产招商

1. 招商策划的八项内容

第一，招商项目研究

重点是与招商项目有关要素的调查分析，包括调查分析的内容、方法与前述可行性研究、市场专项调查相似。

第二，招商项目定位

包括项目经营内容（产业）定位、招商规模定位、服务对象（消费者）定位、市场地位定位、招商对象（投资人）定位、经营业态定位、经营主体定位、预期收益定位、核心竞争力定位等。

第三，招商策略确定

重点是针对不同招商对象、不同投资者、不同竞争者和不同的宏观环境所构成的招商环境，制定分阶段的、分地域的、分主体的、分依托资源的招商策略，并将招商策略细化成不同的战术组合。

第四，招商传播策略

任何一次招商活动都离不开传播。恰当的媒介传播（省钱、有效）是招商过程中关键环节。传播策略包括大众媒介传播策略和活动传播策略两部分，且二者组合互动应用。传播策略对到达率和影响效果要进行定量描述。

第五，招商预算规划

1）招商成本

由两部分组成：一是可用货币价值尺度表现的招商成本的货币支出总额；二是运用社会资源成本即人脉关系、公关活动、政府公权力扶持、智力后援等。

知识点

社会资源虽然在当次招商活动中没有表现为货币支出的成本形态，但却是过去或未来必须或必然转化为货币支出的成本形态，或者是单纯的货币成本所不能动用的资源，如人脉关系、智力后援、政府公权力，并非单纯支付货币就能动员利用。

2）招商成果

由两部分组成：一是以货币价值尺度表现的引入资本金总额和无形资产积累（需经评估才能确定其价值量）；二是引入的经营主体规模，即经营主体的个数和经营能力（年经营总额、总生产量、辐射市场幅度）。

第六，招商目标制定

招商目标是招商人讲述给招商对象的未来收益（包括经营收益和增值收益）、形象（可转化为招商对象的品牌要素）、发展潜力的描述。这种描述既是经济的、物质的，也是文化的、精神的，对于招商对象来说，它既是历史的积淀，未来的图画，同时也是现实的真面目。

第七，招商进程把控

依据市场现实环境和招商目标确定，表达为进程计划网络图或甘特图（横道表）。

第八，招商危机处理

招商过程中由于环境变化、方案偏差、执行偏差等原因出现的过程危机不可避免，因此，策划方案中的危机处理预案是针对招商方案执行过程中最可能产生的危机事件所做的一种预测状态的方案。预案重点是对危机产生的负面影响进行化解和转化。

2. 招商策略及手段

（1）招商侧重点

产权式商铺的招商工作主要侧重以主力商家（又称锚固店）入驻来带动项目的销售，招商成了开发商和中介代理商所不能回避的要素。而大量的商业项目的推出，放大了商家可选择空间，开发商成了买方市场，处于劣势，一般要牺牲巨大的经济利益作为招商的条件，招商成功就意味着项目操作成功了一大半，开发商所希望的短期利润最大化也成为可能。

经营式商铺则依靠产业和物流基础作为支撑，招商过程中对大型经营商家的依赖程度不大，因为众多的小经营户照样可以实现项目的规模化经营。因此，该类型商铺的招商侧重以良好的经营环境带动同一业种范围内的多品种、多档次的经营。这对于提升经营者的投资信心是不言而喻的。

（2）招商推广方式

与住宅一样，商业项目的推广也一定要锁定目标客户对症下药。

首先，确定商铺的投资客户究竟是谁？他们在哪里？通过什么途径才能让他们知道这个项目？其次，也是更关键的，是确定他们的投资行为最关注哪些因素？他们的投资价值取向是什么等。只有弄清楚这些问题并进行具有针对性的推广工作，才能抓住投资客户的心理，吸引其关注这个项目，对项目感兴趣，从而使招商工作取得明显效果。

产权式商铺与返租模式的结合具有必然性。我们清醒地认识到，返租是一种短期的操盘方式，需要在较短的时间内完成招商、推广、市场预热，直至通过媒体轰炸达到市场认知度的最大化，配合全民投资的理念。

经营式商铺则不需要过多的借助媒体的炒作，而是有针对性的锁定目标客户群体，进行有效的信息传递。

（3）招商主力店策略

招商过程中主力店的入驻对整个项目有巨大的帮助。有实力的大零售商，对商业氛围的要求非常高，对于在现时消费能力并不突出，商业氛围并非成熟的新建商业区设立据点，必然附带有非常优惠的长期减免租条件。这时零售商考虑更多的，应是该期做成长期品牌展示中心，能否取得赢利，短期内并非其入驻的主要原因。

（4）招商资料要体现专业水准

招商资料缺乏专业水准是招商困难的另一个原因。一般大型连锁商家对项目的评估有自己的方式和侧重，也很看重专业机构所做的分析报告，国外这样的专业研究成本可达数百万美元，但对投资者很有说服力。而如果招商资料完全由开发商自己编制，由于过分乐观的论证与缺乏专业水准的表现，一方面难以取信于人，另一方面，也会让投资者怀疑开发商的专业能力。毕竟一本招商手册是展现在投资者面前的唯一的、最直接的体现项目水准的东西，而是否能打动投资者对项目产生兴趣，又不仅仅是几行文字、几张画面的问题，而是透过这些硬件体现出来的软件层面上的含义的问题，其开发水平与开发理念才是一本招商手册实质反映的问题。

3. 招商方案的实施和监督

招商方案的实施与监督一般有两种办法：

第一：按照合同／协议约定，由代理方实施的策划案，成立方案实施机构（实行项目经理负责制）。实施活动严格按合同的约定范围、权限和策划案执行。

第二，按照合同／协议约定，由开发方实施策划案，代理方只负责监督工作。成立项目实施监督机构，跟踪按合同／协议约定的项目实施过程和环节，及时发现、反映执行偏差，提出修正案，交由双方共同成立的执行监督机构处理。

4. 独有商业资源开发与合作伙伴建立

一是紧密型的合作伙伴

寻找不同业态、国内外知名主力店签约，使它们成为商业集团"紧密型合作伙伴"。

商业项目的不断推出，主力店与运营的项目齐头并进，直接经济效益即能促使项目与商家赢利，规模效应就会形成追捧效果，到时将有大批紧密型的战略合作伙伴加盟。如果都是这种合作伙伴，将大大降低招商压力。

二是战略合作伙伴

与国内外知名公司，签订合作协议，但是它们有对项目的选择权，双方认可项目参与之后再签一个具有法律效力的文件，可理解为对开发项目的"订单"，即有商业开发需求，才对项目进行设计、建造。

三是一批战略合作中小型店的连锁企业

建立一大批中小店铺连锁企业伙伴，像必胜客、肯德基、麦当劳，其实也是紧密型合作伙伴，每个项目必然会有合作加盟，但因为体量小不能算做大主力店，只是中小主力店。

独有的商家合作伙伴资源将成为项目的核心竞争优势，现在实行的订单地产模式，如在任何地方投资，最少有几十家大小主力店跟进，这意味着80%以上的租赁面积在项目建设初期就有了保证。但这些紧密型合作伙伴也会带来压力，必须在项目建设和商业配套、后续经营上将对合作商家负责，确保它们正常经营，积极赢利，才能更好地维系长期合作关系，使合作关系持续发展。

5. 招商和承租户选择

在招商过程中，有必要对每一个承租户进行评价，预测它们的经营前景，作为店面出租的指导。

第一，承租户的选择要保证租金的来源

店面出租和租金关系密切。开发商的目标是选择合适的零售商，获得足够的租金，最大限度地出租营业面积，获得最大的利润来源。以往的经验并没有给选择承租户和预测未来收入提供可靠的指导，问题在于获得长期稳定的租户和短期高回报是有矛盾的，在某些情况下难以两全其美。开发商把面积大量出租给信誉好的零售商，可以保证租金来源的稳定性，但是这些承租户可能达不到预期的销售额，所以难以让业主和金融投资机构满意。开发商由此面临协调一个长期收益和迅速收回投资的问题，反映在承租户是选择高信誉度的知名商店和全国性连锁店，还是选择本地的愿意支付较高租金的普通零售商。

以购物中心为例，在一些地方，购物者对某些承租户具有很高的接受程度。虽然信誉一般，但是它们商品销售量大，所以，购物中心中一些非常好的位置，常常被这些购物者接受程度很高但信誉一般的小规模承租户占据。知名的全国性连锁店虽然经营能力很强，有时候却只能得到较低租金的位置。因此，购物中心在选择承租户时，需要在利润和稳定性之间

作出选择。

第二，需要保证商场商品种类的完整性

购物者在商场购物希望能够像在城市商业区购物一样，方便地进行款式、质量和价格的比较。开发商在招商时应当考虑选择一些承租户集中布置，扩大商品覆盖范围，方便购物者进行比较，提供与城市商业区一样的竞争性和便利性，创造"购物气氛"。

第三，承租户租金谋划

店面租金与商场的规模有关，一般大型购物中心的租金高，小型购物中心的租金相对低一些。如果规模相同，由于位置不同，租金也有差别，即使在同一购物中心，付出较多的租金能够得到较好的店面位置。

由于经营商品的种类和利润不同，并非每个承租户都能够交纳同样的租金。收取的租金一般分为两部分（图6-2）。

抵押保证金或抵押租金	百分比租金
按面积收取基本租金	按销售额以一定的比例抽取

图6-2 租金收取的两种形式

1）百货商店租金收取一般原则

百货商店是商业物业的核心，常常能够获得较低的租金，特殊的情况还能够有所增加，并随着面积增加而递减。小型百货商店常常作为大型购物中心的次级核心承租户，在中型购物中心中可能成为核心承租户，它介于传统的百货商店和综合商店之间，其商品经营范围和百货商店大致相同。因为小型百货商店对购物中心也很重要，所以它可以通过谈判获得较低的租金，但不会低于百货商店。

2）超级市场租金收取一般原则

超级市场是商业物业的重要补充，多数情况下是全国性或竞争力很强的地方连锁店，它有良好的信誉，能够缴纳足够的租金。超级市场对中型购物中心和邻里中心的地位更重要，所以租金更低。超级市场提供的是方便购物，虽然在区域中心，购物者的兴趣不在比较购物方面，但研究表明，超级市场对于吸引人流的作用非常大，所以，在大型购物中心，超级市场还是必不可少的。除了超级市场之外，还有风味食品、糖果店、面包店、熟食店、肉店、鱼店等食品商店，面积从 $50 \sim 200m^2$，都有较好的销售额。

3）综合商店租金收取一般原则

综合商店一般占整个区域商业物业营业面积的 4%～9%，单位面积的销售额非常低，但它是购物中心必不可少的组成。它们常常是全国性的连锁店，具有良好信誉。它们对于小型购物中心可能非常重要，因此收取的租金较低。

4）服装店租金收取一般原则

服装店要尽量创造比较购物环境。大的女装店和男装店是购物中心的重要成员。具有地方特色的服装商店数量很少，而且多数对购物中心不感兴趣。因此，它们在谈判中占据主动，能够获得比小服装店更低的租金，虽然它们不是全国性的连锁店，但是多数信誉好。商店规模是影响租金的另一个因素，一般小商店支付的租金高，全国性连锁店的租金低。

5）家具店租金收取一般原则

家具店对位置的要求不高，但是由于这种商店要求仓库和展示空间面积大，主要位于地下室，在主要营业层只需要小面积展示空间。

6）餐饮设施租金收取一般原则

购物中心的餐饮设施分为三类，即快餐、自助餐厅和高级餐厅。快餐为员工和购物者提供餐饮。高级餐厅对购物中心来说非常重要，它能够吸引汽车交通，所以最好放在靠近停车场和道路的独立建筑中，同时又不能脱离主要步行人流。

7）专门店租金收取一般原则

礼品店、珠宝店、收藏品商店、运动用品商店、箱包店、音像制品商店和照相机商店通常由地方承租户经营，也可能包括一些信誉好的全国性珠宝连锁店。它们能够有效地增加购物中心的吸引力，其销售收入也很高，收取的租金也相对高一些。

8）服务设施租金收取一般原则

服务设施包括理发店、美容店、减肥沙龙、修鞋和修理店等，在购物中心中占的比例很小，不超过 2%，但却是购物中心的必备成员。由于面积小，故抵押保证金比较低。

链接

统一招商管理的十项基本原则（以购物中心为例）

第一，要维护购物中心零售、餐饮、娱乐为52：18：30的产业经营黄金比例。

第二，要维护购物中心的统一主题形象和统一品牌形象。

第三，购物中心的招商目标要能够在功能和形式上同业差异、异业互补。

第四，核心主力零售店尽量自营；而非主力零售商尽量以联营为主、租赁为辅。

第五，核心主力店先行，辅助店随后；零售购物项目优先，辅助项目配套。

第六，核心主力店适合放在经营轴线（线性步行街）的端点，不宜集中放置在中间。

第七，对特殊商户（指具有较高文化、艺术、科技含量的经营单位）给予优惠政策，能增强购物中心整体文化氛围，提升品位。

第八，放水养鱼，即采用合理租金与优质服务做法，先做市，后赚钱。

第九，统一管理、统一服务。

第十，完善信息系统。

操作程序

三、商业地产四种运营模式

1. 不租不售

开发商即投资商、经营者。如广州城建集团的某些商业项目。但是这种形式目前还不是市场的主流，由于资金、资源掌控等方面因素，很多开发商无法做到不租不售。

2. 只租不售

这一类通常把物业建成以后形成独立的产权，通过招商合作，以租金作为主要的收入来源，目的是什么呢？通过产权形成之后，物业通过商业运营包装进入资本市场，获取良好的融资，这个金融市场一般来说有多次融资，第一次通常都是银行抵押融资；第二次可能是基金会、信用凭证等融资，以后每次经过价值不断包装以后，融资不断的缩短。

只租不售模式租期较长。可分为分散出租和整体出租。

（1）分散出租

分散出租是开发商在确定以主体功能下对各个铺位进行招租，租期相对短些，一般在2～5年。许多成功运用模式的案例多数为大型专业批发市场，如深圳赛格电子市场。分散出租租金高，开发商收益可最大化，租期短，容易改变功能或调整经营。

分散出租适用于商业区域或城郊大型商业物业、有足够大的停车场和卸货区的商业物业、售后返租的产权式商城。

（2）整体出租

整体出租时开发商不将物业出售，而将其整体出租给一家商业企业，由这家商业企业进行商业规划及经营。开发商每年向商业企业收取约定租金。租金一般在第三、四年开始递增。前一、二年主要帮助商家持续经营，同时商业企业向开发商缴纳相当于2～3个月租金的押金。这种物业可进行抵押贷款，升值空间大，其带租约更有利于日后整体销售或设计产权式商铺但收益低，在3%～5%之间，租期长，套现难度大。

整体出租适用于资金实力雄厚，经营相对保守的开发商。

3．只售不租

物业建成后，整体出售或者将产权分割后再进行销售，也就是当前比较流行的产权式商铺、产权式酒店等。开发商通常希望通过提供后期的物业管理为项目提供服务。适用于资金实力不够、融资渠道有限、急于变现的开发商。如 SOHO 中国的 SOHO 系列产品主要是采用只售不租模式。

4．又租又售

为什么租售结合呢？大多数是迫于资金的压力，通过卖掉一部分后套现，租的部分也为后期的资本融资留下后路。这就属于为售而租，为租而售，租售结合的模式（图6-3）。如将商业建筑的底层销售，最典型的就是大连万达，把一楼留下来，二楼、三楼卖给沃尔玛，其实大连万达尝到很多的甜头，一段时间后一层销售价格通常是市场价的两到三倍，最高的卖到19万元/m²，沃尔玛主力店起了很重要的作用。商业地产三种主要盈利模式对比见表6-1。

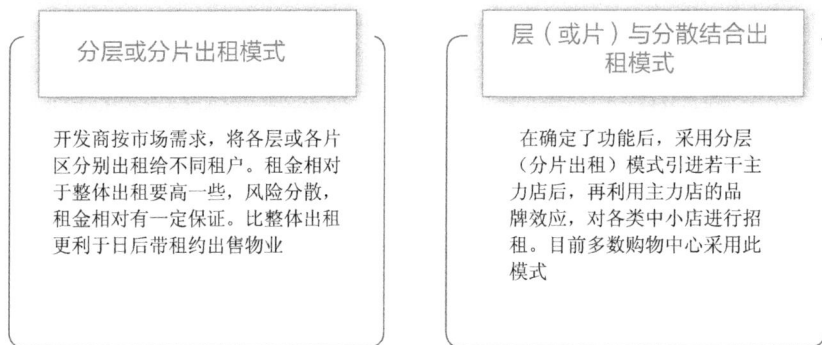

分层或分片出租模式	层（或片）与分散结合出租模式
开发商按市场需求，将各层或各片区分别出租给不同租户。租金相对于整体出租要高一些，风险分散，租金相对有一定保证。比整体出租更利于日后带租约出售物业	在确定了功能后，采用分层（分片出租）模式引进若干主力店后，再利用主力店的品牌效应，对各类中小店进行招租。目前多数购物中心采用此模式

图6-3 分散出租包括两种形式

🌐 **商业地产三种主要盈利模式对比** 表6-1

盈利模式		优点	缺点	适用类型	案例
只租不售	分散出租	租金高，开发商收益可最大化，物业升值空间大，容易出售，租期短，容易改变功能或调整经营	需充分重视前期的市场定位、功能定位、业态定位的策划工作，设立专业的经营管理公司负责经营管理，对招商能力、日常经营管理能力的要求极高，同时经营风险较大	商业区域城郊的大型商业物业、有足够大的停车场及卸货区的商业物业	万达广场 中粮大悦城
	整体出租	不需设立专门的经营公司和配备专业的商业人员，交易简单，结算方便；物业可进行抵押贷款，升值空间较大，有利开发新项目，带租约更有利于日后整体销售	收益低、在3%～5%之间的回报率，即使物业升值，其套现的难度很大，采取这种方式还要加强对租户的评估	没有商业专才、资金实力雄厚、经营相对保守的开发商，其物业面积一般不超过3万m²	
只售不租		相对省力且风险较低	失去了更大收益前景的可能性，商业经营不稳定	资金实力不够、融资渠道有限、急于变现的开发商	SOHO地产

盈利模式		优点	缺点	适用类型	案例
又租又售，且租且售	分层或分片出租模式	租金相对整体出现要高一些，风险分散、租金相对有一定保证，物业可进行抵押贷款，比整体出租更适合日后带租约出售物业，如果某一层经营失败时，开发商能掌握主动权，并进行重新招租	需重视前期的商业策划（业态组合、功能定位、市场定位等），需设立相应的管理部门及配备相关的商业专才；要求开发商建立储备租户资源库，并具备极强的招商能力	资金实力雄厚的开发商	六佰本大成国际购物中心
	层（或片）与散结合出租模式	主力店的进驻有助于带动其他小商铺的销售，大小租户的结构使项目稳定性提高，有利建立完整的租户资源库，为以后开发商业地产项目创造成功动作的条件	要求开发商具备很雄厚的自有资金；需设立专业的经营管理公司和配备相关的商业专才，对主力店的招租能力极高	5万m^{2}以上的商场	

操作程序

四、商业地产管理模式

怎么让这个商场可持续发展？ 这是在后期经营中很重要的内容。当然物业经营管理是最基本的，对于物业经营管理必须要高标准。危机管理对商场相对更重要，这种场所的公众性非常突出，任何一个意外可能对这个商场形成致命的影响。

1. 管理公司的选择

针对目前商业地产经营中存在的种种问题，实现统一经营，控制小产权分割出售，所有权与经营权分离，加强管理水平是解决问题的关键所在。

聘用比较好的商业运作团队，可以解决经营中的盲目性，实现所有权与经营权的分离。这个经营团队可以自主选择合适的业态和经营方式，解决因为所有权分散、意见不一，造成的经营上的混乱和风险。同时，由实力雄厚的投资基金公司将商业项目全部买或者租下来，然后由它们租给商户，这样既可以满足开发商迅速回笼资金的要求，也可以使得经营具有整体性。

2. 商业管理架构搭建

商业项目尤其是大型商业的经营管理为适应各种不同性质及规模，需设计多种不同的执行模式，从而为企业搭建坚强的组织架构来执行复杂的经营管理任务的网络。但是组织构架功能的需求，并不在于呈现其应有的组织，而是依赖专业人员有效地执行，才能呈现其应有的功能，这些行政管理的成本，必然采取不同的方式转嫁到每个商店的经营成本中，因此应讲究精简、有效的组织架构。

（1）我们该树立什么样的商业管理理念？

由于国内经营管理观念及方法处于起步阶段。因此为达到经济有效的目的，我们要做到：

第一：国际化

吸引国外投资者以技术合作，使国际经营管理理念生根并塑造特殊的风格。

第二：永续经营

迎合社会化需求，结合社区发展树立形象，呈现永续经营的服务企图，降低风险，提高经营效益。

第三：异中求同的独立自主的经营管理架构

以发挥全方位服务功能的组织架构以执行卖场管理、市场营销、租赁管理等目的。

（2）搭建完美的组织架构

1）经营者大会

由全体投资业主和经营户组成，每年召开 1 ~ 2 次，讨论通过商业卖场的重大决策，推选商业管理委员会主任和成员，并对商业管理委员会工作进行监督。

2）商业管理委员会

① 委员组成

由投资业主代表、经营者代表组成，人数 15 ～ 20 人，每年选举一次，可以连任，委员均为义务工作，委员会 1 ～ 2 个月召开一次会议，以少数服从多数表决。副主任一般由商管公司总经理兼任。

② 主要职责

A. 讨论通过商业管理方案、经营管理规章制度。

B. 督监各经营者的经营行为，检举违规行为，进行行业自律。

C. 讨论通过年度和阶段宣传促销计划和方案。

D. 监督宣传促销费用的使用。

E. 监督经营管理公司的工作。

F. 反映经营管理中的问题和建议。

3）经营管理公司

① 行政部：负责商业运营管理，政策关系协调，行政后勤服务等。

② 招商部：负责品牌招商与厂商谈判，组织参加展销会、订货会等。

③ 企划部：负责广告策划、营销策划、展示设计、宣传促销、刊物编辑、会员制、销售协助、经营分析、信息服务、品牌专案服务等。

④ 督导部：负责建立商业卖场经营管理规章制度，对经营者经营行为进行督查、奖惩以及教育辅导、负责处理顾客 投诉、租户调整等。

⑤ 财务部：负责统一收费、财务分析、财务管理等。

⑥ 虚拟经营部：负责品牌后产品生产和品牌资源开发等。

⑦ 物业中心：

A. 安全保卫：维护顾客的安全，维护经营者的经营活动及财产安全，维护商场的设施设备安全，防盗、防火、防 害，确保商业卖场的安全有序运行。

B. 环境卫生：由专人对商业卖场进行清洁卫生和绿化管理，确保干净整洁、舒适明亮的购物环境。

C. 物业维护：由专业人员对设施设备进行管理、养护和维修，保证其良好正常工作和低成本运行。

4）商业管理收费

① 物业运营费：按国家有关规定收取，包括保安、环境卫生、物业维护等费用，按建

筑面积分摊到户，每月月底实收。

② 水电空调费：按实际发生费用，依建筑面积分摊到户，每月缴纳一次。

③ 经营管理费：包括策划、宣传促销、经营督导、品牌招商，专刊编辑、统一管理等，一般按每户收取。

④ 经营服务费：由经营者视需要委托商管公司经营管理，一般按市场价收费。

3. 商业增值管理

如果项目商业管理不力，影响商铺业主的租金收益，业主不能归还按揭贷款，最终风险还是要落到开发商的头上。综观国外项目，开发商成立商业管理公司管理项目是一种通用的模式。

（1）商业项目形象管理

对商业项目进行统一的形象（CIS）策划和管理，以确保商业项目良好的形象和信誉。形象管理包括三个部分：

第一部分是理念设计，俗称 MI，通过统一的发展目标，经营定位、商街理念、广告宣传语等加强项目品牌和企业品牌的统一形象；

第二部分是行为设计，俗称 BI，它包括经营守则、店员仪容仪表、着装规范、礼貌用语、行为规范等；

第三部分是视觉设计，俗称 VI，它包括标准色、店标、店旗、胸牌、包装袋、印刷品、办公用品等。

（2）商业卖场现场管理

对商业卖场进行统一、有序、科学的管理，确保良好、美观的销售环境和秩序，如图6-4所示。

店铺装潢	货架使用	商品陈列	店内广告	现场促销
遵循商业项目自身的统一规定和要求，不得随意装修，应维持本商业项目的整体形象	统一使用较为高档和美观的开架式货架，并按规定摆放	按规定对商品进行陈列摆放，不得占用过道和乱堆乱放	店内品牌和商品文选宣传、POP等，按规定设计展示，不得乱贴乱挂	促销活动应遵守商业项目的统一规定和要求，不得破坏商业卖场正常的经营秩序

图6-4 商业卖场现场管理

（3）市场营销推广

一般的宣传策划管理公司包括制定商业项目整体营销和竞争策略，制定全年和阶段性的市场推广计划。对商业项目进行统一、有效的宣传推广，举办整体和主题促销活动。

1）传播品牌故事

为了传播品牌故事，赋予品牌更多内容和时尚元素，举办品牌推广、时装表演、沙龙等活动。在品牌传播的过程中，发行企业会刊已经成为一种重要的推广武器，它不仅可以传播企业文化，传递流行时尚和动人事迹等，还能形成良好的文化聚合力。

2）实施会员制

对顾客实施钻石、金、银卡会员制，以锁定顾客，提高销售额的策略基本上已经广泛应用各购物中心和大型商场。

3）积极采用新传播手段

随着新网络、新传播手段越来越多，一定要注意将营销推广手段与市场最新技术和潮流结合起来。

（4）商业价格管理

一个购物中心或商场管理几百家商户，一定要实施统一明码标价，禁止价格欺诈行为，不然就成了批发市场，会大大降低在客户心中的档次。同时，还不得随意降价促销，原因是项目开业前期项目对价格进行过定位，并根据这个定位实行的经营规划，如果随意乱搞促销，乱打价格战，就会让这个购物中心或商场变得无序。

（5）商品质量管理

严格质量管理，是实行项目档次的基础。一个卖伪劣假货的大型商业场所又怎么会被人认为是高档的商业中心呢？所以，在管理的过程中，必须实行进店经营的商品必须是品牌商品，按区域功能定位对接，确保商品质量。严禁假冒伪劣产品，假一罚十。实行商品质量"三包"，并不定期对商品质量进行抽检。

（6）顾客服务规范

当商业进入运营阶段，它已经是服务行业，我们知道，服务的行业视服务质量为生命。大型商业场所好的服务质量是最好的活生生的形象广告，好的话大大加分，不好即大大减分。我们常说的服务规范包括：

售前服务：提倡主动、微笑和站立服务，但不得争客、抢客。

售中服务：耐心热情介绍，礼貌迎送顾客，但不得强行买卖，严禁与顾客争吵。

投诉处理：设立投诉热线，统一处理顾客投诉，确保顾客满意。

售后服务：质量三包，送货安装跟踪服务等。

（7）经营指导管理（图6-5）

教育辅导	销售协助	营业竞赛	经营分析	信息服务	租户调整
专家讲习，经营者交流会，店员培训，外出观摩，销售服务与建议等	提供营销策略、宣传展示、商品陈列、店头促销等协助服务	奖励优胜的经营者	根据销售报表作汇总，在较和趋势分析，制定业绩提高政策	为经营者提供国家政策、市场动态、竞争状况等信息服务	通过经营分析，替换不合理或无法继续营运的租赁经营户

图6-5　经营指导管理内容

（8）品牌招商服务

将商户招进来，就需要为商户创造各种条件，如可为投资者或租赁经营户提供的品牌厂商引进、选择和对接服务。可以代表商场与品牌厂商进行谈判，争取最优的营销方式和经销条件。还可以代表本商业项目和组织经营者参加各类大型展销会、订货会。同时，组织经营者到处参观、考察、学习和旅游。帮助它们克服各种障碍，创造良好的经营环境，其实就是在间接地做项目持久经营的努力。

（9）政府关系协调

建立与政府各部门的良好关系，争取各部门的配合支持与租费优惠，实行统一交税，使经营者集中精力搞经营，降低经营成本，减少后顾之忧。

（10）专业服务

通过科学、有效的管理和有针对性的专业服务，形成"统一形象、统一宣传、统一促销、统一服务、统一招商、统一管理、统一协调"，使项目树立良好的品牌形象和信誉，提高经营者的经营管理水平。这些专业服务包括以下几个方面：

生活服务：提供就餐、休闲、娱乐、客房、租房等方面的服务。

办公服务：提供传真、文印、电子邮件、会议、信件收发、书报订阅等服务。

专案服务：为品牌提供策划设计、陈列展示、广告宣传、市场推广等量身定做服务。

办证服务：为经营者提供必要的工商、税收、许可证办理服务及争取税费优惠。

贷款服务：协助经营者办理必要的流动资金银行贷款服务。

人事服务：为经营者提供人员招聘、培训、管理、档案等服务。

4. 商业物业管理

项目取得成功最重要的因素之一，是商业地产的物业管理。好的管理商对招商工作、融资工作、工程的进行都有积极影响及作用，其重要性远远不只对招商的影响。管理商可以选择的范围比较小，国内商业地产管理商比较少，多为国际、香港、东南亚等国家或地区的机构。

商业地产管理公司介入物业管理的方式主要有：1）管理公司以管理参股；2）聘请管理公司。

其实管理公司可以在项目设计阶段就介入项目，这对于项目的招商、融资都有很大的好处。如果项目在刚开始运作时就谈定了知名管理公司进行未来项目的管理，那么开发商在融资时更容易得到投资伙伴的认同，招商工作容易进行。

商业项目的物业管理内容包括：养护建筑、维护设备、保证水电气热正常供应、公用面积的保洁、保安防盗、车辆管理、绿化养护、意外事故处理等（图6-6）。商业项目的各项设施的使用频率较高，统一管理有助于对物业设施设备有计划的保养与维修，增加使用的安全性和耐久性。

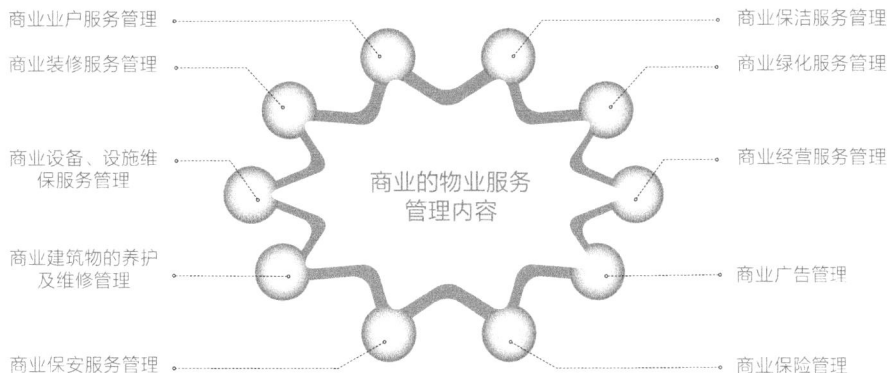

图6-6 商业物业管理服务内容

（1）商业业户服务管理

商业业户服务管理具体包括五部分的工作：接待与联系，纠纷、投诉接待，报修接待，走访回访，内外联系。

（2）商业装修服务管理

装修管理应包含在业户管理中，因管理难度较大，故单独列出论述。装修管理职能主要包括审核装修申请，签订装修管理协议，现场监督管理等。

（3）商业设备、设施维保服务管理

商业物业的日常养护标准较高，维修要求严，其内容同办公楼相似，但其方式不同。商业物业的重点在于各种设施、设备上，因为商业物业设施设备使用频率较其他物业相比是最高的一类，设备、设施养护及维修管理的好坏直接影响经营环境和经营活动的正常运行。一些设备如电梯、自动扶梯等易出故障的设施设备，保证其正常运行主要靠平时养护。

（4）商业建筑物的养护及维修管理

为了确保商业建筑物的完好，应制定完整的修缮制度，编制每年的修缮计划，安排年度修缮投资，经管理处审核后报商业业委会方审批，检查修缮结果。设备、设施的大中修或商业建筑物的修缮如需对外发包时，应发包给有相应资质的修缮施工单位承接。

（5）商业安全保卫管理

商业的安全保卫工作包括治安防盗、防范突发事件、监控中心管理、车辆管理、停车场管理等。

（6）商业保洁服务管理

搞好商业的环境卫生和绿化养护的主旨在于创造整洁优美、和谐怡人的商业氛围，为业户提供一个理想的经营环境，为顾客提供一个轻松愉快的购物环境。商业的环境有外部环境和内部环境。

（7）商业绿化服务管理

绿化环境是保持生态平衡，营造舒适、美观、清新、幽雅的购物环境的基础。商业内外的绿化搞得好，能使周围的环境得到改善，又提升了商业的品位。绿化管理应配备专业技术人员，依据季节、气候、地域条件的不同和树木花草的生长习性及要求，制定详细的管理细则，指导养护人员实行。

（8）商业经营服务管理

开发商和物业管理公司所签订的委托物业管理合同中，往往会把商业经营管理范畴的

租赁管理、广告筹划、新项目开发同时委托给物业管理公司，以配合其商业的经营管理。作为物业管理公司也应将商业经营管理的好坏与自己的物业管理服务紧密地联系起来。商业经营服务管理包括租赁管理、广告策划、项目开发、对承租商的管理。

（9）商业物业形象管理

商业物业管理的一项重要工作，就是要做好物业商业形象的宣传和推广，扩大商业物业的知名度，树立良好的商业形象，以便吸引更多的消费者。

（10）商业保险管理

商业的物业管理中保险管理是必不可少的。在商业的维修施工和广告安装中，均有可能发生意外的事故（包括火灾），对业户、顾客、员工造成伤害；在保洁操作中，也有可能保洁工未按"规程"操作，用了湿拖造成顾客滑倒摔伤；或雨天地滑，顾客在商业进门处滑倒摔跤跌伤，这些都有可能向物业管理方提出索赔。

操作程序

五、盈利模式与资本运营

商业地产规模庞大，其经营多采用开发商整体开发，主要以收取租金为投资回报形式的模式；商业地产项目，可以打包上市，形成商业房地产金融；对于规模较小的商业房地产而言，大多数项目依然采取租金回收的方式，赢利模式单一，缺乏资本运营能力。

1. 盈利方式

（1）融资基本类型

1）实物销售

通过商铺的全部或部分销售获取资金。

2）资产经营

通过项目的经营获取租金收入、广告收入等经营性收入。

3）上市融资

通过将公司或项目打包上市，获取市场资金的支持。

（2）具体方式

1）变现

项目变现的原则是市场价值最大化。一般来说有以下几种方式：

土地变现：如产权转让、合资入股、股权转让等。

整体变现：如整体销售转让、合资入股、股权转让等。

分拆变现：如将项目分栋拆售、分层拆售或分间拆售等。

2）持有

持有要秉持资产优质化、经营实心化的原则。

租金经营：可获得可变或不可变的不等租金。

合资经营：租金入股、租期入股等。

委托经营：可获得固定租金、自收租金等。

实物融资：银行抵押、实物担保或典当等。

3）资产上市

资产上市就是通过资产打包推向资本市场获取资金。

融资：租金 REITS、发行基金等。

上市公司：募集公众资金。

产权交易：无形资金和实物资产同时评估交易。

2. 获利密码

（1）心态

商业地发开发商要具备长线赢利心态，例如上海正大广场、金源茂，成功商业地产的利润远远高于住宅开发的利润。

商业地产开发商应具备正视风险心态，防范物业管理中存在的风险、防范市场环境风险。

（2）融资

一个大型商业项目需要一次投资建成才能形成商业气氛，因而所有的前期投入都来自开发商的积累，而且在租售过程中，为了吸引主力店加盟，开发商不得不采取前几年租期内低租金，甚至部分免租金的形式。

成熟的商业地产项目通常是由基金作为项目的主要投资人，或是开发完成后由基金购买，再进行统一的租赁经营等。

中国典型的融资比例是：50%权益 /50%贷款。

（3）外脑

一个商业项目在前期的策划、招商，中期的规划设计，以及后期的经营管理三个阶段都需要有高度专业化水准的操作能力。

开发商需要在专业商业投资、管理与顾问公司以及商业项目规划设计公司的协助下，才能使一个大型商业项目达到专业化的高度。

（4）共同利益

赚钱的买卖不一定是成功的买卖，成功的买卖是双方都满意的买卖（图6-7）。

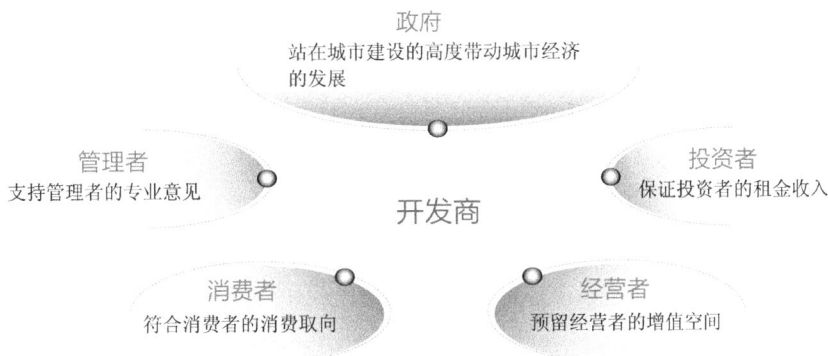

政府
站在城市建设的高度带动城市经济的发展

管理者
支持管理者的专业意见

投资者
保证投资者的租金收入

开发商

消费者
符合消费者的消费取向

经营者
预留经营者的增值空间

图6-7 商业地产开发经营的利益共同体

（5）主题定位

分析历史悠久的商业街与当代成功的商业项目发现：

商业地产的发展具有"向心格局"，一个灵魂人物（项目），具有强烈的磁场效应；商业地产发展具有"集群效应"，成行成市更有利于商业地产的可持续发展。

无论是向心格局，还是集群效应，商业地产的相生相旺最终归为一点——成功的主题定位（用系统的理论来分析，包括市场定位、消费者定位、业态定位等）。

3. 商业地产的财务运筹与融资

（1）项目财务决算

商业物业的开发必须预测开业之后的收入，并和资本投入结合起来考虑。在可行性研究阶段已经做过项目成本预算，在建筑设计阶段的最后可以进行更为准确的决算，计算项目的开发费用和成本，进行投资和受益的经济分析，制定开业后的经营目标，并以此作为店面出租的依据。

（2）项目财务核算

开发商完成项目的设计方案后，建立或委托专门的财务融资机构对该商业地产项目的成本、收益、投资回报率、投资回报的敏感性分析等进行专业化分析。这是投资商对项目进行投资的微观量化的决策依据。在财务分析核算过程中，财务融资机构需要以项目市场前景及可发展规模的可行性为参考，并大量引用分析结论。

对于小型商业地产项目，不需要做的很细，过分精细可能会影响时间成本，采取销售模式的商业地产项目，财务核算的工作要简化很多。

（3）资金需求方案

资金需求方案指财务融资机构结合项目的财务核算，进一步细化项目的资金需求量及资金流量的工作。该工作需要首先对项目的工程资金量及资金流进行宏观的方案编制，再结合项目其他项资金的需求，最终完成该项目的资金需求方案。

（4）融资方案

融资方案指开发商结合其自身资金状况、企业自身资源、股权策略等，以项目资金需求方案为参照对象，制订的资金供给计划。在此强调以投资商的自有资金状况、企业自身资源和股权策略为参照对象，是因为任何金融工具的基础都只能是企业自身资源，否则除非非市场因素存在，企业是不可能有效得到金融支持的。有些国内商业地产投资商不知道金融投资依附于企业资源的特点，所以在项目运作时低估自身资源的重要性，过高评价自身在项目中的价值，并盲目产生对股权的过高期望，从而导致融资方案不可行。

项目的财务核算、资金需求方案及融资方案对于开发商准确判断项目的可操作性至关重要。以上测算及相关方案的准确度会直接影响投资商决策的准确度。

（5）项目融资

除非开发商有足够的资金作支持，除非项目采取出售的融资模式，投资商一旦完成对项目设计方案、财务融资方案的决策，就可以推进项目运作过程中最重要的工作，即项目融资工作。项目融资包括项目开发阶段的资金准备及项目运营期间的资金准备两个阶段的内容。主要形式有股权融资和债权融资。

开发商在进行项目融资工作之前首先要进行项目融资的决策工作。准确对商业地产项目的融资策略及方案进行决策，可以最大限度地保证融资工作的有效进行。如果开发商过高估计其在该项目中的股权期望，在融资过程中必然面临失败，最终严重影响融资工作的进程。

完成融资决策后，进行的首要工作是项目商业计划书的编写工作。项目商业计划书是其他投资商及金融机构了解该项目的有效渠道。

在完成项目商业计划书的编写工作以后，开始该项目的融资操作工作。融资操作的形式主要有两种：

1）委托专业融资服务机构进行融资

这种融资操作对于初步进入商业地产投资领域的投资商来讲是必不可少的，因为专业商业地产融资服务机构可以通过其特殊的操作渠道将该商业地产项目与国际资本直接、快速对接。国际上从事商业地产投资的金融机构实际上局限在某个圈子里面，如果对这个金融圈子不了解、对这些机构不熟悉，盲目的冲撞只会耽误时间，不会取得任何进展。当然，委托专业融资服务机构进行项目融资服务时，开发商是需要付出融资成本，即需要在向融资服务机构支付一定融资启动费用的同时，还需另外支付相当于总融资资金额 2.5% ~ 5% 的费用作为融资服务费。上述融资服务费的标准是国际上融资通行的收费标准。有些开发商可能认为这个标准太高，但需明确的是，只要求 1.5% 左右融资费用的融资服务机构其专业化能力值得怀疑，换言之，这种融资机构不太可能真正完成项目的融资。

2）自己组织融资团队进行融资

融资操作对于已经有商业地产项目操作经验、融资经验的投资商来讲，是可以采纳的。但是投资商自己进行融资操作也必须建立一个融资团队，这个融资团队并非简单一两个人就可以组成。

这两种融资方式相互之间并不冲突，如果协调好的话，可齐头并进。

4. 具体盈利手段

商业地产是以租金为现金流来源的长期不动产投资，是十分复杂的综合性产业，是近些年在国际上才得到蓬勃发展的产业。"商业"与"地产"之间的一种地产投资关系，我们也可以理解为以租金收入作为投资目的的投资行为，而不是简单的房地产开发。

（1）盈利模式（图6-8）

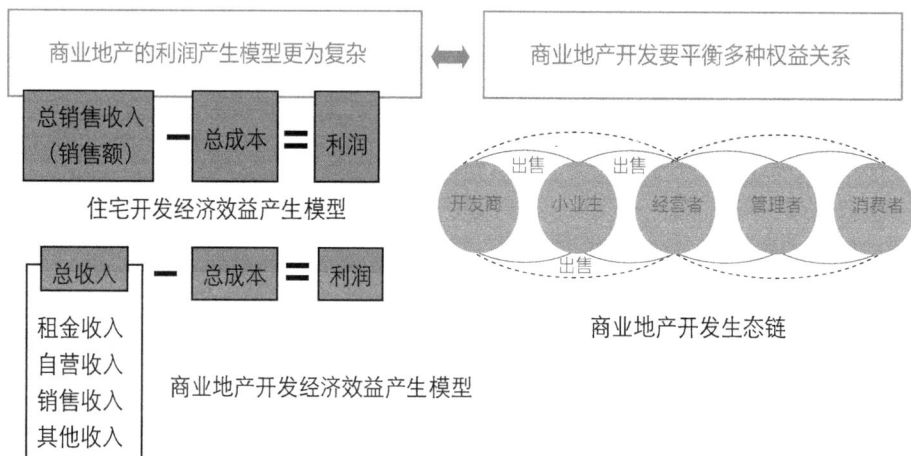

图6-8 商业地产盈利模式

1）租金收入

通过出售商业物业，获得长期性的租金的收入模式。租金收入由于具有可持续性，而且随着经济的发展，这一块的收入每年都会有一个提升比例，所以这一块的收入成为很多只租不售商业模式的主要盈利来源。

2）自营收入

在商业建筑内，选择一部分空间自己经营，如中华广场就有中华百货自营，万达集团有万千百货、大歌星KTV、万达影院自营，这些自营收入也是目前项目整体收入的重要部分，对大开发商来说，这一块的收入比例有逐步加强的趋势。

3）销售收入

如销售一部分店铺，获得现金，支持项目的运转。天河城卖了M城的部分铺位，获取了开发阶段的运转资金。很多项目都会有销售收入，只是会根据自己的经营定位，多少不等。如SOHO一般都是大部分卖，小部分留，万达是小部分卖，大部分留。其实，大部分的商业地产开发商都会有销售收入。

4）其他收入

其他收入有隐形的资产增值收入、广告收入、出租场地收入、其他增值服务收入等，这些比例虽然不高，但是也不可或缺。

（2）开发成本

1）土地成本

土地成本即拿地成本，这个与城市发展和区域位置有关，成本不一。包括土地使用权取得费及土地开发费。

2）直接工程成本

直接工程成本有的又称建安成本，即商业建筑成本和设施设备安装成本的简称。商业建筑成本是建设房屋的投入，安装成本是安装房屋设施设备的投入，两者都包括材料成本投入和人工成本，主要是建筑部分的基础工程、主体结构、墙体、门窗，水电工程的强电、弱电（安防、有线电视、电信宽带），以及给水（含纯净水、中水）、排水（雨水、污水、空调排水）等材料和人工成本投入。

3）基础配套设施

基础设施配套主要包括交通运输、机场、港口、桥梁、通信、水利及城市供水排水、供气、供电设施和提供无形产品或服务于科教文卫等部门所需的固定资产投入成本。一般在每平方米 50 元左右。

4）前期费用

前期费用包括质量监督费、劳保费、规划技术服务费、消防审核验收费、施工图审图费、招标投标费用、勘察费、监理费、人防费、墙改费，以及其他相关费用。

5）开发管理费

开发商行政管理部门（总部）为组织和管理生产经营活动而发生的管理费用，属于期间费用，应计入当期损益。

（3）商业地产税费

1）营业税

营业税的征税范围包括在我国境内提供应税劳务、转让无形资产和销售不动产的经营行为，涉及国民经济中第三产业这一广泛的领域，营业税属于流转税制中的一个主要税种。属于地税性质，提供场地租赁、经营管理、物业管理等税率为 5%；销售不动产税率为 5%。

2）增值税

增值税是对销售货物或者提供加工、修理修配劳务以及进口货物的单位和个人就其实现的增值额征收的一个税种。实行价外税，也就是由消费者负担。

增值税的计算：

一般纳税人的应纳税额＝当期销项税额—当期进项税额

小规模纳税人的应纳税额＝含税销售额 ÷（1＋征收率）× 征收率

增值税属于国税，基本税率 17%，低税率 13%。

3）城建税

城建税是增值税、消费税、营业税的附加税，只要交了增值税、消费税和营业税就要同时交城建税，城建税根据地区不同，税率分为 7%（市区）、5%（县城镇）和 1%，城建税税是用缴纳的增值税、消费税和营业税作为基数乘以相应的税率，算出应交的城建税金额。

城建税属于地税，所缴纳的营业税和增值税小，城建税则小。

4）教育附加税

教育附加税是增值税、消费税、营业税的附加税，只要交了增值税、消费税和营业税就要同时交教育附加税，教育附加税根据地区不同，税率分为 3%，教育附加税是用缴纳的增值税、消费税和营业税作为基数乘以相应的税率，算出应交的教育附加税金额。

教育附加税属于地税，税率为 3%，所缴纳的营业税和增值税小，其税则小。

5）水利基金

水利基金是增值税、消费税、营业税的附加税，只要交了增值税、消费税和营业税就要同时交水利基金，水利基金根据地区不同，税率为 0.06%，水利基金税是用缴纳的增值税、消费税和营业税作为基数乘以相应的税率，算出应交的水利基金金额。

水利基金属于地税，税率为 0.06%，所缴纳的营业税和增值税小，其就则小。

6）房产税

房产税是以房屋为征税对象，按房屋的计税余值或租金收入为计税依据，向产权所有人征收的一种财产税。对房产征税的目的是运用税收杠杆，加强对房产的管理，提高房产使用效率，控制固定资产投资规模和配合国家房产政策的调整，合理调节房产所有人和经营人的收入。

房产税属于地税，其税率如果是从价计征是按房产的原值减除一定比例后的余值计征，其公式为：应纳税额＝应税房产原值 ×（1－扣除比例）× 年税率 1.2%；② 从租计征是按房产的租金收入计征，其公式为：应纳税额＝租金收入 ×12%。

7）土地增值税

对土地使用权转让及出售建筑物时所产生的价格增值量征收的税种。土地价格增值额是指转让房地产取得的收入减除规定的房地产开发成本、费用等支出后的余额。不包括以继承、赠与方式无偿转让房地产的行为。

土地增值税是以转让房地产取得的收入，减除法定扣除项目金额后的增值额作为计税依据，并按照四级超率累进税率进行征收。

① 增值额未超过扣除项目金额 50% 部分，税率为 30%。

② 增值额超过扣除项目金额 50%，未超过扣除项目金额 100% 的部分，税率为 40%；速算扣除系数为 5%。

③ 增值额超过扣除项目金额 100%，未超过扣除项目金额 200% 的部分，税率为 50%；速算扣除系数为 15%。

④ 增值额超过扣除项目金额 200% 的部分，税率为 60%；速算扣除系数为 35%。土地增值税性质是地税。

8）土地使用税

土地使用税，是指在城市、县城、建制镇、工矿区范围内使用土地的单位和个人，以实际占用的土地面积为计税依据，依照规定由土地所在地的税务机关征收的一种税赋。由于土地使用税只在县城以上城市征收，因此也称城镇土地使用税。

一般规定每平方米的年税额，大城市为 0.50 ~ 10.00 元；中等城市为 0.40 ~ 8.00 元；小城市为 0.30 ~ 6.00 元；县城、建制镇、工矿区为 0.20 ~ 4.00 元。房产税、车船使用税和城镇土地使用税均采取按年征收，分期交纳的方法。土地使用税的性质是地税。

9）印花税

以经济活动中签立的各种合同、产权转移书据、营业账簿、权利许可证照等应税凭证文件为对象所征的税。印花税由纳税人按规定应税的比例和定额自行购买并粘贴印花税票，即完成纳税义务。

印花税税率一般为：购销合同，万分之三；财产租赁合同，千分之一；仓储保管合同，千分之一；财产保险合同，千分之一；账簿，万分之五。印花税也属于地税性质。

10）企业所得税

企业所得税的征税对象是纳税人取得的所得。包括销售货物所得、提供劳务所得、转让财产所得、股息红利所得、利息所得、租金所得、特许权使用所得、接受捐赠所得和其他所得。

新手知识总结与自我测验

总分：100 分

第一题：招商策划主要做 8 项工作，你能写出几项？（4 分/项，共 32 分）

_____

_____

_____

第二题：分散出租和总体出租各自的优缺点是什么？（18 分）

_____

_____

_____

第三题：商业地产主要有哪几种盈利模式？（20 分）

_____

_____

_____

思考题：餐饮和超市是商业地产项目最容易招到的业态，在餐饮和超市承租户的租金政策上，该如何制定相应的租金策略？（30 分）

_____

_____

_____

_____

得分：　　　　　　　　　　　签名：

细品主流产品
商业地产的产品多元化发展

操作程序

一、购物中心（MALL）

二、商业街

三、都市综合体

四、公寓

五、写字楼

六、酒店

七、社区商业

八、专业（批发）市场

九、地铁商业

本章使用指南

商业地产从早期的单体商业建筑、商业裙楼、底商、商业街，发展到现在已经拥有了购物中心、商业街、社区商业、专业市场、综合体、写字楼、公寓、地铁商业等主流产品形态。这些形态既是满足经济发展和消费者需求的自我更新和完善，也是商业地产自我发展的内在动力。同时，每一种主流产品又从业态上聚合了多种业态集成，让每一种产品形态各具特色，独具竞争力，并与其他产品互补同荣，共同丰富了商业地产的形态。

操作程序

一、购物中心（MALL）

1. 购物中心的概念

世界购物中心协会对购物中心的定义是："作为一个独立的地产进行设计、开发、拥有和管理的零售和其他商业设施的组合体。"包括地区购物中心、中型购物中心、零售公园、专业购物中心等多种形式。

简单地说，购物中心是由一组零售商及其相关的所有服务性、商业性设施共同组合而成。其土地、建筑及相关服务内容必须经过完整的规划、开发及一致的经营管理，并附设等量的停车场，而其所包含的商业业种的数量必须大致满足其所将服务到的临近地区。由此我们可以看出，购物中心不是一个简单的分散式的经营模式，而是一个统一高效运作的有机整体（图7-1）。

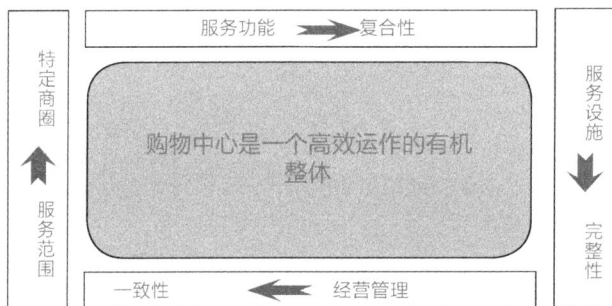

图7-1 购物中心

2. 购物中心的三个主要特征

购物中心是各种业态和零售商铺的聚集体，它是一个零售和服务设施的产品平台。其特征主要表现在以下三个方面。

特征1：多功能的消费场所

购物中心的产生不仅对传统的商业定位理论产生冲击和修正，而且使商业企业的空间布局发生了质的变化，它看上去更像一个品种、名牌、功能荟萃的消费场所在更大的空间出现，从而改变了人们的生活方式和消费模式。

这种多功能的消费场所主要由三个要素来支撑（图7-2）。

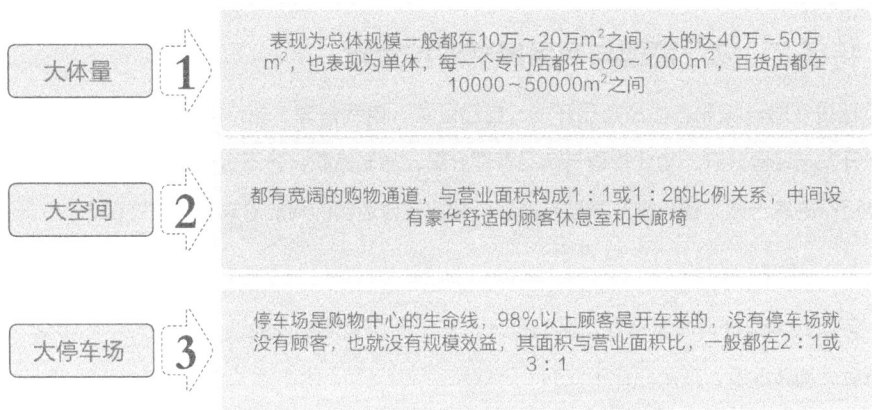

大体量	1	表现为总体规模一般都在10万～20万m²之间，大的达40万～50万m²，也表现为单体，每一个专门店都在500～1000m²，百货店都在10000～50000m²之间
大空间	2	都有宽阔的购物通道，与营业面积构成1：1或1：2的比例关系，中间设有豪华舒适的顾客休息室和长廊椅
大停车场	3	停车场是购物中心的生命线，98%以上顾客是开车来的，没有停车场就没有顾客，也就没有规模效益，其面积与营业面积比，一般都在2：1或3：1

图7-2 多功能消费场所的三大支撑要素

1）大规模、大体量

我们说的购物中心基本上比其他产品都会大，面积大，档次高，空间大。

2）专业店、特色店多

以专业店为主，每一个购物中心都有200～300家专业店，或以品牌划分，或以消费划分，形成分工很细、专中有全、各有特色的专门店。如服装不仅有男女之分，还有休闲服、运动服、职业装、内衣、文胸专门店，儿童服装分为婴儿、少儿、6～8岁儿童等。还有宠物专门店、贺卡专门店、圣诞节用品专门店、NBA专门店、CNN专门店；儿童玩具还分为维尼斯、芭比、维尼等专门店。即使是百货店也是采取大而专、专而全的经营方针，不同百货店各自突出自己的特色，进行错位经营。

3）功能全、一站式

几乎集所有商业服务业功能为一体，进行全方位的服务，在购物中心不仅可以买到各种各样商品，还可以享受多种服务，包括美容美发、美甲护肤、照相修理等；不仅可以得到物质享受，还可以得到精神享受，包括电影院、音乐厅、儿童乐园以及各种专题讲座。

特征 2：多业态的综合物

购物中心是一种以大型零售业（百货店或大型超市）为主导，以特许店、专门店、专业店为主体的多业态聚集体。一般是一到两层结构（个别有三层）连体式的建筑物。有3～4个大型百货为主导，若干个专业店、专门店组成棱形、方形或多边形长廊式的购物街，宽阔的走廊中间还有装饰雅致的方便店、购物车。除了厂家直销中心和仓储商店以外，购物中心聚集了几乎所有的零售业态。

特征3：物业管理与商品经营双位运营

零售业的一般业态都是自己开发、自己经营、自我管理，由市场自发形成。而购物中心是开发与经营分开，物业管理与商品管理分离，各司其职，分工合作，有机配合，构成双主体运行的统一体。这种物业管理与商品经营双主体运营的商业形式，其好处在于：

1）压缩资金投入

可以最大限度地减少商业资金的投入，充分利用有限的商业资本，扩大经营规模，加快资金的周转速度，提高商业企业的经济效益。

2）提高商业劳动生产率

可以减少非经营活动的人力投入，有效地提高商业劳动生产率。购物中心的专门店的管理人员比同类单店要减少一半以上，大型百货可减少60%~80%。加上普遍实行开架销售，人均营业员负责的面积都在$200m^2$以上。

3）可以集中力量搞好服务

由于购物中心实行的是特色经营，经营专业化，商品细分化，企业之间重在非价格竞争，全力以赴地搞好服务，突出服务，提高服务聚客能力。

4）可以在更大范围内开展创新活动

物业管理的专业化、独立化和社会化，使连锁总部、总店能集中精力，在品种种类、市场开拓、营销、措施、经营范围进行深度的开发和创新，极大地提高了连锁商业的经营和管理水平。日本各类型购物中心特征见表7-1。

⊕ 日本各类型购物中心特征　　　　　　　　　　　　　　**表7-1**

特征	邻里型	社区型	区域型	超区域型
商圈半径（公里）	1~2	3~5	10~20	30~40
时间距离（分）	3~5	5~8	10~15	20~30
商圈人口（万人）	1~2	5~10	50~100	200以上
停车场容量（辆）	50~100	300~500	2000~5000	5000~10000

特征	邻里型	社区型	区域型	超区域型
商店组成	超级市场	综合超市1家	百货店2家	百货店2~6家
	专业商店	专业商店	综合超市2家	综合超市2~3家
	综合店	饮食服务	服装店	服装店
	药店	其他	饮食服务	饮食服务
	洗衣店	杂货店	杂货店	杂货店
	其他	其他	其他	其他
	10~20家	20~40家	100~200家	180~250家

3. 购物中心分类

（1）按开发商背景及购物中心经营管理模式分类

1）物业型购物广场

购物广场面积大多数为5万~10万 m²，以高级百货为主，必须定位于某一目标客户群体。主要代表项目有香港时代广场、海港城、太古广场、又一城，新加坡义安城（Ngee Ann City）、莱佛士城（Reffles City）、威士马广场（Wisma Atria）、先得坊（Centre Point），菲律宾马尼拉（GLORIETTA PLAZA）和香格里拉广场（SHANGRILA PLAZA），马来西亚吉隆坡刘蝶购物中心(LOW Yat Plaza)、燕美购物中心(Imbi Plaza)、乐天购物中心(Lot 10)，泰国曼谷世界贸易中心（World Trade Center）、暹罗广场（Siam Center）、River City、The Emporium，中国台湾的京华城、中华城、台茂购物中心，厦门SM城市广场。

2）物业型 Mall 购物中心

Mall 购物中心大多数为15万~30万 m²，一般所有者、管理者与经营者分离，并采用全业态、全业种经营。国内的物业型购物中心除少数较成功外，很多面临客流不旺、租户难求、管理乏力的困难。面临的问题诸如所有零售商是否接受统一收银，是否接受统一营业时间，是否接受进行统一的促销行动等。如果协调无效，就会损害购物中心整体形象，使顾客失去光顾的兴趣。主要代表项目有香港九龙仓投资的上海时代广场、北京时代广场，香港和记黄浦投资的上海梅龙镇广场、北京东方广场，香港嘉里投资的上海嘉里不夜城、北京国贸中心。

知识点

一般情况下，购物中心开发投资的方式有三种：
第一种是由开发企业独资建造；
第二种是对已建好的购物中心收购盘活；
第三种是与大的商业连锁机构结成购物中心投资开发战略联盟，共同开发。

3）百货公司型购物中心

大多数为 10 万～ 15 万 m^2，由于面积还不够大，故其定位也还必须突出某一目标顾客群体，入驻的业种一般很齐备，但业态的复合度还不够（通常定位于高端市场，以自己的百货公司为主，虽然百货公司自身的超市一般也很大很有特色，但一般没有引入大卖场、家具城、玩具城大卖场等业态），仍称不上真正的摩尔购物中心。随着不断扩建及兴建，不同业态也正被引入百货公司型购物中心内，从而让百货公司型购物中心，迈向真正的摩尔购物中心。

中国台湾远东百货集团的大远百购物中心、新光三越百货的台南购物中心和台北信义 2馆、东京高岛屋百货、首尔乐天百货总店、北京庄胜崇光 SOGO 百货、上海第一八佰伴商厦、武汉广场，都属于百货公司型购物中心。

其中，亚洲最大的百货公司型购物中心——新光三越百货台南新店，面积达 16 万m^2，引进了几乎所有的业态，已经称得上真正的摩尔购物中心。

4）连锁摩尔购物中心

由专业的连锁购物中心集团开发并经营，自营比例较高（50%～70%）。专业连锁购物中心可解决购物中心的招租难题，可迅速实现购物中心的全面开业，且管理促销的力度和号召力比普通购物中心高许多。由于国内的商品的品种和各类专卖店只有国外的 30% 左右，购物中心的招租就更难，所以专业连锁购物中心是一种值得推广的购物中心经营模式。

代表项目有菲律宾的 SM SUPER MALL 集团（自营 SM 百货公司、SM 超市、SM 影城、SM 玩具反斗城大卖场、SM 美食城）和 ROBINSONS 集团（自营 ROBINSONS 百货公司、ROBINSONS 超市、ROBINSONS 影城、ROBINSONS 玩具反斗城大卖场）、泰国正大集团的 THE MALL 集团（自营易初莲花超市）、马来西亚金狮集团属下之百盛购物中心（自营百盛百货公司和超市）。

（2）按购物中心的商场面积规模分类

1）巨型、超级购物中心

建筑面积大多数为 24 万 m² 以上。代表项目有曼谷西康广场 Seacon Square、马尼拉 SM MEGAMALL 和香格里拉广场 SHANGRILA PLAZA、吉隆坡 Midvally Megamall 购物中心、新加坡义安城和新达城广场 Suntec City、上海正大广场、香港海港城、广州正佳广场等。

2）大型购物中心

建筑面积大多数为 12 万～24 万 m²，有一致而整体的建筑设施规划、完整的交通道路系统、足够的停车空间、多元性商店业种与服务、统一的经营策略及店面管理、独立个性的购物环境。就整体而言，密闭式购物区（Mall）通常是购物中心的主体，采用密封式设计，并且将店面两两相对的每条商店衔接，以中央温度调节系统的消费购物通道加以连接，形成四时四季都很舒适的购物环境。依据国际购物中心协会的分类，它按照商圈辐射范围和入驻商家的业态及行业可分为 8 个类别（表 7-2）。

大型购物中心的八大类型　　　　　　　　　　　　　　　表 7-2

分类方法	细分类别	代表项目
按商圈辐射范围分类	邻里型购物中心	华润万家购物中心、上海正大大拇指广场邻里中心
	社区型购物中心	深圳招商花园城购物中心、北京ONE MALL
	区域型购物中心	北京翠微大厦、广州岗顶摩登百货
	超区域型购物中心	广州天河城、广州中华广场、北京国贸商城
按入驻商家的主要业态和行业分类	时装精品购物中心	北京西单大悦城、北京金融街购物中心
	大型量贩购物中心	郑州天福量贩购物中心、兰州百安购物广场
	主题与节庆购物中心	深圳益田假日广场
	工厂直销购物中心	新华南MALL　生活城东莞工厂直销中心

3）中型购物中心

建筑面积在 6 万～12 万 m² 之间。如上海友谊南方商城、成都摩尔百盛、广州中泰百盛、北京东方广场、北京中友百货、上海九百城市广场、太平洋百货。购物广场一般属于中型购物中心。

4）小型购物中心

建筑面积在 2 万 ~6 万 m² 之间。如乐购上海七宝店、JUSCO 吉之岛青岛东部店。生活购物中心、社区购物中心多属于小型购物中心。

（3）按购物中心的定位档次分类

1）高档购物中心

70% 以上比例的经营高档商品。此类购物中心一般最大只能做到 10 万 ㎡。开在国内的话，其集客能力将很有限，一般为购物广场，故也称不上摩尔购物中心。代表项目有：香港时代广场、上海恒隆广场、马尼拉 GLORIETTA PLAZA、香格里拉广场 SHANGRILA PLAZA、中国台湾的台北京华城等。

2）中高档购物中心

高中低档比例协调在 3：5：2 左右。代表项目有：广州天河城、马尼拉 SM MEGAMALL，中国台北的大远百、马尼拉 ROBINSONS PLACE、上海正大广场等。

3）中低档购物中心

低档商品不能超过 60%，否则就成为大型跳蚤市场、小商品市场或批发市场，称不上摩尔购物中心。如马尼拉 EVER 摩尔。

（4）按购物中心的选址地点分类

1）都会购物中心

多位于市中心黄金商圈且连通地铁站。一般楼层较高，营业楼层达到地下 2~3 层，地面 8~12 层，地下 3~5 层为停车场。代表项目有：马尼拉 SM MEGAMALL 和香格里拉广场 SHANGRILA PLAZA、台北京华城、新加坡义安城和新达城广场 Suntec City、上海正大广场、香港时代广场。

2）地区购物中心

位于市区非传统商圈，但交通便捷，往往凭借主题特色和经营业态的差异化特色获得市场认可。如广州番禺吉盛伟邦购物中心。

3）城郊购物中心

欧美多为城郊型购物中心，位于城郊高速公路旁。一般楼层较少，营业楼层为地下 1 层，地面 2~4 层。室外停车场巨大，达到 1000 车位以上，甚至还有 1000 车位以上的大型停车场附楼。但菲律宾的 SM MALL 购物中心较为美式，且同时经营着都会型和城郊型两种购物中心。如马尼拉 24 万㎡的 SM NEDSA MALL、SM SOUTHMALL，上海的 17 万㎡的莘庄购物中心。

4）社区购物中心

社区购物中心位于大型社区附近，有封闭型也有开放型。如上海大拇指广场就是位于上海的联洋社区，广州丽江花园渔人码头社区购物中心就位于广州丽江花园社区内。

（5）按购物中心的业态复合度分类

1）业态复合程度极高

建筑面积在 12 万 m² 以上，业态复合程度极高。代表项目有泰国曼谷西康广场、施康广场（Seacon Square），菲律宾马尼拉 SM MEGAMALL。

2）业态复合程度较低

如只有大型百货公司，而没有大卖场；或只有大卖场，而没有大型百货公司；或没有大型影城，称不上摩尔购物中心。如深圳天虹商场、华润万家购物中心、好又多购物中心等。

（6）按摩尔购物中心的外观分类

1）仓库或工厂

美国式简洁的外立面，粗看如同特大型仓库或工厂：如菲律宾 SM MEGAMALL、厦门 SM 城市广场、美国 MALL OF AMERICA。

2）欧洲古城堡式

采用童话般的欧洲古城堡式外立面，如中国台湾的台贸购物中心、菲律宾 ROBINSONS、菲律宾 SM MEGAMALL、厦门 SM 城市广场、美国 MALL OF AMERICA。

3）豪华高贵的现代派，如同特大型百货公司

豪华高贵的现代派，如同特大型百货公司：如上海正大广场、中国台湾京华城、菲律宾 ROBINSONS PLACE、菲律宾 SM ASIA-MALL、菲律宾香格里拉 MALL。

4）分散的多个商业建筑组成的建筑群

香港黄浦新天地、菲律宾 TUTUBAN CENTRE、菲律宾 FILVEST SUPERMALL、

宁波天一广场等。

5）购物乐园式

如韩国首尔乐天乐园世界内的 LOTTE 摩尔（乐天百货集团投资）。

6）交通综合枢纽——换乘式

换乘式综合摩尔购物中心，如上海龙之梦购中心。

7）附带写字楼的摩尔

北京百盛、北京新世界中心。

（7）ICSC 关于购物中心的分类（表 7-3）

⊕ **ICSC关于购物中心的分类表**　　　　　　　　　　　　　表7-3

类型	面积含主力店 （m²）	主力店数目	主力店比例	主要商圈 （km）
邻里中心	3000~15000	1或2	30%~50%	5
社区中心	10000~35000	2或更多	40%~60%	5~10
区域中心	40000~80000	2或更多	50%~70%	8~12
超级区域中心	80000	3或更多	50%~70%	8~40
时尚中心	8000~25000	N/A	N/A	8~25
生活方式中心	15000~50000	0~2	0~50%	5~8
大卖场	25000~60000	3或更多	75%~90%	8~15
主题中心	8000~25000	N/A	N/A	N/A
品牌折扣中心	5000~40000	N/A	N/A	40~120

4. 购物中心的升级版——MALL

目前世界大型地产的顶级形态——Mall 可以定位为规模在 10 万㎡以上，由管理者统一经营管理，主要采取出租方式运营的集零售、娱乐、餐饮、休闲等于一体的复合商业业态。

（1）MALL 的概念

前面我们在购物中心分类中也提到了 MALL 的概念，那么何为 MALL？ MALL 又称 Shopping Mall，音译"摩尔"或"销品贸"，意为大型购物中心，属于一种新型的复合型商业业态。摩尔（购物中心）特指规模巨大，集购物、休闲、娱乐、饮食等于一体，包括百货店、大卖场以及众多专业连锁零售店在内的超级商业中心。

1）MALL 的起源

Mall（音译 "摩尔"）起源于欧美，特指规模巨大、连成一体、包罗众多专卖店和商铺、集购物、休闲、娱乐、饮食为一体的商业中心或加盖的林荫道商业街，人们身临其境购物、消费或漫步，犹如在林荫道上闲逛一样舒适和惬意。

2）MALL 的不同概念表现

Mall 常常被冠以各种不同的商业地产概念，如动力型 Mall、生活型 Mall、购物 Mall、泛商业 Mall、商业广场、购物广场、购物公园、主题购物公园、体验商场等，全世界以 Mall 为核心开发理念的商业地产概念多达 60 余种。

3）MALL 的分类

严格意义上讲，小于 10 万 m² 的，叫做购物中心；

大于这个数字的且业态复合度高的方可称作摩尔 MALL；

而大于 20 万 m² 的，可叫做超级摩尔购物中心。

> 知识点
>
> Shoppingmall跟百货商场最大的区别就是，shoppingmall经营的是业态，是各种各样的商店，而百货商场里经营的是各种各样的品牌。一个完整意义上的shoppingmall必须拥有多种不同业态的主力店。

（2）MALL 的发展标准

1）欧美发展 MALL 的参考标准

欧美国家发展 MALL 的主要判断元素为：人均 GDP、城市家庭汽车拥有量、公共交通条件。当人均 GDP 达到 3000 ~ 4000 美元时，家庭汽车拥有率 15% ~ 20%，ShoppingMall 开始发展；当人均 GDP 达到 10000 美元，家庭汽车拥有率 60%，ShoppingMall 开始成熟发展。

2）亚洲及国内（含香港、新加坡等）发展 MALL 的参考标准

亚洲及国内（含香港、新加坡等）发展 MALL 主要判断元素为：人均 GDP、城市家庭汽车拥有量、公共交通条件、人口密度、消费总量（图7-3）。

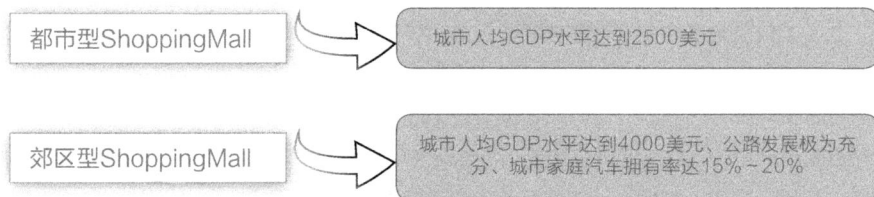

| 都市型ShoppingMall | → | 城市人均GDP水平达到2500美元 |
| 郊区型ShoppingMall | → | 城市人均GDP水平达到4000美元、公路发展极为充分、城市家庭汽车拥有率达15%~20% |

图7-3 亚洲及国内（含香港、新加坡等）发展MALL的参考标准

国内之所以与欧美发展大型商业地产发展的 GDP 水平有明显的差距，但仍然具备发展大型商业地产项目的能力，主要因素在于其人口密度远远大于欧美城市的人口密度，消费总量决定大型商业地产发展的市场潜力。

3）普遍 MALL 发展参考标准

由于投资大、风险大等制约，商业地产开发基本上与城市发展处于同行。简单地说，一个城市的经济水平、交通水平、城市化进程都会对商业地产开发的可行性提出挑战。这三个因素也成为商业地产开发的三个基本前提。

① 经济水平。

在世界视野里，各种零售业态的出现具有一定的规律性。各种零售业态的规律，基本上也就限制了商业地产开发的类型和规模。零售业发展与人均 GDP 的关系见表 7-4。

🌐 零售业发展与人均GDP的关系 表7-4

人均GDP	业态发展情况
1000美元	百货商店兴起
2000~3000美元	超级市场兴起
6000美元	便利店兴起
8000美元	仓储式商店兴起
12000美元	购物中心大发展的时代

② 交通状况。

国外大型商业地产的发展经验告诉我们，当一个社会进入到汽车时代，才为Shopping Mall的出现提供了可能。从交通形式上来说，所谓Shopping Mall，尤其是郊区的Shopping Mall，必须依托于高速公路和城市的环路，这意味着消费者比较依赖汽车。只有当一个城市进入了汽车社会，或者说开始进入汽车社会，那么Shopping Mall在一个城市的建设才能真正的发展起来，否则只能是城市型的购物中心。

③ 城市化进程。

依据城市化进程的国际规律来为大型商业地产项目作出定位。世界城市化过程中，城市商业中心的变迁有其规律性。我们把城市的发展分为三个阶段，如图7-4所示。

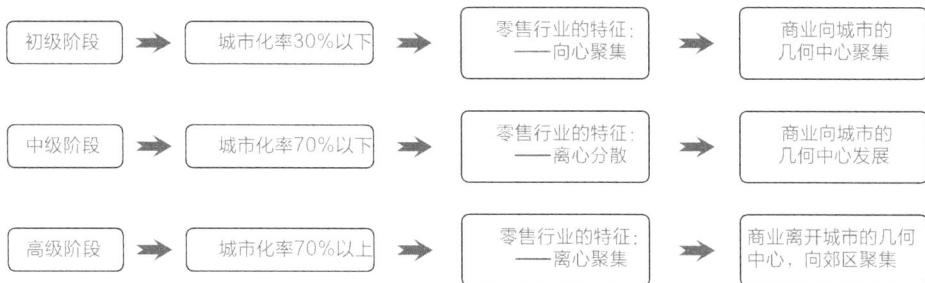

图7-4 城市发展阶段与城市化率

商业地产开发定位就是在城市商业中心根据城市化的进程而发生变化。从这个规律性来看，依据城市化发展水平来发展大型商业地产是很好的选择。

（3）MALL 的发展历程

商业地产自古有之，古代的商埠、墟、市井等都是自发而成的商业街，它们是最早的商业地产形态。1982 年 12 月 25 日，佛山兴华商场开业；1996 年，中国大陆第一个购物中心诞生在广东，它就是天河城；1997 年初深圳铜锣湾集团最早提出 SHOPPING MALL 概念。

而真正提出商业地产概念的，直到 2001 年，它由国内商业地产领军企业万达集团提出。这些发展历程可以总结出我国 Mall 经历了四个阶段：

1）雏形阶段——20 世纪 80 年代

阶段特征：自发探索，没有形成明确概念，主要产品是商业街；传统百货升级，增加餐饮和娱乐业态（如佛山兴华商场 SHOPPING MALL），但本质上与购物中心还有区别。

2）形成阶段——20 世纪 90 年代

阶段特征：主动尝试、导入 SHOPPMALL 概念、开始诞生具备范本效应的购物中心项目（如天河城），形成新兴市场机会。

3）发展阶段——21 世纪初

阶段特征：商业地产概念明确提出，全国热潮、经营状况参差不齐、产品形态百花齐放、城市综合体诞生。

4）完善阶段——未来十年

阶段特征：二、三线城市成主战场、理性回归、大浪淘沙、政策出台及完善、资本运作机制探索及完善（REITS、保险资金入市）。

（4）MALL 在不同国家和地区的发展特点

前面已经说过，MALL 是由专业购物中心管理集团开发经营，业态、业种的复合度极度齐全，行业多、店铺多、功能多，以家庭式消费为主导方向，并设置有各类特色店以吸引国内、国际游客，能满足全客层的一站式购物消费和一站式享受的特大型综合购物娱乐中心。但是，其在世界各地的发展并不是千篇一律，结合各地的特色，MALL 在各地呈现出了独具特色的特征。

1）美国式购物中心——超大型购物城

美国的购物中心都有集客力非常强的 1 ~ 6 家大百货商店或大型服装专业店作为主力店，常见的主题店有梅西、彭尼、西尔斯、诺德斯特龙、五月、布鲁明代尔等名牌店铺，它们在购物中心占有不少于 1/5 的面积；同时，沃尔玛之类的大卖场也是主力店，但大卖场在购物中心仅占有不大于 1/10 的面积。购物中心中汇集大量专卖店，购物中心内的百货店一般放弃专柜式经营。除了主题店之外，购物中心常设有几十家或上百家的名牌专卖店，包括服装、鞋帽、首饰、眼镜、文具、化妆品、图书、音像、电器、体育器材等。

美国购物中心都由专业购物中心集团投资建设或管理，营业楼层较低（地下 1 层，地面 2 至 4 层），占地面积极大，有大型室外停车场及大型停车场附楼。

知识点

美国最大的购物中摩尔 Mall 商城位于布鲁明顿市的明尼那波利斯郊区，总面积达 39 万平方米，大小商店 400 多家，集中着应有尽有的消费品和众多的消费者，服务项目可以从出售汽车直到举行婚礼。

2）以法国为代表的欧洲式购物中心——缩小版的美国式购物中心

欧洲购物中心与美国式购物中心大体上相似，但欧洲购物中心的规模一般比美国购物中心小许多。欧洲购物中心都建在城乡交界处，美国的购物中心有的在城中，有的在城郊。法国购物中心里主题店以特级市场为多，不像美国购物中心里主题店以百货商店居多。欧洲购物中心以经营日常生活用品为主，而不像是以美国购物中心选购品为主，欧洲购物中心则较实用。

法国购物中心的主题店大多是大卖场，百货店很少，主要店铺为家乐福、安得马榭和欧洲马榭等，其面积常常占到购物中心整体的 1/3 ～ 1/2。

3）日本式购物中心——特大百货商厦型购物中心

韩国、中国台湾的购物中心大多是日本式的。传统的日本式购物中心大多建在都会市中心，由大型百货公司投资建设或扩充而来，营业楼层较高（达到地下2~3层，地面7~13层），但占地面积较小，停车场一般位于地下3至地上7层。

4）中国香港、新加坡式购物中心——购物广场

中国香港、新加坡购物中心大多建在市中心，大多由房地产公司巨头投资建设，大多称为购物广场，营业楼层较高（达到地下2~3层，地面5~7层），停车场一般位于地下3~5层。经营管理方面通常由专业购物中心管理公司负责。中国台湾的多家购物中心也是聘请新加坡的专业购物中心管理公司管理。

5）菲律宾、泰国等东南亚购物中心——连锁摩尔购物中心

以菲律宾、泰国为代表的东南亚式购物中心很像美国式购物中心，但自身连锁的特点鲜明。其特点为：由专业的连锁购物中心集团开发并经营管理，面积庞大，自营比例较高（50%~70% 左右），自营百货公司、超市、影城、美食城等，业态业种的复合度极度齐备，商品组合定位于家庭（全家 / 全客层），能满足全家的一站式购物消费和一站式文化、娱乐、休闲、餐饮享受。连锁购物中心可解决购物中心的招租难题，可迅速实现购物中心的全面开业，且管理促销的力度和号召力比普通购物中心高许多。

（5）知名 MALL 开发商与 MALL 项目

1）专业摩尔开发集团（表7-5）

🌐 **专业摩尔开发集团及其开发项目**　　　　　　　　　　　　　　　表7-5

大连万达集团万达广场	在全国建设43座大型购物中心。计划今年以新开17座大型购物中心的速度向全国拓展，将成为我国的摩尔购物中心大王
深圳铜锣湾广场	铜锣湾广场是内地首家真正的连锁摩尔集团。8万m²的铜锣湾广场深圳华强店、10万m²的铜锣湾广场深圳华侨城店已运营，并计划在全国（南京、广州、郑州等地）开设十几座连锁摩尔购物中心
北京大地集团	北京MALL（即大地MALL项目），并计划在全国开设4家摩尔购物中心
北京春天集团	北京春天MALL占地2000亩，建筑面积达65万m²，总投资超过10亿美元
菲律宾SM PRIME集团	旗下SM-SUPERMALL连锁超级摩尔已在厦门和泉州投资近十亿美元兴建2座SM摩尔购物中心
泰国正大集团	在上海投资有24万m²的正大广场，在广州还有37.6万m²的天河正佳商业广场，计划在北京、沈阳和天津等主要城市发展类似的超级品牌购物中心——正大广场
加拿大555集团	正准备在中国投建三个大型摩尔购物中心，其中2家已选定温州、青岛。三个摩尔各自至少占地1000亩，投资8亿~14亿美元，三个摩尔项目总投资30亿~40亿美元。加拿大555集团是全世界最大的系列摩尔开发商，现拥有包括世界第一大(50万m²的加拿大艾德蒙顿综合性室内购物中心）和第二大购物中心(美国明尼苏达州双子星城的综合性室内商城摩尔）在内的35个大型SHOPPINGMALL
林氏集团和三林集团	在福州投资的12万m²的元洪城广场购物中心已开业
印尼金光集团	在宁波投资的金光购物中心已开业
九龙仓集团	香港九龙仓集团旗下的时代广场已在上海、北京开了2家中型的时代广场购物中心，而重庆、成都、大连等地的时代广场项目也即将开工建设
香港新世界集团	在北京、天津、武汉、大连、上海、广州建造了多家新世界购物中心，当然香港新世界百货是其中的主力店。其中北京新世界中心达14万m²
和记黄浦集团	上海梅龙镇广场6万m²、北京东方广场10万m²、重庆大都会广场10万m²、广州购物中心项目6.5万m²

香港新鸿基集团	北京新东安市场14万m²、上海浦东国际金融中心综合项目50万m²内包含1个20万m²左右的购物中心
香港嘉里集团	北京国贸中心、上海嘉里不夜城（1期5万m²，太平洋百货入驻。2期完工后，面积超过10万m²）
香港恒基集团	北京恒基中心商城10万m²、广州恒宝广场6万m²、上海恒基中心——不夜城（5万m²，2期完工后，面积超过8万m²）
香港华润集团	深圳15万m²的华润世纪新城购物中心、上海浦东时代广场5万m²
香港中信集团	上海中信泰富广场、深圳中信新城市广场14万m²（JUSCO为主力店）
英资香港太古地产	37万m²的广州报业文化广场。太古汇—广州报业文化广场将会成为太古地产和广州的一个地标。该项目投资额达40亿人民币，是太古地产在内地的首个主要发展项目
香港协和集团	上海协和世界购物中心23万m²即将开工建设
新加坡美罗集团	上海美罗城

2）商业集团（表7-6）

🌐 **商业集团及其经营项目** 表7-6

内资商业集团	上海友谊集团	8万m²上海友谊南方商城购物中心、7.6万m²位于上海的友谊购物中心在建中（友谊百货、家乐福大卖场、好美家家居大卖场、联华超市、联华便利店等友谊集团旗下的各商业业态都将入驻各个友谊购物中心），拟与一百集团合作在上海五角场兴建10万m²以上的摩尔项目
	上海华联集团	旗下华联百货、华联吉卖盛GMS、华联麦当劳、华联家电、华联超市、华联罗森便利店
	大连商场集团	14万m²大连新玛特、7万m²大庆新玛特、10万m²沈阳新玛特
	辽宁兴隆百货集团	20万m²沈阳兴隆大家庭
	北京华联集团	旗下华联百货、华联大型综合超市，9万m²郑州五彩广场、并同时在建设呼和浩特、成都、重庆、上海等多家摩尔
	北京西单商场	西单商场和欧尚集团合作在北京5环路建设1个摩尔项目（1期10万m²）

内资商业集团	北京王府井集团	10万m²北京王府井大厦，将在北京5环路建设30万m²王府井集团的摩尔项目
	北京赛特集团	福州中城赛特购物中心、昆明鸿城赛特购物中心等
	武汉武商集团	10万m²武汉广场，并计划再建设2家武汉广场
	武汉中商集团	武汉中商——团结商贸城购物中心，总营业面积40万m²其中有2～3家主力百货店、数百家时尚名品专卖店，影院、室内游戏、快餐厅数10家以及银行、邮局等服务设施，目前肯德基、麦当劳、必胜客及国外百货商场都表现出极大的兴趣
	南京金鹰集团	南京金鹰购物中心，10万m²昆明金鹰百货购物中心，扬州6万m²时代广场金鹰购物中心
	南京中央（商场）集团	将在南京迈皋桥、城南开设2家大型MALL
	上海农工商集团	在上海真北路有1个由农工商大卖场扩建的购物中心项目，总面积20多万m²
外资商业集团	马来西亚百盛	成都摩尔百盛5万m²、广州中泰百盛5万m²、青岛第一百盛5万m²、北京百盛等
	台湾太平洋	太平洋百货南京新街口店5万m²、太平洋百货北京西单店6万m²、太平洋百货大连百年商城店4万m²、太平洋百货上海九百城市广场店9万m²、太平洋百货上海五角场店7万m²
	香港新世界百货	北京新世界中心14万m²，在建中的武汉新世界中心16万m²，大连新世界中心5万m²
	庄胜崇光百货	SOGO庄胜崇光百货北京店14万m²
	八佰伴	上海八佰伴10万m²
	台湾好又多 TRUST MART 集团	在上海和北京各建设1家摩尔。好又多目前已有精品百货：漂亮购物中心、家居DIY大卖场——好来屋、好又多大卖场3种业态，届时均将作为主力店入驻自己的购物中心内，为开设MALL作好了准备。好又多上海浦东店、好又多上海田林店等都是小型购物中心
	法国欧尚 AUCHAN	在成都九眼桥打造15万m²的超大摩尔购物中心（卖场共分4层，总营业面积达10万m²，另加地下停车场两层，约5万m²，可泊车2000余辆。而商场门口则是5000m²的非机动车停车场，总计划投资6亿元），欧尚在上海杨浦区也将建1个占地170亩的大型法国商业中心MALL的项目

外资商业集团	乐购HYMALL	在内地主力发展3万～5万m²的生活购物中心。目前其已拥有乐购大卖场、河畔百货、百脑汇IT大卖场3种业态。乐购上海七宝店、乐购上海光新店等都是小型购物中心
	日本"佳世客JUSCO"	其投资的青岛第3家分店面积达6万m²，青岛第1家分店面积也有4万m²
	家乐福	上海家乐福的3、4、6号店：上海古北购物中心、上海共江购物中心、上海金桥购物中心均一改其单纯的大卖场形态而向复合化的购物中心发展

操作程序

二、商业街

1. 商业街的概念

　　商业街是指众多不同规模、不同类别的商店有规律的排列组合的商品交易场所，其存在形式分为带状式商业街和环形组团式商业街。它是由众多的商店、餐饮店、服务店共同组成，并且按一定结构比例规律排列，如墨西哥城起义者大街、纽约的百老汇大道、苏黎世的班霍夫大街、蒙特利尔的萨布洛克大街、巴黎香榭丽舍大街等。在西方的经济理论中，它与购物中心、商业区等有着严格的界限，是不可混淆的概念。

2. 商业街的特征

　　商业街就是由众多商店、餐饮店、服务店共同组成，按一定结构比例规律排列的商业繁华街道，是城市商业的缩影和精华，是一种多功能、多业种、多业态的商业集合体。

（1）世界一流商业街的六个关键影响因素

1）丰富的历史

　　一条古老而又传统的商业街，有着自己的历史和文化底蕴，能引起人们的历史回忆。

2）独特的建筑和商业格局

有着百年以上历史的建筑，却汇集着传统和现代的各种零售业态。如大栅栏商业街，北京的老房子建筑，古色古香，韵味深长。

3）多元化的商业功能

具有零售、餐饮、住宿、娱乐和文化的综合功能。

4）知名的骨干商户

具有不断更新的知名骨干店铺或核心店铺，它是吸引客流的基石。还是以大栅栏商业街为例，在这条街上，有众多北京的老字号商户。

5）便捷的公共设施和愉悦的环境

配备有便利的交通和足够的停车位，有绿地、休闲椅和花园广场等。王府井步行街处于北京繁华的黄金地段，交通发达，公交车、地铁多条交错，步行街很宽，并布置有广场、雕塑、休闲设施，两边就是各种现代和传统相容的店铺和建筑。

6）牢固的政企合作关系

有自己的店铺组织，有相关的管理机构，并与政府保持着密切的联系。

（2）国内商业街呈现的五个核心特征（图7-5）

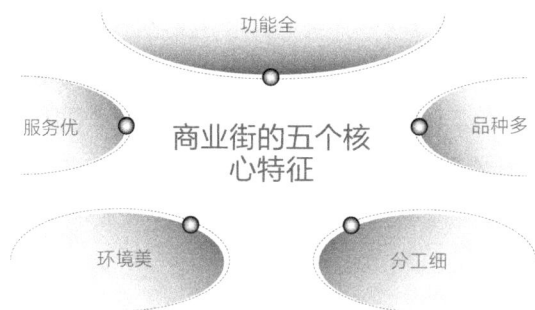

图7-5 商业街核心特征

1）功能全

现代商业街至少应具有购物、餐饮、休闲、娱乐、体育、文化、旅游、金融、电信、会展、医疗、服务、修理、交通14项功能和50～60个业种，现代商业街要力争做到"没有买不到的商品，没有办不成的事"，最大限度地满足广大消费者的各种需求。

2）品种多

现代商业街是商品品种的荟萃，如北京西单、王府井和上海南京路，作为国际大都市的商业街，不仅要做到"买全国、卖全国"，而且要有比较齐全的国际品牌，既是中国品牌的窗口，又是国际名牌的展台，把民族化与国际化有机地结合起来。

3）分工细

分工细、专业化程度高，是现代商业街的重要特色。现代消费已从社会消费、家庭消费向个性化消费转变，要求经营专业化、品种细分化，商业街除了少数几个具有各自特色的百货店以外，其余都由专门店、专业店组成。

4）环境美

商业街的购物环境优雅、整洁、明亮、舒适、协调、有序，是一种精神陶冶、美的展现和享受，突出体现购物、休闲、交往和旅游等基本功能。

5）服务优

服务优是商业街的优势和特点，除了每一个企业塑造、培育和维护自己的服务品牌，推进特色经营外，要突出商业街服务的整体性、系统性和公用性，提高整体素质、维护整体形象、塑造整体品牌。

（3）世界一流商业街的三大特征

风起云涌的造街运动，是社会城市化、资源区域化、产业聚集化的必然结果。那么商业街要想成功必须具备两点：第一，商业街至少要成为一个区域的名片；第二，在强调建筑本体所表现出的美感和潜在聚客能力的同时，继而全面提升城市商圈内部的聚合和整体辐射力。世界一流的商业街具有三大特征：全球声誉、密集的客流量和可靠的收入（表7-7）。

⊕ **世界一流商业街特征**　　　　　　　　　　　　　　　　　　　表7-7

商业街 ＼ 特征	知名度	日客流量（万人）	年商业收入（亿美元）
巴黎香榭丽舍大街	享誉全球	50～70	15
伦敦牛津街	享誉全球	50	32
东京银座	享誉全球	25	40
芝加哥密歇根大道	世界知名	12～21	27
上海南京路	中国知名	80	14

3. 商业街的分类

目前，国内的商业街有如下几种分类方式：

（1）按规模分类

1）大型商业街

在长度为 1000m 的标准基点上进行的商铺的有序布局，如上海的南京路和淮海路两大商业街，北京王府井大街和西单北大街两个大型商业街，目前全国最长的步行街是全长为 1210m 的武汉江汉路商业街。

2）中型商业街

如深圳华强北路商业街和北京 275m 长的大栅栏袖珍商业街。

3）小型商业街

如一些社区的底商、写字楼的底商，由于经营较具特色，除满足社区的消费需求外，还辐射到周边一定范围内的区域，久而久之，街区氛围便自然形成。广州丽江花园社区商业走廊就属于这种典型的特色小街。

（2）按功能分类

1）综合型商业街

如南北总长度为 1600m 的北京西单商业街、乌鲁木齐中山路商业街、昆明青年路商业街。

2）专业型商业街

以经营某一大类商品为主，商品结构和服务体现规格品种齐全、专业性的特点。如北京三里屯酒吧一条街、十里河建材一条街，杭州健康路丝绸特色街，福州榕城美食街等，其主要表现形式即同类业态的汇集，大多分布在道路两旁，同业态的经营品种非常丰富。

知识点 专业商业街作为某种商品或某类人群消费品的集合，要做到各种品牌、规格、档次的齐备，要在人们脑子里形成一种共识，即当我要买这种商品时，首先想到的就是这条街。

3）特色型商业街

经营的商品可以不是一类，但经营的商品和提供的服务可以满足特定目标消费群体的需要，如老年用品、女人用品、学生用品等。如北京的隆福寺商业旅游文化街、华龙街餐饮娱乐一条街等。这些特色街，或汇集名人故居、酒吧餐馆，以观光休闲美食见长；或荟萃世界名品，以展示流行提高生活品位为特色。幽静的小路，婆娑的树影，摇曳的灯光，舒适的环境，专、特、精的经营方向，现代与传统交相呼应，散发出浓郁的城市型文化休闲气息。

（3）按等级分类

1）中央商业街

中央商业街是大都市商业发展到一定程度的产物，西方国家比较早的采用了这种提法，如美国纽约的曼哈顿、日本东京的银座等均被冠之中央商业街的称号，但中央商业街的内涵究竟是什么，至今没有明确的、权威的界定。可以说，一个真正的中央商业街必须是这个城市的商务功能核心。如北京王府井步行街、上海南京街、哈尔滨中央大街、天津和平路商业街等。从一般意义上讲，作为中央商业街要具备以下几个特征，如图 7-6 所示。

图 7-6 中央商业街特征

① 商业特别发达。

这里所说的"商业"不能作狭义的理解，而是泛指一个具有综合性功能的区域。它不仅涵盖了一般的零售业和服务业，并且包括金融、贸易、信息、展览、娱乐业、房地产、写字楼及配套的商业文化、市政、交通服务等设施，是一个大商业的概念。

② 有较高的社会知名度。

像上海的南京路、北京的王府井、香港的中环、纽约的曼哈顿第七大道等都在区域经济活动中起着举足轻重的作用，甚至影响着世界经济的发展，其社会知名度要明显高于其他地区的商业中心。

③ 辐射整个城市。

中央商业街应是一座城市的开放窗口，它是整个城市经济和商业发展的中枢，是南来北往的客流集散地，特别是从事商务活动的人都必须要前往的地方。

知识点　中央商业街作为一个城市的中心地带，是城市的"代言人"，它承载的不仅仅是商业功能，还有展示城市个性特色的功能，因此在建设、改造过程中最忌讳的就是对文化的漠视，对城市历史的否定。

④ 位于城市的黄金地段。

地价和土地的利用率最高，交通极为便利，人流、车流量最大，建筑物高度集中，有现代化的市政、信息环境、对国际跨国公司有巨大的吸引力。

2）地区商业街

地区性商业街分布在各个居民住宅区、主干线公路边、医院、娱乐场所、机关、团体、企事业所在地的商业繁华街道。二者有明显的主从区别，概念不能相互混淆。如天津滨江道商业街、北京地安门商业街和方庄小区餐饮一条街。相对中央商业街而言，地区商业街的主要特征是：

第一，地区商业街的总体规模小，它以零售业为主，是简单的商业组合，其功能比较单一。比如超市、百货公司、仓储商店等，其活动范围局限在有限的商圈内。

第二，地区商业街是一种社区化消费场所，不是辐射整个城市的行为。

第三，地区商业街作为一个社区的纽带，应以其无限的亲和力取胜，与周遭的环境、人文融为一体，强调"三民"方针，即便民、利民、为民。

（4）按照经营类别分类

商业街项目生存发展所依赖的是专业化的管理，包括对进驻商铺、业主、企业等权利义务的限制。由于其所管理的范围大、行业跨度大，要保证商业街朝着预期的目标前进，就需要更为细致的经营策略（表7-8）。

⊕ 商业街按经营类别分类特征　　　　　　　　　　　　　　　　**表7-8**

分类方法	细分	特征
按照业主的经营行为分类	投资经营	商铺业主购买商铺后自己直接经营
	委托经营	商铺业主出于保险起见，将商铺委托商管公司租出去，让别人经营
	租赁经营	业主为规避风险或没有足够的资金时，以租赁方式获取商铺的经营权
	一次性卖出	商业街完成招商工作后，将整个项目卖出
	租赁经营	照顾中小投资者的需求，不卖出商铺产权，提供使用权租赁的管理方式
	直接经营	商业街的管理公司直接引入产品，自行经营
	混合经营模式	将以上三种方式按照一定的比例混合经营

知识点

选择经营模式要根据商业街管理公司的能力来确定，直接经营模式和混合经营模式的难度要比单纯的租赁和买卖要复杂得多。

4. 商业街开发核心技术解密

商业街指以平面形式按照街的形式布置的单层或多层商业房地产形式，其沿街两侧的铺面及商业楼里面的铺位都属于商业街商铺。商业街商铺与商业街的发展紧密联系，其经营情况完全依赖于整个商业街的经营状况以及人气。每个人对空间个性都会产生一种感受，每个不同的广场、街道也都有自己的个性，怎样能够让消费者对购物环境有一种良好的感觉？

解密一：尺度的合理

很多大商厦，远看很雄伟，但缺乏人情味，这些并不是有个性的商业街。北京王府井大街经过改造以后，四五十米宽的大尺度，购物的人只能顺着一边走，不愿走之字形来回过到马路对面购物。过去王府井是老店街、名店街，每家店千姿百态，现在变成一眼看过去就是像政府办公大楼的几栋大厦，没有给人的尺度感。

尺度作为建筑用词，尽管尺寸是固定的，但小的尺度更能让人觉得很舒服、很亲切。柏扬讲过，美国的尺度体现的是马路非常宽，汽车非常宽，楼房非常高，好像是给巨人神用的。亚洲是鬼的尺度，主要是香港、东京的楼房非常高，给人非常压抑、狭窄的感觉。欧洲是一种人的尺度，小镇、小桥流水都很有人情味。所以尺度舒适应该以欧洲的商业街、步行街这种模式，而不是像美国那种自大自狂的尺度。

知识点　美国纽约百老汇大道之所以集中了众多的豪华商店、餐馆、旅社、影剧院、音乐厅和博物馆，成为世界最大规模的商业街，主要是缘于纽约市600万有很强购买力的人口。

解密二：风格的营造

商业街的建设必须注意保护和继承城市所拥有的历史、人文和文化传统，使其成为城市整体建设的一个组成部分。商业街区的形成都具有历史缘由和大众逐渐认可的过程，规划建设中应尽量避免使用推倒重建的方法，否则商气会大损。商业街的古老历史文化遗址，在改造建设中应更好地融入新的规划中，使传统与现代相结合。

链接

京城商业街散发着京味

如北京环故宫的几个商业街，从其发展演进看，虽接紫禁城，但都未为突出自己、炫耀自己而干扰古都的城市主调与风貌。这些商业街建筑的平均高度、体量、格局以及建筑的形制、色彩等诸方面，都注意到都城的文化特色，构造出一种独特的氛围，并与古都风貌浑然一体，相得益彰。给人的印象是，京城里的商业街，说不上显赫华贵，但有股子大家风度，透着北京文化的那种厚度和迷人的魅力。

解密三：细节的魅力

现在商业街的外观设计已经不仅仅建筑材料，包括用装饰材料、灯箱广告，干花、灯饰、招牌等各种各样的软性装饰，目的是为了营造繁华感和商业氛围。商业街的细部处理，跟业态定位、店铺档次有关。每个商业街应该有自己的个性，而不是千篇一律，做餐饮酒吧一条街和国贸品牌店不应该采用同一种手法。从垃圾桶、座椅、花盆、电话亭到休闲广场，所有细节都要经过精心设计，强调整体风格的一致性，同时，又要通过这种"一致性"展现出"个性"，即该商业街的独特卖点。

解密四：整体的布局

国际流行的街景构造是，商业街内街景全为内置环廊式，内街的人流、物流畅通无阻，主体结构有三种形态：全开放式、全封闭式、半封闭式。在内街的各式人行步道上将装配众多的公共服务设施，如休闲桌椅、公用电话、ATM 取款机、自助银行、环保公厕、儿童乐园、园林景观、城市雕塑等。而目前中国城市的商业街大多数是借市成街的模式，近年来才开始注意到街道景观园林的建设。

解密五：空间的层次

商业街的三个空间层次是商业街开发最为核心的要点，简单地说，商业街要建多长、多高、多宽。这三个问题是把握商业街最终以何面目呈现的关键问题。

1）长度

商业街的一般长度为 500 ~ 700m，最高限为 1000 ~ 1500m。如王府井步行街 810m、重庆解放碑步行街 400m、沈阳中街步行街 950m、上海南京东路 1400m、哈尔滨中央大街商业街 860m、日本银座 1100m、香榭丽舍大街 1880m。

2）宽度

商业街适宜宽度为 20 ~ 30m，小型步行街宽度以 20m 左右为宜。如王府井步行街 38m、上海南京路 30m。同时，每人要有不低于 $4m^2$ 的面积。

3）高度

商业街宽度和高度的比例最好为 1：1，最高不要超过 1：2。上海南京东路步行商业街、哈尔滨专业大街步行街、沈阳中街步行街都为 1：1 的比例。从一般的情况看，步行街两旁的店铺建筑为二至三层为宜，最高不要超过四层，地下延伸则最多不要超过两层。

解密六：业态的规划

商业街不管是政府开发还是私营企业兴建，最终都是分散卖或租给中小业主，如果事先没有合理的规划和引导，难于形成商业街的主业和特色，很容易造成商品"千店一面、单调雷同"的局面，并难以形成规模效应，甚至相互影响，降低整个商业街的档次。

1）业态规划与定位的关系

商圈里业态越丰富，商圈经济也就越成熟，各业态根据商圈的特点，可以做到资源共享、优势互补。同样，在商业街这样一个完整的生态系统内部，各业态也应相互补充、协调发展，这样才能凝聚各业态的闪光点以强化和突显商业街的整体定位。

2）业态规划及配比

一般来说，商业街的行业结构呈现"三足鼎立"状：具备购物功能的占40%，具备餐饮功能的占30%，具备休闲娱乐功能的占30%（图7-7）。当然，这个结构并非放之四海而皆准的"经典定律"，主题不同的商业街在业态构成上将会形成不同的比重。

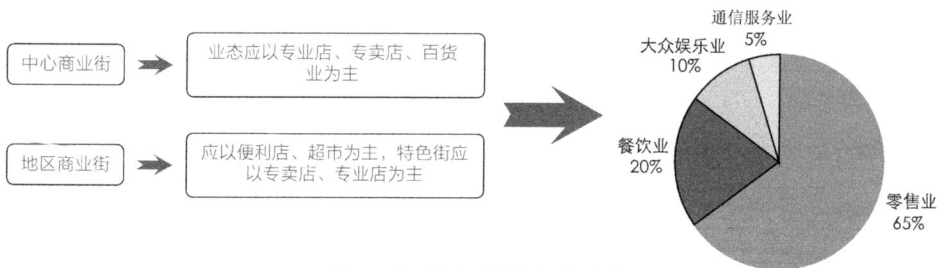

图 7-7　商业街最佳业态配比

知识点 商业街业态组合必须有主次之分，通常商业街的组成是以大型百货商店、专卖店、购物中心、大型综合超市为主，普通超市、便利店等作为丰富商业街的补充形式出现。

3）国外"豪布斯卡"化的启示

从世界范围来看，商业街在城市建设与发展的过程中，有过辉煌的繁荣，但也随着城市发展加快出现过衰退的状况。为了迎接严峻的挑战，振兴商业街，国外采取了"豪布斯卡"原则的措施，来重塑商业街的功能。

"豪布斯卡"化的商业街最主要的目的是把商业街变成生活街，即变传统的"购物街"为"生活街"，将商业街建成一个集购物、娱乐、餐饮、休闲、居住为一体的生活空间。按照"豪布斯卡"规则的功能区划为"三三二二"配比，即30%办公区、30%零售、20%服务、20%高档公寓（图7-8）。

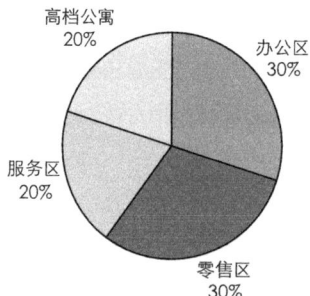

图 7-8　"豪布斯卡"化商业街业态配比

解密七：交通的通畅

交通问题向来是商业街建设的一个难点问题，主要表现在交通与流通的矛盾关系上，一方面交通带动流通，另一方面，流通又限制了交通，商业街往往车流、人流停留率特别大，特别是人们逛街、购物，要往返穿行一条繁忙的城市"公路"，人为造成交通和商业的"打架"。

国内经验：立体交通网络搭建

大量的人流意味着复杂交通流线的设计，交通网络的搭建特别是立体交通网络的设计越来越重要。例如上海南京路商业街，拥有 24 条地面公交线路、两条地铁线、市内环线高架路、市内铁路线以及黄浦江水运线，从而保障了南京路商业街的客流吞吐需求。中、小型商业街，在不具备立体交通网状的情况下，可采取平面互动交通网设计。条件再差，也要具备一侧、一面、两端交通疏导型交通网络条件。

国外经验：人车分流，商业街步行街化

从西方国家的实践检验看，解决这一问题的主要做法就是商业的岛区化，即"人与车的分离"，把商业活动区域从汽车交通的威胁下解放出来，兴建步行街。

操作程序

三、都市综合体

1. 都市综合体的概念和特征

都市综合体，是由城市的酒店、商业零售、办公、栖身、展览、餐饮、文娱等功能组成，并由它们组成一个具有多功能的城市综合体。北京的嘉里中心、国贸中心等都属于都市综合体。这些建筑功能齐全，规模宏大，在必然规模内能实现自给自足，形成"城中城"的经营体，能使建筑发生精彩的经济效益。

（1）都市综合体的构成

都市综合体的英文名称为 HOPSCA。这一英文名称的实际上都是六种业态的首写子母

构成（图7-9）。

H	Hotel，即酒店
O	Office，即写字楼
P	Public space，即公共空间，提供一个或几个城市公共活动广场
S	Shopping mall，即购物中心，由百货、超市、品牌店、室内步行街组成
C	Culture & recreation，即文化娱乐休闲设施，由电影院、KTV、特色餐饮、健身等组成
A	Apartment，即公寓

图7-9 都市综合体的构成

（2）都市综合体的分类

大型都市综合体是经济发展的必然要求，根据特点划分见表7-9。

都市综合体的分类特征 表7-9

分类	特征	代表案例
城市CBD中心的都市综合体	处于城市核心地段，具有高端客流、项目档次较高	如北京万达广场
交通枢纽型都市综合体	结合交通枢纽的便利，融合多种交通优势的综合体	如北京国瑞城
城市副中心都市综合体	城市副中心，是城市经济新增长点	如上海五角场、重庆南坪商圈、无锡滨湖区、沈阳铁西城市副中心等
城郊接合部都市综合体	由于很多的大城市市区已经没有能够找出占地5万m²以上的地块，因此很多都市综合体最大的选址可能是在城郊接合部	世茂·蝶湖湾

链接

曼哈顿都市综合体

纽约市中心的曼哈顿，是世界繁华之都。汇集了纽约著名的百老汇、华尔街、帝国大厦、中央公园、联合国总部、大都会艺术博物馆、大都会歌剧院等。这里还是世界上就业密度最高的地区，仅华尔街而言，长1.54公里，面积不足1平方公里的范围内，就集中了几十家大银行、保险公司、交易所以及上百家大公司总部和几十万就业人口。克莱斯勒大厦、洛克菲勒中心等著名都市综合体建筑造就了曼哈顿"世界中心"的美名。

（3）都市综合体的五大典型特征

1）超大空间尺度

都市综合体是与城市规模相匹配，与现代化城市干道相联系，因此室外空间尺度巨大。由于建筑规模和尺度的扩张，建筑的室内空间也相对较大，一方面与室外的巨形空间和尺度协调，另一方面则与功能的多样相匹配，成为多功能的聚集焦点。

2）通道树型交通体系

通过地下层、地下夹层、天桥层的有机规划，将建筑群体的地下或地上的交通和公共空间贯穿起来，同时又与城市街道、地铁、停车场、市内交通等设施以及建筑内部的交通系统有机联系，组成一套完善的"通道树型"（Access Tree）体系。这种交通系统形态打破了传统街道单一层面的概念，形成丰富多变的街道空间。

3）现代城市景观设计

应用现代城市设计、环境与行为理论进行景观与环境设计是都市综合体的重要特征。通过标志物、小品、街道家具、植栽、铺装、照明等手段形成丰富的景观与宜人的环境。

4）高科技集成设施

都市综合体既有大众化的一面，同时又是高科技、高智能的集合。其先进的设施充分反映出科学技术的进步是这种建筑形式产生的重要因素。室内交通以垂直高速电梯、步行电梯、自动扶梯、观光电梯为主；通信由电话、电报、传真、电视、互联网、电脑等组成；安全系统通过电视系统、监听系统、紧急呼叫系统、传呼系统的设置和分区得以保证。

5）地标式的城市建筑

都市综合体一个显著特点就是均在所在城市矗立了地标式建筑。如超高层酒店：济南万达广场 180m 高超白金五星级酒店；又如高层地标式双塔：无锡万达广场白金五星级酒店及酒店式公寓组成的玻璃雕塑双塔等。

2. 都市综合体的三个发展历程

现代都市中，习惯快节奏的人们需要在一个方便、快捷、经济、集多种功能于一体的综合空间里，享受高效率的生活和工作，于是都市综合体便应运而生。都市综合体的出现是城市形态发展到一定程度的必然产物。因为城市本身就是一个聚集体，当人口聚集、用地紧张到一定程度的时候，在这个区域的核心部分就会出现这样一种综合物业（图7-10）。

第一阶段：综合建筑体	第二阶段：独立综合体	第三阶段：大型综合群
在城市核心区域内为了降低综合商务成本而为之，比如在一幢高层建筑内集合办公、餐饮、商业等服务场所的独栋式综合建筑体	随着开发商开发规模的不断增大，规划了办公、居住、商业设施等多种独立场所，并通过一个连廊或其他各种形式将它们联结在一起，形成新型的独立式的都市综合体	都市综合体依地段而生，城市一般都在CBD区域就会出现高档次的复合建筑楼群。其功能不能是单一的，而是复合性的，从这一点来看，CBD本身就是一个庞大的综合体。如北京万达广场就是一个典型的CBD区域的都市综合体

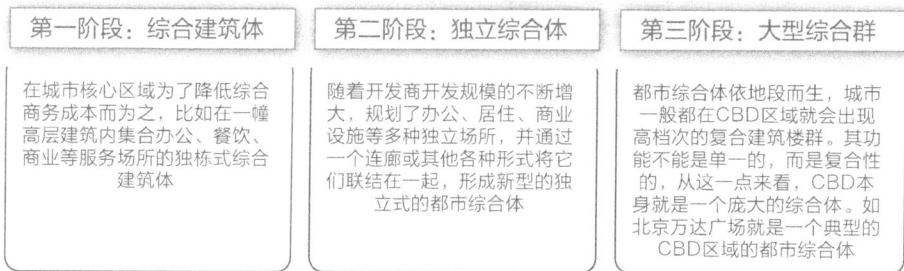

图7-10 都市综合体的三个发展历程

知识点

依北京的CBD规划方案为例，CBD整个建筑规模控制在1000万平方米之内，写字楼约占50％左右，公寓占25％左右，其余25％为商业、服务、文化及娱乐设施等。从一个大的综合体理念开始，再通过一个个小的综合体的建设，最后形成一个大的综合体，共同促进CBD的整体建设。

3. 都市综合体的开发标准

大型都市综合体建筑必须拥有齐备的生活系统，集公园、公寓、商场、写字楼、餐饮、休闲、娱乐、会所于一体。所以，其开发要注意以下几个特点：

第一，足够的土地开发空间

都市综合体属于综合性物业，由于对其建筑密度及容积率有特定的要求，所以最可能分布于城郊接合部，这样才能获得足够大的开发地块，以保证有足够的空间实现低密度的建筑模式。同时，由于城市土地的稀缺，都市综合体向城郊转移已是趋势。

都市综合体是商业地产的新型形态，其总面积均在 30 万 m^2 以上，形态多元，功能上互相补充，既能给居民带来方便，又可增加商业销售，集中体现了商业地产的核心竞争力。

第二，必须有营造园林景观的基础

都市综合体也是一个城中城，需要开发功能空间，那么就必须有大面积的绿化作为其营造园林景观的基础。

第三，交通便捷的区位优势

都市综合体与城市的经济有着密切的联系，这一切都需要与城市其他区域之间有快速便捷的交通网络作纽带，保证在综合体内的办公人员出行的便利性。最好位于地铁站或交通便利位置。交通的便利将为都市综合体项目带来大量的人流和物流，特别是为零售商提供持续不断的人流，保证所有资源使用的最大化。

第四，营造齐备的生活系统

为满足城市精英阶层的居住、消费、休闲、娱乐、社交等多种形态的高品质生活需求，大型都市综合体建筑必须拥有齐备的生活系统，其中必须具备一定规模的大型购物中心、五星级酒店和国际化写字楼。

同时，因为综合体建筑包含多方面内容，所以一个综合体要有自己的一个专业的物业管理公司，根据不同的功能部分引进最为专业的合作伙伴，共同来管理项目，从而为业主提供周到的服务。

第五，功能的调整与转变

都市综合体，在共生、互利的前提下，实现多功能的综合，使建筑具有物质组成上的规模优势，从而当城市需求发生转变时能进行自我调整。各类功能互为填补，整幢建筑可以在必然规模内实现自给自足，形成"城中城"的经营体例。

都市综合体适合经济发达的大都会和经济发达城市，在功能选择上要根据城市经济特点有所侧重。一般来说，酒店功能或者写字楼跟购物中心功能是最基本的组合。

四、公寓

1. 公寓概念及分类

公寓名称是 apartment，它是商业地产投资中最为普遍的一种地产形式。公寓不属于自住型物业，而是暂住性物业。其主要作为中高等收入人群，短程商旅或旅游短期租用。通俗来说，公寓分为酒店公寓、商务公寓和通俗公寓这三种类型。

（1）普通公寓

大部分产权属于住宅性质，打着公寓的名号。以前产品主要从烂尾的酒店、尾盘或户型较差的户型单元改造而成；现在大部分都是小户型住宅单元产品，但是通过营销的手段，以公寓的性质销售。

（2）商务公寓

商务公寓，是既能办商务又可以栖身的一种产物，但在建筑术语中没有这种称谓，这是人们按照功能界定的一个不规范的俗称。商务公寓除了自住客户外，很多用于小型公司作为办公使用。

（3）酒店式公寓

酒店式公寓，简单一点就是如同酒店一样的公寓。酒店公寓首先是公寓，只不过它与酒店融为一体，软件和硬件与酒店相似。

公寓三种类型的典型特征见表7-10。

公寓三种类型的典型特征　　　　　　　　　　　　　　　**表7-10**

特征	普通公寓	商务公寓	酒店式公寓
用地性质	住宅	综合性用地或商业用地	商业用地
产权性质	公寓	商务公寓，非纯写字楼	商务公寓或公寓
产权年限	70年	40年或50年	40年
户型	户型面积小，30～60m²		面积较小，主力户型主要在90m²以下
装修	精装修交房标准，拎包即可入住		装修档次较高，按照星级酒店的设施标准进行建筑的外部及内部设计，体现档次与舒适性
位置	无特别要求	一般处于城市核心地段及商务中心区	大多位于城市核心繁华地带、商圈周边，交通方便
配套	配套设施完善	配套设施完善	配套设施完善
功能	居住	既可居住，又可办公，具备写字楼功能，在部分城市可注册公司	居住、商务

特征	普通公寓	商务公寓	酒店式公寓
价格	销售价格一般高于区域整体水平	价格相对写字楼较低，首付最低可达2成，按揭可达20~30年	一般以只租不售和产权式经营为主
物业管理	物业管理提供高于普通住宅的额外优质服务	专业物业管理，偏重商务服务功能	大多聘请国际知名品牌物管公司，专业酒店管理集团提供专业、细致、科学的酒店式服务，因此物业管理费也较高

2. 公寓与住宅的区别

（1）产权区别

公寓为商用，水电费按商用算，土地使用年限为50年，不可以签户口。住宅水电费按民用算，土地使用年限为70年。

（2）税费区别

公寓交纳的税费和土地出让金都比住宅要高，所以公寓的销售价格要比住宅稍高。

（3）产品区别

公寓普遍的特点是位置属于中心地段，一般以小户型全装修出现。居住人群主要以长住的商务客群为主，看重的是便利的位置和准酒店式的居住体验，同时比酒店低的租金。但也有极个别的是不同的产品，如上海的王子晶品，是大户型超豪华的产品，但是客群只是层次更高，以家庭一起过来居住的长住商务客。这类人群通常只是住个一年半载的，所以对于酒店式的享受很在乎，同时对于有无燃气供应，水电是否平价并不在乎。

（4）功能区别

公寓要在保证基本居住功能的基础上，更讲究舒适性，功能的完备性、服务和结构的合理性。首先，单套公寓的面积要达到120m²，这样它才能在室内功能分区上做得比较好，面积过小，公寓楼就不能体现分区，舒适性和功能性就大打折扣。而且，公寓的空间面积也应该大，这个空间面积主要体现在层高上，早期的一些住宅，不太强调层高的问题。公寓的平面面积大了，如果层高不够的话，容易让人产生压抑感，所以公寓一般要求层高在2.8m

以上。在配套上，公寓要达到 24h 电梯和 24h 热水供应的标准。

（5）建筑质量和建筑标准

在建筑质量和建筑标准上，公寓基本以板楼为主，通风性要好，阳光充足，其他的公寓和住宅没有什么本质区别。

（6）其他区别

普通住宅，一般是以家庭为单位居住，2 房 3 房为主力，品质档次高低不同。居住人群主要看中居住环境、绿化、学校等配套。由于是长期居住，因此要关心物业费、水电费等开支，交通便利也很重要，但是较之商用人群还是有一定容忍度，允许新盘之后再完善相关的生活配套设施。

3. 公寓典型产品代表之——酒店式公寓

酒店服务式公寓，意为"酒店式的服务，公寓式的管理"，是一种只做服务、没有酒店经营的纯服务公寓。酒店式公寓最早源于欧洲，是当时旅游区内租给游客，供其临时休息的物业，由专门管理公司进行统一上门管理，既有酒店的性质，又相当于个人的"临时住宅"。国内的酒店式公寓最早出现在深圳，然后在上海、北京等地均有开发，经济发达程度成为酒店式公寓立项的基本条件。

酒店式公寓作为近年来一种新兴的物业类型，由于地段好、总价低、易出租，既可以出售换取买卖差价，也可以收取租金，换取长期的投资收益等特点，成为不少市民置业投资的首选。

酒店式公寓作为国内能够提供酒店水准服务与管理的高档公寓，一般依托于 4 ～ 5 星级酒店而存在，在酒店管理机构的统一管理下经营。酒店式公寓是酒店长租客房的一个变种，对客户来说，是比较便宜而且可以享受比较自由住家生活的酒店客房。

4. 公寓典型产品代表之——酒店公寓（或公寓酒店）

酒店公寓指按公寓（单元式）分隔出租的酒店，按旅馆建筑处理，既有公寓的属性，又有酒店的属性。

（1）公寓酒店与酒店式公寓、产权式酒店的共同点

从居住角度来说，它的租金要比租住真正酒店更实惠。这类产品针对的客户主要是外籍公司外派员工、国内私企中高层及度长假的家庭。

（2）酒店公寓与酒店式公寓、产权式酒店的区别

酒店公寓与酒店式公寓、产权式酒店之间的区别是：酒店式公寓没有酒店统一经营功能，是享受酒店式服务的公寓。酒店公寓不单拥有高档公寓的硬件设置，且由专业的酒店管理公司进行管理，星级服务品质可以满足客人的需求。

5. 公寓典型产品代表之——产权式酒店公寓

产权式酒店公寓是指开发商将酒店的每个单元出售给个体买房者，由拥有产权的业主或者委托酒店治理公司统一出租经营。所以，可以说它是拥有私人产权的酒店。产权式酒店没有公寓的功能，是一种投资性物业，业主缺乏相对的自行处置权，只是每年拿固定回报，还有若干免费进住权，有点像分时度假酒店。

操作程序

五、写字楼

1. 写字楼的概念

写字楼就是专业商业办公用楼的别称。严格地讲，写字楼是不能用于住人的。写字楼的作用是集中进行信息的收集、决策的制定、文书工作的处理和其他形式的经济活动管理。作为收益性物业，写字楼也常常被用来全部出租，以收回投资和取得利润。

2. 写字楼的分类

写字楼主要分为两种：一是甲级写字楼，一是 5A 写字楼。

（1）甲级写字楼

甲级写字楼是一种通行叫法，并没有固定尺度。它是在以港台商人为代表的外商与内地开发商合作开发涉外写字楼的过程中，逐步引进并流行起来的词汇。写字楼按照其综合质素不同，可以划分为甲、乙、丙等几个等级。从一般意义上讲，国际上判断甲级写字楼有 8 大特征：管理国际化、24h 写字楼、人性化、空间的舒适性和实用性、数字化、节能化、便捷的交通和商务化。

（2）5A 写字楼

5A 标准是目前较流行的评定方式，但 5A 标准有两种评定方式：一种狭义的，一种是广义的。

1）狭义 5A 写字楼标准

狭义 5A 写字楼主要是针对智能化硬件方面，包括：OA（办公智能化）、BA（楼宇自动化）、CA（通讯传输智能化）、FA（消防智能化）、SA（安保智能化）。

2）广义的 5A 写字楼标准

广义的 5A 写字楼标准主要是指综合 A 级评定标准，包括：

第一，楼宇品牌标准 A 级

写字楼是一个城市创造文化与财富的特定空间，写字楼的品牌形成，需要产品的差异化特征、商务文化特征、服务经营理念、地域标志性物业和城市历史记忆。从一定意义上说，处于"生产链条最高级"的写字楼的发展脉络，折射出了一个城市的发展历程和特性。因此，成为城市商务区地标性建筑的写字楼，其品牌要与城市有极大的关联性，对城市的未来发展具备重要的价值。 因此，具备较大的区域影响力、能与城市品牌和谐统一的写字楼品牌将评定为楼宇品牌标准 A 级。

第二，地理位置标准 A 级

地理位置是投资和购买写字楼的关键要素之一。只有区位在城市现有或潜在商务区、地段良好、具有较高投资价值的写字楼才能获得地理位置标准 A 级。

第三，客户层次标准 A 级

客户层次指的是入驻写字楼的业主或租户层次。大多数写字楼客户都有择邻而居的心理，因此一个写字楼的客户层次通常是趋同的。同时，客户层次的高低也直接影响了新的业主或租户的投资决策，因为较高的客户层次对他们的公司形象有较好的提升作用。

第四，服务品质标准 A 级

服务品质一方面体现在高效的物业管理上，另一方面体现在对入驻企业的专业化商务服务上。两者俱佳，将认为其具备服务品质 A 级标准。

第五，硬件设施标准 A 级

主要考核建筑设计和建筑功能的创新，以及其所用的建筑技术、标准层高、标准承重、弱电系统、新风系统、电梯、智能等。

在上述方面如果有两项以上不能达到优良，则不能获得硬件设施标准 A 级。

3. 写字楼十大典型开发要点

第一，写字楼开发要求交通便利、基础设施完备、位于城市的 CBD、行政配套齐全；

第二，建筑设计风格鲜明，气势宏大，外立面装修质素较高；

第三，平均每 200m^2 至少有一个停车位；

第四，楼层吊顶后净高 2.6m 以上；

第五，平均每 5 层有一部电梯服务，等待时间不超过 30 秒；

第六，最少具备 50 ～ 60W/m^2 电力供应，并配备足够的后备电力供应设施；

第七，平均每 20m^2 建筑面积有一条电话线，提供或支持 DDN、ISDN 线路、备有视像会议设备；

第八，提供四管式空调系统和 24h 空调供应；

第九，拥有声名卓著且具备相关经验的物业管理公司；

第十，设施齐备，包括有银行、邮局、商务中心及餐饮等系列配套，且均以服务于大厦客户为主。

操 作 程 序

六、酒店

1. 酒店的概念

酒店，英文名称为 HOTEL，来源于法语，当时的意思是贵族在乡间招待贵宾的别墅，在港澳地区及东南亚地区被称为"酒店"，在中国被称为"酒店"、"饭店"、"宾馆"、

"旅店"、"旅馆"等。

2. 酒店应该具备的基本条件

一个具有国际水准的酒店，首先要有舒适安全并能吸引客人居住的客房，具有能提供有地方风味特色的美味佳肴的各式餐厅，还要有商业会议厅，贸易洽谈时所需的现代化会议设备和办公通信系统，旅游者所需要的康乐中心，游泳池、健身房、商品部、礼品部以及综合服务部，如银行、邮局、书店、花店、美容室等。同时，各单位要有素质良好的服务员，向客人提供一流水平的服务。归纳起来，现代所谓的酒店，应具备下列基本条件：

（1）它是一座设备完善、众所周知且经政府核准的建筑。

（2）它必须提供旅客的住宿与餐饮。

（3）它要有为旅客以及顾客提供娱乐的设施。

（4）要提供住宿、餐饮、娱乐上的理想服务。

（5）它是营利的，要求取得合理的利润。

3. 酒店的分类

酒店是利用设施、设备、消费环境和消费性物质资料，通过接待服务来为住客提供住宿、餐饮、娱乐、购物、消遣而取得经济效益和社会效益的经济实体。酒店的分类方法有很多，市场上主要有按功能、建筑规模、星级标准三种方法划分。

（1）按酒店功能分类

1）商务型酒店

它主要以接待从事商务活动的客人为主，是为商务活动服务的。这类客人对酒店的地理位置要求较高，要求酒店靠近城区或商业中心区。其客流量一般不受季节的影响而产生大的变化。商务性酒店的设施设备齐全，服务功能较为完善。

2）度假型酒店

它以接待休假的客人为主，多兴建在海滨、温泉、风景区附近。其经营的季节性较强。度假性酒店要求有较完善的娱乐设备。

3）长住型酒店

为租居者提供较长时间的食宿服务。此类酒店客房多采取家庭式结构，以套房为主，房间大者可供一个家庭使用，小者有仅供一人使用的单人房间。它既提供一般酒店的服务，又提供一般家庭的服务。

4）会议型酒店

它是以接待会议旅客为主的酒店，除食宿、娱乐外还为会议代表提供接送站、会议资料打印、录像摄像、旅游等服务。要求有较为完善的会议服务设施（大小会议室、同声传译设备、投影仪等）和功能齐全的娱乐设施。

5）观光型酒店

主要为观光旅游者服务，多建造在旅游点，经营特点不仅要满足旅游者食住的需要，还要求有公共服务设施，以满足旅游者休息、娱乐、购物的综合需要，使旅游生活丰富多彩、得到精神上和物质上的享受。

6）经济型酒店

经济型酒店多为旅游出差者预备，其价格低廉，服务方便快捷。特点是快来快去，总体节奏较快。

7）连锁酒店

连锁酒店可以说是经济型酒店的精品，诸如汉庭、如家等知名品牌酒店，占有的市场份额也是越来越大。

（2）按酒店建筑规模分类

目前对酒店的规模，旅游主管部门还没有一个统一的划分标准。较通行的分类方法是以客房和床位的数量多少，区分为大、中、小型三种（表7-11）。

⊕ **酒店按建筑规模分类表**　　　　　　　　　　　　　　　　　　　**表7-11**

类别	特征
小型酒店	客房在300间以下
中型酒店	客房在300～600间之间
大型酒店	客房在600间以上

（3）按酒店星级划分分类

分级标准是按国家旅游局颁发的按设施设备评定标准、设施设备维修保养评定标准、清洁卫生评定标准、服务质量评定标准和宾客意见评定标准五项来评定的，主要分为五级。

1）一星酒店

设备简单，具备食、宿两个最基本功能，能满足客人最简单的旅行需要，提供基本的服务，属于经济等级，符合经济能力较差的旅游者的需要。

2）二星酒店

设备一般，除具备客房、餐厅等基本设备外，还有卖品部、邮电、理发等综合服务设施，服务质量较好，属于一般旅行等级，满足旅游者的中下等的需要。

3）三星酒店

设备齐全，不仅提供食宿，还有会议室、游艺厅、酒吧间、咖啡厅、美容室等综合服务设施。每间客房面积约 $20m^2$，家具齐全，并有电冰箱、彩色电视机等。服务质量较好，收费标准较高。能满足中产以上旅游者的需要。目前，这种属于中等水平的饭店在国际上最受欢迎，数量较多。

4）四星酒店

设备豪华，综合服务设施完善，服务项目多，服务质量优良，讲究室内环境艺术，提供优质服务。客人不仅能够得到高级的物质享受，也能得到很好的精神享受。这种饭店国际上通常称为一流水平的饭店，收费一般很高。主要是满足经济地位较高的上层旅游者和公费旅行者的需要。

5）五星酒店

五星酒店这是旅游饭店的最高等级。设备十分豪华，设施更加完善，除了房间设施豪华外，服务设施齐全。各种各样的餐厅，较大规模的宴会厅、会议厅、综合服务比较齐全。是社交、会议、娱乐、购物、消遣、保健等活动中心。环境优美，服务质量要求很高，是一个亲切快意的小社会。收费标准很高。主要是满足上层资产阶级、政府官员、社会名流、大企业公司的管理人员、工程技术人员、参加国际会议的官员、专家、学者的需要。

4. 酒店发展的四个历程

随着商品活动使人类扩大活动的范围，从而产生居住等更多的需求，也就使酒店的基本功能日益增加，这从酒店的四个发展阶段不难发现。

第一时期：客栈时期

产生于18世纪前，当时名称是客栈，设备简陋，安全性差，仅能提供住、吃，服务质量差。

第二时期：豪华酒店时期

产生于19世纪初，当时英国的产业革命促进了生产力的发展，使人类社会进入工业时代。第一家豪华旅馆别墅在法国建成。此时酒店的接待对象主要是王公贵族、达官显贵、商人、上流社会度假者，接待目的为非盈利，常建于城市和铁路沿线。

同时，由于蒸汽机的出现，商品的进一步丰富，交通也开始发达，从而导致酒店的开设位置有所变化。

第三个时期：商业酒店时期

在20世纪初至"二战"期间，第一家商业酒店在美国出现，其位置位于城市中心或公路旁，此时的酒店已能提供舒适、便利、清洁的服务，安全为服务宗旨，价格合理。此时汽车酒店已开始出现。

第四个时期：现代酒店时期

始于20世纪40年代，直到现在。此时的酒店具有一些明显的特点，如酒店连锁经营，高科技运用（在客房装上互联网、使用新型的装饰材料等），同时宾客要求酒店提供更为个性化的服务。酒店的市场定位更为专业化，各类型酒店开始充分发展。

5. 酒店开发的六条经验

面对一个全新的领域，如何成功地进入这个市场？怎样科学而理性地开发酒店？如何开发一个成功的酒店产品？如何管理酒店资产？怎样从酒店运作中获取最大利益？这些对部分开发商与地产投资商来说都是相对陌生和新鲜的话题，因为他们中的大多数都是初涉酒店业，急需了解如何融资并按酒店业的运作规律建成一个符合市场需求和定位的酒店。

（1）不要盲目追求高星级和集团化

虽然中国酒店市场总体趋好，但大部分二、三线城市一定要注意经营环境及产品定位。许多开发商是第一次投资酒店，但出于树立地方形象或领导者个人喜好等各方面的原因，不顾当地是否有支撑一家五星级酒店的市场，就要投资修建五星级酒店，埋下隐患。新酒店产品的开发要充分考虑当地的市场基础，不要无谓地追求最豪华、最高档和高星级的硬件和品牌。

酒店后天经营中出现的问题也有一部分可能是前期投资失误造成的，因此一个成功的酒店应包括明确的市场定位、围绕市场定位的酒店风格设计、科学的投资分析、好的管理者等几个关键因素。

（2）理性开发经济型酒店

目前国内经济型酒店主要是以如家和锦江为代表，管理模式也相同，都是通过租赁、装修后经营，主要在长三角和珠三角发展；但其他地区发展这种经济型酒店不太可能，因为那些地区根本不可能承受 200 元的平均房价，租赁物业的方式也面临瓶颈，别的地区发展经济型酒店应该还有别的模式，不要拘泥于一种模式。

（3）谨慎对待产权式酒店

针对近几年兴起的产权式酒店，许多国际酒店集团都表现得相当理智，这是因为产权式酒店在全球不是主流产品。产权式酒店多与度假酒店相关联，但中国的休闲度假市场还未培育起来，内地许多著名的景区也都没有里程碑式的度假酒店，而除了被称为"中国的佛罗里达——三亚"外，中国真正称得上是度假胜地的地方并不多。

目前国内产权式项目存在两个不清晰：一是开发商不理解风险投资的概念；二是开发商并不了解市场，只是拿一个舶来的概念炒作，多数开发商只是一个项目公司，发生问题后无从追究责任。

（4）了解国际资本的运作规则

摩根士丹利、德鹰银行、雷曼兄弟等国外机构投资者每年都会有上百亿美元的资金在中国寻求投资项目，它们最为关注度的是北京和上海两个城市，以及这两个城市的五星级和经济型酒店。但由于这两个市场的投资价格上升很快，这些国外机构投资者的关注点也在向苏州、无锡等二线城市转移。由于中国二线城市的四星、三星酒店的平均房价与五星级之间跨度明显，所以他们基本不考虑四星、三星酒店市场。未来几年可能会更多地关注经济型酒店，但不会购买某一家经济型酒店，而是会关注一些经营管理公司。它们虽然看好经济型酒店市场，但要想在中国找到终端市场很困难，对国外机构投资者来说，要了解这个市场的定位和客源构成困难重重。

（5）酒店设计注意融入地方特色和使用本地材料

一个国家在快速成长的过程中借鉴一些成功的项目是必需的，但成长期后就会更关注自己的文化。最近的一些建筑项目已有将中国的传统文化反映到比较现代的格式当中，传统的风格也可以有很舒适的设施。建筑是对市场的一种反映，反映市场的需求，开发商和业主已经不像过去那样盲目崇拜西方的东西，他们已不反对使用当地的风格和材料。酒店的内部设计可以在本地选择一些原材料，这样方便他们从本地选用这些材料来维护和更新；同时，酒店设计时应有一个商业计划，让业主知道它根据的是一个什么标准，并将这些标准如何反映到设计中。

（6）选择管理公司要有充分的法律准备

所有者和管理者的合作就是一个"结婚"的过程，要考虑双方的利益以达到平衡，比如知识产权、服务协议、规范的法律文件等，这一过程需要律师的适时参与。好的律师不是告诉你法律是什么，而是提醒你有哪些风险？如何避免这些风险？很多时候人们会先签订一个谅解备忘录再进入其他文件的探讨。这个谅解备忘录包括业主的基本义务（设计、融资、补偿某些风险损失等）和经营者的义务（管理酒店、使利益最大化、达到设定的标准、承担某些风险等）以及所有者更换、不可抗力、酒店更新等特殊问题。

操作程序

七、社区商业

1. 社区商业的概念、起源及发展历程

社区商业是一种以社区范围内的居民为服务对象，以便民、利民，满足和促进居民综合消费为目标的属地型商业，社区商业是城市商业空间中的一个重要层次。社区商业所提供的服务主要是社区居民需要的日常生活服务，这些服务具有经常性、便利性但不一定价格低廉的特点。

（1）社区商业起源

社区商业最早于 20 世纪 50 年代在美国出现。当时由于家庭汽车的普及，以及城郊新

建的发达的高速公路，使得城市居民大量向郊区扩散，由此产生了专门为郊区新建居住区居民服务的社区商业。

（2）社区商业的本质是依附于社区

社区商业与住宅社区有着密不可分的关联，住宅社区是社区商业的土壤，社区商业的价值依附于住宅的价值，社区商业的利润也依赖于住宅的居民消费。社区商业的建设对小区的形象、配套和人气，以及客户的服务是很好的补充，尤其当住宅无法表现社区形象时，社区商业可以展示社区公众形象、品牌和服务，更可以展现出社区的品质。

（3）社区商业的发展阶段

社区商业在我国的发展经历了三个阶段：

第一阶段：家带店阶段——分散经营，配套服务单一。

第二阶段：社区自有生活配套——业态丰富、特色经营、分布集中。

第三阶段：大社区配套阶段。

底商、会所及特色商业街成为目前社区商业的成熟模式，因此，可以判定，我国大部分城市已经成功迈入第二阶段。

2. 社区商业的五个特征

从各城市的社区商业发展规划可以看出未来社区商业将具有以下特点：

（1）业态特征

多采取超市、便利店、专卖店、连锁店、专业店等业态形式，根据用户的需求，有效开展网上销售、电话订购、送货上门，送餐、送货、上门理发、维修等项服务，而居民日常购物消费将在居住地500m范围内完成。

（2）业种特征

社区商业普遍位于小区的中心位置，涵盖的业种有：早点快餐店、美发美容店、洗染店、摄影店、日用品小超市、生鲜副食土产店、肉制品专卖店、修配服务站、物资回收站、洗浴中心、服装加工等。

（3）辐射特征

辐射范围更广的社区商业则还有名牌企业的连锁超市、品牌专卖店、24h 便利店、餐饮连锁店等正规企业的连锁店，既能满足传统的衣、食、住、行需要，又能适应新型的消费需求。随着商业地产的逐渐成熟，社区商业得到了巨大的进步。一大批社区购物中心、社区生活广场、社区娱乐休闲一条街等众多社区商业项目开始出现。可能在定位上提出超出社区服务范围的口号，但是从实际情况来看，它们多数仍是以服务社区居民为主要目的，特别是居住区内部的商业设施。

> 知识点
>
> "51015"是衡量社区商业的基本指标。它的服务人口一般在5万人以下，服务半径一般在2km以内。由于这一商业的属性决定了它的总规模一般应控制在3万m²左右，商业业态的设置也有较强的针对性。实现居民步行5分钟可到达便利店，步行 10分钟可到达超市和餐饮店，骑车15分钟可到达购物中心。

（4）档次特征

目前国内的社区商业还处于起步阶段，社区商业主要以历史形成的沿街商铺为载体。这种商业形式是自然形成的，缺乏统一规划，业态档次普遍较低，社区商业功能不全。

（5）发展趋势

从发展趋势判断，社区商业将是未来商业投资的重要市场机会，同时也将是商业地产发展的重要推动力。社区商业出现的初衷本是方便本社区的居民购买消费，为本社区的居民提供各种服务，其服务范围首先是社区范围，然后考虑向周边区域辐射。在规划定位时，如何实现好服务功能是最关键的。

3. 社区商业的分类方法

（1）按照承载社区商业建筑集散程度及整体布局分类

按承载社区商业建筑集散程度及整体布局不同，社区商业主要表现为社区底商、社区商业街、社区商业中心三种形式。值得注意的是，社区商业的三种表现形式并非完全分离开来，有相当一部分项目的社区商业配套是多种形式的组合。

1）社区底商

所谓社区底商主要是指利用楼盘底层或低层作为商业用房，以满足自身或附近区域内消费者的各种需求，其组成的社区商业主要表现为"邻里商业"（图7-11）。社区底商是物业范畴，是相对于建筑类型而言的，以住宅、公寓等物业作为商业、服务业设施的底层建筑为主，低层为次，它们是社区配套实体组成部分。

图7-11 社区底商示意图

社区底商的特征见表7-12。

⊕ 社区底商的特征　　　　　　　　　　　　　　　　表7-12

商业辐射半径	1km左右
居民步行到达时间	5min范围内
服务人口	2万～3万人
建筑形式	开发利用住宅、公寓等物业的底层建筑
业态组合	零售商业和服务业
配套设施	强调本社区的特色，突出社区底商和居住环境"软硬"条件集中配套，着眼于生活服务为主，使社区底商因社区生活配套而存在
功能	可以作为小区配套型购物中心，区别于城市购物中心区

2）社区商业街

社区商业街是指位于住宅社区内的以平面形式按照街的形态布置的单层或多层商业物业（图7-12），其沿街两侧的铺面及商业楼里面的铺位都属于商业街商铺，社区商业街内的商铺多为独立铺位。

社区商业街的产生主要是

图7-12 社区商业街——欧帕克大道

基于小区周边商业配套不能充分满足居民的日常生活需要而起到必要的补充作用，因而在住宅开发较活跃或大型商业配套设施比较缺乏区域的社区商业街的开发体量都比较大。结合全国各地的开发状况，组成社区商业街的建筑形态主要表现为 1 ~ 3 层商业楼或住宅建筑底层商铺。社区商业街的特征见表 7-13。

⊕ **社区商业街的特征**　　　　　　　　　　　　　　　　　　　　　　**表7-13**

商业辐射半径	3~5km
居民步行到达时间	15min范围内
服务人口	3万~5万人
空间布局	沿街式、裙组式、会所式
建筑形式	底商＋裙楼＋底层纯商业建筑
业态组合	购物、餐饮、服务业及其他
配套设施	居住环境"软硬"条件集中配套，社区生活配套齐全
功能	从规模上看，社区商业街小于城市中心区的大型商业街和城市区域中心的中型商业街，属综合型的小区小型商业街，与住宅区融为一体，成为一条真正的"生活街"

3）社区商业中心

社区商业中心是各种业态的社区商业服务网点相对集中的商业地域，是各类社区商业网点的集合体，在目前众多大型社区中，社区商业中心也被称为社区商业广场。

社区商业中心是房地产大盘时代的产物，其规划建设的根本出发点是节省社区居民生活购物的时间成本，以高度集中的商业运作模式服务社区中各个组团区域及辐射区域。

已建成的住宅区一般选择在已经具备一定商业基础的地区，通过改造和业态调整，形成"沿街式"的社区商业中心，而新建住宅区一般以购物中心的业态形式为主，规划建设社区商业中心。社区商业中的特征见表 7-14。

⊕ **社区商业中心的特征**　　　　　　　　　　　　　　　　　　　　　**表7-14**

商业辐射半径	3~5km
居民步行到达时间	15min范围内
服务人口	5万~10万人

建筑形式	底商＋裙楼＋组层纯高商业建筑＋会所中高层酒店
业态组合	超市、便利店、药店、快餐店、餐馆、酒吧、专卖店、休闲娱乐中心等
配套设施	集购物、服务、休闲、娱乐于一体，能满足居民多样化的消费需求；以生鲜食品超市为主力，融各种便利的餐饮、娱乐、健身、服务设施为一体，满足居民一站式的消费需要。可以实施组团式开发，融合各种商业业态；配置的商业面积不低于2.5万m²
功能	在面积、服务人口、商店数目等方面都介于城市区域型购物中心与邻里型购物中心之间

4）社区底商、社区商业街与社区商业中心异同（表7-15）

🌐 **社区底商、社区商业街与社区商业中心比较表**　　　　　　　　表7-15

商业类型	选址	组成物业	物业范围	服务层次	辐射范围
社区商业中心	人流高度集中区域	底商＋裙楼＋组层纯高商业建筑＋会所中高层酒店	必要日常生活＋一定量精神享受＋商务	高	社区及周边辐射区域
社区商业街	人流相对集中区域	底商＋裙楼＋底层纯商业建筑	必要日常生活＋一定量精神享受	较高	一般为单个社区
社区底商	在社区主要入口	利用楼盘底层或者低层作为商业用房	主要方便居民就近购买生活必需品，为居民提供必要的生活服务功能	低	服务人口一般在5000人左右，商业服务网点数5个以上

（2）按建筑形式划分

按照建筑形式的不同来划分，可以分为集中型社区商业、步行街式社区商业、围合式（封闭式）社区商业和离散型社区商业（图7-13）。

集中型社区商业　　　　围合式（封闭式）社区商业

社区商业按照建筑形式的四种分类

离散型社区商业　　　　步行街式社区商业

图7-13　四类社区商业

1）集中型社区商业

集中型社区商业主要指其商业部分一般为底商，且属于连成一片的塔楼，其中有多达数层的集中商业建筑，辅以其他底商的社区商业形式。

第一，由于此类社区商业的建筑形式使得各商业部分比较集中，因此可以营造出比较好的商业氛围。

第二，一般此类社区商业规模较大，在3万~5万 m^2 以上，具有较大的商圈辐射能力，但前提是这里要有比较集中、总规模较大的社区群，才能有足够多的消费支撑。

第三，在功能和商业组合上，需要有较大吸引力的品牌商家，如超市、大卖场等提供日常所需物品的商家；其次，在周边市场环境和竞争状况允许的条件下，甚至可以引进百货等休闲购物设施。

链接

集中型社区举例——明日嘉园

位于北京南三环与南四环之间的马家堡西路一带，聚集了大大小小十来个社区，总共建筑面积超过200万 m^2 的社区群。而这个区域是随着北京市政府对北京地铁交通新规划之后，陆续开发的住宅项目，一直以来都比较缺乏商业。其中明日嘉园建筑面积虽只有20万 m^2，但规划了接近5万 m^2 的社区商业，其建筑形式就属于上述的集中型社区商业，其中的主力业态包括接近10000万 m^2 的美廉美超市、儿童乐园、服饰广场以及各色餐饮等，目前已经开业。

2）步行街式社区商业

顾名思义，步行街式社区商业的建筑形式虽然大都以底商的形式为主，但从总体来看，其内部动线纵横交错，形成了和传统步行街相似的建筑结构。

就目前国内的社区商业项目来看，以步行街的形式来操作社区商业的项目还比较少。按照步行街的形式来操作社区商业有很多的好处。

第一，它可以把总体商业规模较大的社区商业均匀的分为几个部分。

第二，同时还可以把分散的、独立的建筑有机的联系在一起，不管是住宅、写字楼还是商业。

第三，步行街历来是消费者比较钟爱的一种商业建筑形式，从各大城市的商业中心都以步行街为核心的现状，就可以看出步行街在商业地产中的地位。因此借助步行街的商业建筑形式更容易让社区商业走向成功。

第四，步行街式社区商业比其他形式的社区商业更易于规划和功能的分区，更有利于后期的经营，是社区商业发展成社区商业中心比较值得推广的手段。

第五，这种社区商业形式需要注意的是，尽量在规划设计前期就做好调研和定位等工作。因为这种建筑形式由于比较分散，比较难形成大面积的集中区域，从而很难符合一些主力商家的建筑和面积要求，导致大商家不能入驻是非常可惜的事情。

链接

步行街式社区商业举例——郑州新天地商业街

位于郑州市东南部，银基商圈东南，熊洱河与陇海路之间的郑州新天地房地产项目，其商业部分规模在5万m²左右，在建筑结构上形成一个一横两纵的街道格局，在二层还有一个环行连廊，把整个社区连接起来，即方便了消费者又达到了美化建筑外观的作用。

其商业定位为集购物、旅游、餐饮、休闲、文化和娱乐为一体的多功能商业综合项目。三大主力店包括加拿大宽屏立体巨幕电影品牌IMAX、prame outlets品牌折扣和大型超市。另外，还规划了数码广场、流行服饰一条街、美食一条街等商业功能。

3）围合式（封闭式）社区商业

所谓围合式社区商业就是建筑围绕中心环境而设计，与中国传统建筑布局有相类之处。围合式（封闭式）社区商业功能分区比较明显，便于形成商业氛围，又不破坏整体商业气氛。同时，有利于安全和管理。但是，围合式（封闭式）社区商业会对围合的住宅居民生活品质会产生影响。

4）离散型社区商业

离散型社区商业指社区商业的规模本身不大，建筑形式大都为零散的底商，且单个商铺的面积都不大，没有比较集中的商业建筑，因此也无法引进大型的商业形态。

前面提到的自发型社区商业大都属于这样的社区商业类型，但一些新兴住宅项目的配套商业也是这种类型，缺乏规划和前期的可行性分析，致使社区商业在整个项目的开发中处于不太重要的地位，商业最终的成败完全交给小业主和经营商家自己把握。

这类社区商业由于规模有限，且缺乏大型主力商业的带动，因此很难对更大范围的消费者形成吸引力；其次，其商业功能必然以满足社区居民的日常需求为首要目标，所以也很难做出特色。因此这类社区商业大都默默无闻，永远也只能担当商业中的配角。

（3）按服务对象分

社区商业根据其服务对象的角度可分为：内向服务型社区商业、中间型社区商业、外向服务型社区商业（图7-14）。

图7-14 社区商业按照服务对象分类的三种形式

1）外向型社区商业

外向型社区商业是指在满足本社区居民的前提下，吸引大量的外部消费群以支撑经营的社区配套商业类型（图7-15），是三种类型当中对外经营性质最强的社区商业类型，通常商业体量较大。

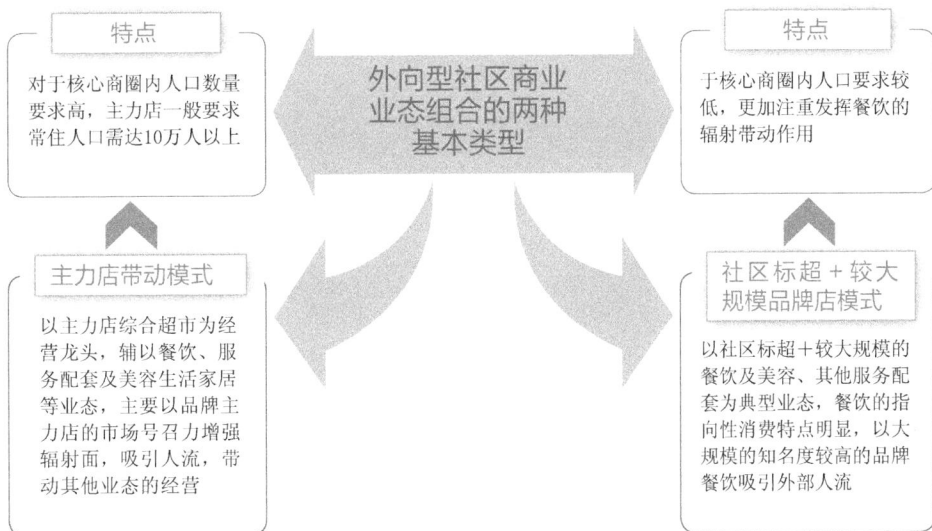

图7-15 外向型业态组合

结合深圳美丽365花园、锦绣江南、海滨广场、招商海月花园四个项目发现，外向型社区商业中超市、餐饮、休闲娱乐、美容美发四大业态比重较大，其目的吸引外部人流（表7-16）。

⊕ **四大社区商业项目外向型业态比率**　　　　　　　　　　表7-16

外向型社区商业	商业（m²）	业态比例（%）							
		超市	餐饮	便利店	服务配套	美容	生活家居	休闲	其他
花园美丽365	16，000	40.2	8.6	0.9	11.9	13.1	2.2	0	23.1

续表

外向型社区商业	商业（m²）	业态比例（%）							
		超市	餐饮	便利店	服务配套	美容	生活家居	休闲	其他
锦绣江南	25，000	0	8.8	0.7	27.2	26.3	9.8	0.8	16.6
海滨广场	18，000	15.9	35..2	1.1	2.6	3.4	1.9	10.4	28.4
招商海月花园	28，000	7	25.5	1.4	30.8	10.3	0	0	24.9
综合（平均数）	21，750	15.6	19.2	1.03	18.1	13.2	3.5	3.6	23.3

2）中间型社区商业

中间型社区商业是立足于本社区居民，兼顾外部消费群的社区配套商业类型，兼有外向型社区商业的部分特征。

3）内向型社区商业

内向型社区商业则是在规划时基本只考虑本社区消费群的社区配套商业，通常商业规模以本社区居民消化程度为限。

4）三种社区商业的比较特征

按服务对象分，对社区商业分类主要依据六大因素来判断：项目商业面积与住宅面积的比率、人均商业面积、主力业态、商业分布形式、所处区域性质和交通条件。社区商业分类的核心标准是商业面积与住宅面积的比值，一般为 5% 和 2%（图7-16、表7-17）。

外向型社区商业　　　　中间型社区商业　　　　内向型社区商业

图7-16　三种社区商业

🌐 **三种社区商业的各种常规指标** 表7-17

商业类型	商业面积/住宅面积	人均商业面积	主力业态	商业主要分布形式	所处区域性质	交通条件
外向型社区商业	≥5%，一般不超过20%	≥2㎡	大型超市/餐饮、休闲	环绕街铺型、入口集中型	商业区/住宅密集区	良好，临城市主要道路
中间型社区商业	2%～5%	1～2㎡	社区超市/餐饮、休闲、服务配套	入口集中型、入口街铺型、以点带面型	商业区/住宅密集区	较好，临城市主要道路
内向型社区商业	<2%	<1㎡	小型超市、餐饮、服务配套	入口街铺型、以点带面型	住宅区	较好/一般

4. 社区商业的四大开发要点

要点1：大型集中式商业卖场需要把握商业整体性

实际上，无论大卖场也好，shoppingmall 也好，它们都是大型集中式卖场的一种。与住宅底商不同的在于，它们更重视对商业整体性的把握，这主要体现在商场运作的专业性上。

从目前的几个大的商业地产项目来看，都是将整体的商场划分为小商铺来进行销售，对于投资者而言，开发商的责任感与实力相当重要。

要点2：社区底商开发要有度

有部分开发商盲目开发社区底商，造成有商铺无人开的局面，大大影响了小区的整体形象。社区商业要考虑居民的便利性，它与居民的日常生活息息相关，对整个区域没有太多的辐射性。开发商开发太多的社区底商，反而破坏了社区的整体居住氛围。开发商应当最大程度地保持住宅的完整性。

要点3：合理确定商业规模

社区商业开发多大的规模才算合适。一般来说，有两种方法来判断：

一种是商业与住宅面积配比法，其中外向型的社区商业面积与住宅面积之比在

5%～11%之间、中间型的商业面积和住宅面积之比在 2%～5%之间、内向型商业面积与住宅面积的 2%以下。

另一种是人均面积推算法，其计算公式是：

社区配套商业规模 = 项目人口 × 人均商业面积（社区商业人均商业规模控制在 $0.4～0.6m^2/$ 人）。

要点 4：慎重选择商业组合模式

社区底商、社区商业街和社区商业中心是社区商业开发的三种模式。这三种模式在具体的项目过程中往往结合使用。譬如，一个 10 万 m^2 以内的社区一般采用底商 + 单栋商业楼，譬如社区商业中心一般采用集中式商场 + 商业街模式，中大型社区一般采用小型集中式商业 + 商业街模式等。

操 作 程 序

八、专业（批发）市场

1. 批发市场

（1）批发市场的概念

批发市场相对于零售市场而言，指对经营的商品以批发价进行批量交易，主要不针对最终消费者的一种商品交易市场。

对于商品的供应者与商品的购买者而言，批发市场担负着重要的功能：对生产者而言，批发商能代为执行部分销售功能，提供专家意见，储存货物，降低运费等；而对商品的购买者而言，批发市场能够预测消费者的需求，并为顾客收集、储藏、运送货物等。

总而言之，批发业在整个商品流通过程中扮演了储存、运送、分配及收集市场资料等多重角色，并可以减少上游制造商与下游经销商或零售商的接触频次，以达到降低交易成本的目的。

（2）批发市场的十二种分类形式（表7-18）

⊕ **批发市场的十二种分类形式**　　　　　　　　　　表7-18

依据所在地理性质分类	依据规模等级分类	依据层次等级分类	依据布局形态划分
产地型批发市场	大型批发市场	高级发市场	单体批发市场
集散型批发市场	中型批发市场	中级批发市场	批发市场群
销地型专业市场	小型批发市场	初级批发市场	批发市场群园区

1）批发市场依据所在地理性质分类

批发市场依据所在地理性质的不同，可以分为以下三种类型：

第一种：产地型批发市场

依托当地大型生产基地形成的产销一体化的批发市场。在国内，如长江三角洲经济区，有一批以大型生产基地与当地特色产业紧密结合的专业批发中心在近年兴起，他们凭借商品成本低，花色品种丰富及更新快的优势，成为一级专业批发市场。

第二种：集散型批发市场

即消费品中转流通的批发中心，主要是靠发挥资讯、交通和服务的优势发展起来的。其中，大型集散型专业批发市场往往是某类商品的传统集散地，是自发或经政府部门引导发展起来的。

第三种：销地型专业市场

即批发和零售兼营的专业批发市场，这些专业市场没有产业的依托，在资讯和规模上无法与大型集散批发市场竞争，只能面向当地居民开展小批量的批发和零售业务。

2）按照批发市场依据规模等级分类

按照批发市场依据规模等级分类（营业面积或营业额）的不同，可以分为以下三种类型（表7-19）。

⊕ **按照批发市场依据规模等级分类**　　　　　　　表7-19

大型批发市场	营业面积在8万m²以上，或年交易额达到10亿元以上的批发市场
中型批发市场	营业面积在3万m²至8万m²，或年交易额为3亿元至10亿元的批发市场
小型批发市场	营业面积在3万m²以下，或年交易额在3亿元以下的批发市场

3）按批发市场层次等级分类

按批发市场依据层次等级分类（软硬件水平）的不同，可以分为以下三种类型：

第一种：高级批发市场

具有高度的组织性，采用现代交易方式，管理制度健全，拥有先进的通信设备，必要的仓储系统，严密的安全保卫措施和规范的运行规划，具有物资集散、形成价格、信息集散、产品质量标准、市场促销、配套综合服务、推动生产规模化等多种功能，基础设施完善、建设水平较高、整体形象较好的批发市场。

第二种：中级批发市场

由初级向高级规范化、组织化市场过渡的市场。基础设施较为完善，市场配套较为齐全，但管理不够严密规范，缺乏完整的管理体系。

第三种：初级批发市场

交易方式较为传统，管理较为落后，基础设施不齐全，经营环境较差的批发市场。初级形态的批发市场是最低级的市场组织形式，多数小型日用工业品批发市场属于这一类。

4）按照批发市场布局形态划分

依据布局形态划分的不同，批发市场可以分为以下三种类型（表7-20）：

⊕ 按照批发市场布局形态划分 表7-20

单体批发市场	在空间布局上一个地段范围内只有一个批发市场的形态
批发市场群	在空间布局上一个地段范围内有若干个批发市场，彼此连成一片或者间隔较近的形态
批发市场园区	由政府主导、经过科学规划和审批程序、实行规范的园区平台管理和合理的功能分区，拥有较完善的配套设施和较大占地规模（50万m²以上）的市场形态，批发市场园区内一般拥有若干个市场集聚的批发市场群

2. 专业市场

（1）专业市场的概念

传统意义上的专业市场是一种以现货批发为主，集中交易某一类商品或者若干类具有较强互补性或替代性商品的场所，是一种大规模集中交易的坐商式的市场制度安排。其主要特点在于：

1）是一种典型的有形市场；

2）以批发为主，兼营零售；

3）集中交易，有一定数量规模的卖者，接近完全竞争的市场结构；

4）以现货交易为主，远期合同交易为辅。

专业市场的主要经济功能是通过可共享的规模巨大的交易平台和销售网络，节约中小企业和批发商的交易费用，形成具有强大竞争力的批发价格。专业市场的优势，是在交易方式专业化和交易网络设施共享化的基础上，形成了交易领域的信息规模经济，外部规模经济和范围经济，从而确立商品的低交易费用优势。

（2）各类业态市场分类

1）服装、服饰类市场

服装批发市场中有男女装、童装市场；鞋业又有中低高批发大类；百货、帽又是一个大类。以小商品而言，其内涵种类就有几十种，如饰品、礼品、布衣、窗帘等。服装市场是个起源较早，其内涵和发展已极其长远，从销售渠道看，有批发零售类市场，对象上说有国内、国际，产品分类中有男装，女装，童装，其中又有细分，因产品的内涵不同，男装中有西服、裤子、运动装、衬衣；女装：少女装、中老年装、职业装、羽绒服、衬衣、裘皮、皮革、毛衣、牛仔装等各系列，也有在许多大市场群中，进行细分，各形成专业的一条街，或是一个片区或单体楼。

2）食品类市场

食品行业包括小食品副食类、粮油类、花卉类、水果类、蔬菜类、水产（海鲜）类、美食一条街等。

3）家居类市场

家居市场包括家具市场、装饰材料市场、室内装潢用品等市场，这是个外延很广泛的区域。即可以每个单项形成独立的市场，又可以综合形成市场，如瓷砖市场、木材市场、板材市场。正因为它的散乱性和对地域的要求面积性，使它像服装鞋帽，小百货那么系统化形成大的综合性商贸市场。

4）机电类市场

机电类市场在二、三级城市，一般都是以临街门面的形式存在，往往形成机电一条街，以过境公路沿街，形成机电、汽配修理等综合的自发专业街。机电市场门面面积一般较大，在 20m² 以上,有的带维修和仓储,面积达到 50 ~ 100m²。

按业态分主要有:五金机电类、电动工具类、摩托车配件类、汽配市场、机械产品市场(食品机、包装机等小机械,挖掘机等大机械)、工业电器市场等。

5)旅游用品类市场

旅游购物市场在各国中,它一般都形成以首都为中心的综合市场(由于首都驻外使馆、驻外机构、交通等因素),以其他次级城市、旅游景点城市、景点形成的小特色市场或者是摊点。这和城市规模、旅游人口规模,以及旅游特色产品开发也相关。旅游市场实际就是地域的特产品市场,根据主流旅游者的分类,可分国内旅游用品市场和国际旅游用品市场,从经营模式上分景区摊点,市区集市和市区各主题商城(如北京友谊商店,元隆丝绸行)。

6)其他各类市场

茶叶市场、观赏类市场(花鸟、鱼、虫)、图书市场、药材市场、摄影婚纱用品市场、眼镜市场、布艺窗帘市场、邮币卡市场、美发用品市场、化工用品市场、古玩市场、电子市场等等。

(3)专业市场的四大特点

1)专业市场规模特点(图 7-17)

1 专业市场规模与经营商品的类型无必然联系

2 专业市场的规模缺乏可复制性

3 同类商品的专业市场不同的投资形式会影响规模大小

图7-17 专业市场规模特点

特点 1:专业市场规模与经营商品的类型无必然联系

规模大小和经营的商品的类型没有关系,往往和市场所处地域的市场支撑能力、投资商的实力以及市场经营的方式等因素密不可分。

比如,同样是电子市场,专业经营电脑、配件、耗材及辅助设备北京中关村的海龙电子市场,规模庞大;而位于北京东南三环的"亿客隆南城电子总汇"则规模较小,其规模差别的原因在于中关村和北京南城电子消费市场需求的差别。

特点 2:专业市场的规模缺乏可复制性

不同实力的投资商即使在同一个地区,投资建设同样类型的专业市场,专业市场的规模也会差别很大，当然赢利能力也会差别很大。这种情况一旦摆在商铺投资者面前，选择不可避免。

特点 3：同类商品的专业市场不同的投资形式会影响规模大小

经营同样商品的专业市场，批发、零售的投资形式对其规模的影响很大。比如位于北京南城沙子口的办公用品批发市场，其规模约 1 万 m²，专业批发办公所需各类用品，在北京有很高的知名度，这种规模对于办公用品零售来讲一定是不恰当的。

2）专业市场规划设计特点

专业市场的规划设计并不复杂，开发商往往将每层合理分区或并分成几条步行街，商铺沿街布置或商铺按照"岛"形布置。步行街的长度建议不要太长，超过 600m，消费者同样可能产生疲劳、厌倦的感觉。

3）专业市场名称特点

专业市场的名称体现所在的位置和所经营的商品类型两大要素。这种名称方式可以给消费者提供尽可能多的信息。

4）专业市场商铺的特点

专业市场商铺的主要形式为铺位形式，极少铺面形式。专业市场商铺的投资回收形式有采取商铺出租的，也有些采取商铺出售方式的。从上述内容可以看出，专业市场商铺的投资回收形式差别较大。

比如，东方家园、英国百安居、德国欧蓓德都属于专营家居建材用品的专业市场，这类专业市场基本上都是由经营商统一经营管理；北京沙子口办公用品批发市场，属于批发类专业市场，经营商采取出租经营的方式；北京碧溪家居广场也属于专业市场，开发商就采取商铺出售、经营商接受业主委托统一经营管理的方式。

（4）专业市场投资开发要点

创建专业市场不是把市场的楼体建成，把商铺装修好卖出去就完了，而是通过对市场的科学管理经营，创造独特、畅通的市场物流模式，编制完善的产品销售网络，建立个性的品牌服务文化，并以全新的经营理念，为入驻的品牌和经营商培育市场，提升整体市场营销水平。

1）认清项目本质

专业市场是指相同系列的专业店、专卖店高度聚集的特色商业场所。专业市场所呈现的是特定的客户定位，特定的经营行业定位，这是区别于其他商业形态的主要特征。由于主题明确、系列商品配套齐全且又相对价格低廉，专业市场长期呈现出繁荣的现象。然而发展必须结合市场，盲目的倾向也会造成市场"有市无客"的局面。

2）避免同质化竞争，营造特色化产品

专业市场上所呈现的一个特点就是同类产品竞争激烈。整个专业市场上除所处位置不同外，经营的产品大同小异。这就需要对经营的产品多加推敲，寻找市场上的空缺点，营造特色产品，包括产品本身和经营模式。

3）挖掘市场潜力，打响市场知名度

专业市场与其他商业形态不同，所服务的对象比较单一，但客户范围比较广泛。知名度是商铺投资的一个重要因素，知名度就是品牌的体现，对吸引客源具有相当大的作用。如果做到良性循环，就可以维持市场的旺盛。有的专业市场可能表面上效益较好，但实际投资回报率并不高，各专业市场的客户因产品而异，挖掘专业市场潜力很大程度上是特色产品经营结果的另一体现。

4）寻觅市场机会，择址应注重物流

专业市场中经营批发类生意的比重较大，货物进出频繁，对商品的物流环节要求较高。一些看似繁华的地段其专业街经营情况并不理想，主要还是受到交通的制约。随着私车的增多，城市中心区域路面不容乐观，中心商业街的物流成本也就较高，所以中心城区不宜开设专业市场。专业市场不同于其他商铺，择址必须要充分考虑到物流的方便性、经济性，宜设于闹市区附近，地段不能太热闹也不能过于偏僻，同时也要注意专业市场对人气的聚集能力。

5）注重市场培育，实施专业管理

专业市场的成熟必定会经过一个发展过程，商业推广是否到位、经营管理是否专业，将直接决定其市场培育周期。专业市场仅仅通过租金优惠不是市场培育的根本，根据市场寻求准确的定位，通过专业商业管理实现良性的持续经营，才是专业市场规避投资风险，实现物业价值的根本所在。

操作程序

九、地铁商业

1. 地铁商业的概念

地铁商业代表城市轨道交通中，与交通动线站点相连接的商业系统。因为地铁是人流的重要集散地，这与商业的发展需要相符，因此提供了两种业态之间的结合。

最近几年，地铁商业的概念迅速升温，地铁的商业功能和价值也开始为地产界和商业界所关注。地铁可以形成的持续、稳定聚合人群的特点将使其在未来商业发展中所表现出来的功能和附加价值得到更加充分的释放，对市民和观光客流的生活以及消费方面的影响也会逐步加强，这些因素是地铁商业之所以引发社会关注的环境基础。

2. 地铁的商业功能与价值

地铁的商业价值应该结合地铁自身的核心功能以及地铁客流的实际情况进行分析。主要包含空间、时间和客流三个层面的因素（图7-18）。

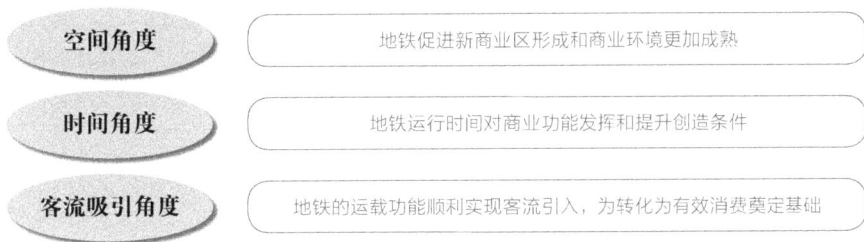

空间角度	地铁促进新商业区形成和商业环境更加成熟
时间角度	地铁运行时间对商业功能发挥和提升创造条件
客流吸引角度	地铁的运载功能顺利实现客流引入，为转化为有效消费奠定基础

图7-18 地铁三维商业功能与价值

（1）空间角度：地铁促进新商业区形成和商业环境更加成熟

从空间角度看，由于地铁的首要功能是满足载客要求，因此地铁商业功能的实现和挖掘就必须充分考虑到这个特点。

通常来说，国内各城市地铁线路所经过的地区大多是社区居住人口或者流动人口高度密集的区域，地铁经过的范围很大，也很容易使沿线形成一个新的商业区。比如北京的公主坟作为最早拥有地铁的区域，其商圈的形成和发展与具备地铁功能有着直接的因果关系。一般来说，地铁的客流要比其他交通方式更为密集，也更偏于高阶。

同时，地铁与商业的影响是双向的，地铁伸入的区域通常都具有良好的商业基础，而地铁的引入又会加速新的项目的诞生，使沿线商业环境更加成熟。

（2）时间角度：地铁运行时间对商业功能发挥和提升创造条件

从时间角度看，地铁通行区域的广泛和运营时间的相对饱满为商业功能的发挥和提升创造了很好的条件，地铁客流高峰在于一早一晚，而生活方式的进步将使得地铁对晚间消费和假日消费的刺激更为明显。

（3）客流吸引角度：地铁的运载功能顺利实现客流引入，为转化为有效消费奠定基础

从客流吸引角度看，地铁的运载功能可以顺利实现客流吸引，因此对于地铁的商业功能而言更为需要的是把客流转化为有效的消费，这一要求使得地铁商业具有更强的专业性，包括商业定位和规划以及商业组合等。

链接

世界主要的地铁客流说明

在地铁的日客运量数据方面：巴黎超过1000万人次、纽约为2000万人次、莫斯科800万人次、香港特区虽然地铁线路的总长只有43.2km，但其日客运量高达220万人次，最高时可以达到280万人次，其中九铁每天载客约75万人次；我国内地城市北京地铁每天流量为130万人次，上海达到100万人次，广州为60万人次。最近5年来，北京地铁共计运送乘客23亿人次；正在建设之中的地铁5号线运营全长27km，其设计全线日客运量将达50.2万人次。有如此规模的客流支撑，地铁的商业潜力自然可见一斑。

3. 地铁商业的分类及特征

我国大陆城市地铁建设地铁和物业开发相结合实例不多，香港和国外一些城市的地铁建成时间较长，地铁的物业开发较为成熟。目前地铁商业的分类如下：

（1）按照与地铁的关系分类

1）车站上盖物业

这种情况物业开发主要是在车站的上部及周围，物业开发以住宅、商业街、商业中心、大型商业综合体等形式与地铁车站结合。

香港地铁上盖物业就是地铁和房地产开发紧密结合的典型代表。香港铁路系统目前有港岛线、荃湾线、观塘线、东铁（广九铁路）、东涌线和机铁（香港至赤角机场），屯门和元朗地区的轨铁，远期有兴建中的西铁和其他各条支线。目前运营的轨道交通线路覆盖了香港主要商业区和居住区。在繁华的商业街区，地铁站的覆盖区已经连接起来，也就是说各个地铁站都与周边的商业和居住区有紧密联系，还有很多居住区与地铁站紧密地结合在一起，成为一个综合建筑体———地铁上盖物业。

这些上盖物业的共同点是：底层为换乘公交车站或者地铁站，与之相联的上面2~3层为商业建筑，在建筑的裙房上是环抱的高层居住建筑，中间是居住区中心花园，地铁上盖物业与地铁站都有良好的结合， 这些站已经成为区域的交通枢纽。

地铁上盖物业的实例还有加拿大的蒙特利尔市的地铁。在蒙特利尔市，地铁承担了城市的主要交通任务，不仅与地面的公交有很好的接驳，而且还连接了6个庞大的地下中心，人们通过地铁可以很方便地到达。

2）车站内商业

车站内商业开发，包括车站站厅层的商铺、交通枢纽车站的集中商业开发和地下商业街等，可以视具体车站的情况而定。车站内的商铺具体可以布置银行等为乘客提供便捷的服务。同时，由于商铺的立面风格比较灵活，与地铁的统一风格形成对比，增加了地铁车站的可识别性，丰富了地铁室内空间，减少行人在地下的沉闷感。

车站内商业开发也比较常见，典型的有香港地铁的香港站，还有日本福冈地铁天神站。天神站位于福冈的中心商业区，地下有商业街，地上有三越百货、福冈银行、西武百货等商业设施。这个站集中了新干线、西铁电车、地铁空港线3条轨道交通的枢纽换乘站，人流汇聚。地下开敞的商店、合理的疏散口、加上富有文化意味的室内设计，较好地将地铁和商业融合，消除了乘客、购物者在地下长距离的进行中产生的单调、沉闷的感受。

（2）按照商业空间形状

地下铁商业因为建筑的需要，可以有三种主要的方式：点式商业、条式商业、立体化商业。

1）点式商业

点式商业多为在地铁下的公共空间部分，如过道、候车点、出入口等设置的商业零售点，多以应急商品零售为需要，比如报纸杂志、饮料、电话卡等。这些点式的商业点多为地铁运营商经营或出租位置经营，提供一些基本的必要商业服务。

2）条式商业

条式商业多为一些街道式连接在一起的若干家商铺或店面构成的地铁通道商业，可能会设置在地下的通道上，也可能会设置在必经的一些地面上，其经营的主要是快速消费品，比如快餐店、药店、花店、书店等。这类商业与地铁的关系非常密切，主要的客群目标均是出入于地铁的客人。

3）立体商业

立体化商业则是位于地铁附近或相连的购物中心、超市等，而且规模相对比较大，包括多个楼层的经营空间，其中，大多有一些楼层是可以直接与地铁的通道相连接的，可以使出入地铁站的客流直接通过专用的通道进入卖场。同时，这类商业由于规模的原因，虽然是零售业态，但经营的品种很多，范围很广，目标客群也可以包括地面的行人。

（3）按照设施与地铁的关联程度

依据商业设施与地铁的关联程度，我们可以把地铁商业划分为以下几种类型：

1）站厅零星商业网点

地铁站厅内部零星的商业网点，面积小，以即时性消费商品和专业服务为主。面积较大的站厅内部商业设施，以便利性商品和服务以及流行性商品为主。

2）乘客通道空间

乘客通道的商业利用部分，比如可以采取"花车"等形式。

3）地下商场或商业街

地铁的地下商场或商业街，一般经营流行性服饰、皮具和其他中低档商品，目标消费人群通常可以确定为大中学生以及追求时尚的年轻一族，如上海迪美广场"香港名店街"、广州流行前线、大连胜利广场等。

4）地铁口周边商业

虽然很多项目不与地铁站厅直接发生关联，但却可以为往来商场的客流提供快捷的交通方式，这是很多城市中高档商业项目所考虑的因素。也就是说，商业项目可以通过地铁口和地上商业实现有机结合，依靠地铁口的交通便利性，带来巨大客流，从而带动地铁进出口周边商业的发展，形成一个辐射力很强的购物中心，如香港太古城。

地铁商业案例说明

面对北京地铁日均130万人次的客流量，物美集团在北京39个地铁站中开设了21间物美便利超市，既宣传了品牌，又取得了一定的经济收益。

香港太古城位于地铁太古站上盖，是一个典型的地铁上盖购物中心，1986年落成开业，是1979年香港地铁通车后首批落成的购物中心之一，以服务于周边写字楼员工以及港岛东区居民为主。太古城一家购物中心同时设有四家百货公司，包括日本UNY创富生活、英国马莎、香港永安百货和面向年轻一足的Log-On百货，太古城这样的商业组合是和它与地铁连通有着直接关系的，四家百货公司分别面向不同的服务客层，从而保证各自的生存和发展。

4. 地铁商业价值的主要体现

（1）地铁自身的商业转化和应用

举例来说，2000年香港地铁获得纯利40亿港币，成为世界上盈利最多的地铁，从收益比例看，1999年香港地铁72.5亿港币的经营收入中，票价收入占56.4亿港币，其余的收益都来自于地铁商业的增加值。东京地铁2002年度靠提供场地收取的租金有9亿日元，加上它拥有的38家便利店的57亿日元销售额，合计66亿日元，虽然这部分收入只占地铁总收入的2%，但也是一笔很大的收益。地铁站内不仅开设商城，也可以使站内和地上商业连成一片，从而形成独特的文化和商业以及较为成熟的商圈。巴黎地铁犹如一个"地下超市"，其地铁站中设有百货、报刊、饮食、音像、图书、服装鞋帽、礼品等商业网点800多家。在广州，洗衣店、银行、药店等均已跻身地铁站厅。上海在地铁1号线16个车站开设了20多个书报亭、13个洗衣店、13个快照服务部和14家快餐店。

（2）发挥和利用地铁的客流优势

上海人民广场下的迪美广场——香港名店街是较早的一个案例，广州天河城广场的迅速发展也与地铁进入有着密不可分的联系，北京的东方新天地结合地铁和王府井金街进行品牌结构调整也取得了很大的成效，这些商业项目应该可以称为国内地铁商业的典型代表。目前北京地铁一号线沿线与地铁拥有接口的商场主要包括：城乡贸易中心、百盛、首都时代广场、西单文化广场、东方新天地、贵友大厦、国贸商城等；二号线沿线商场有赛特购物中心、新世界中心、庄胜广场、华联、万通、西环广场、东方银座等，这些商场在北京零售商业中占据着重要的地位。

（3）地铁可以带动区域的商业规划和整合，放大商圈范围

目前香港主要购物中心基本上都是在 1979 年以后地铁通车后落成开业的。应该说，在地铁通车以前，虽然香港也有像位于港岛的英皇道和九龙的弥敦道等零售业高度集中的购物街区，但是由于交通条件的局限，消费者跨区购物的情况并不普遍，从而催生了区域性零售区的发展，零售面积在各区的分布也趋向平均。而香港地铁的通车，则大大提高了市民购物消费活动的范围。香港沿着地铁网络分布的大约 30 个购物中心，约占香港购物中心总数的五分之三，此结果充分显示出香港地铁对购物中心开发的影响，地铁成为香港购物中心项目不可或缺的元素。

5. 地铁商业开发的五个要点

地铁商业的开发具有很强的专业性，商业定位非常重要。考虑到地铁商业的特殊性，商业的定位必须要充分考虑到地铁客流自身的特点，而由于站位及其所处区域商业环境的不同，商业定位也会更多地体现出个性化的特征。通常来讲地铁客流大多以快速通过为目的，如果能够通过特色塑造，延长乘客逗留时间，将可能增大消费的有效性。因此，对地铁商业而言，如何将流动的乘客转化为有效的购买力是在商业定位中需要给予高度关注（图7-19）。

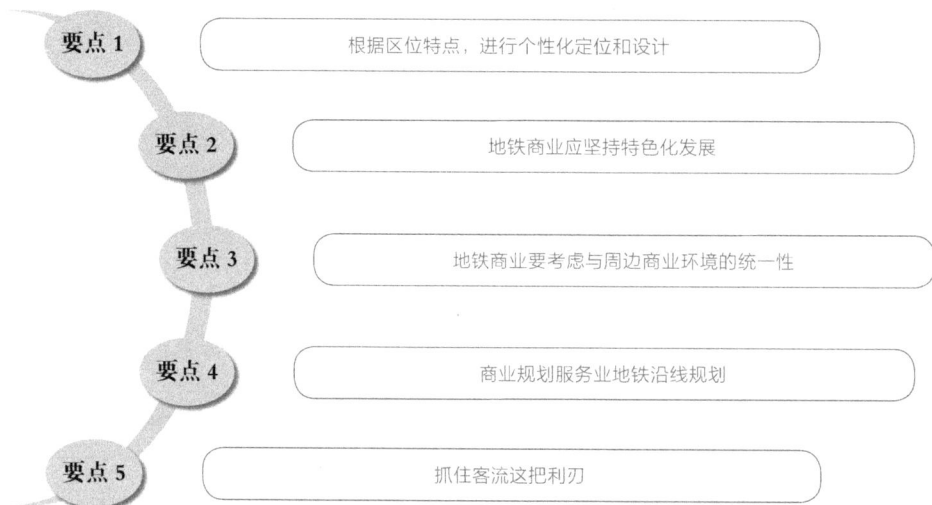

要点 1　根据区位特点，进行个性化定位和设计

要点 2　地铁商业应坚持特色化发展

要点 3　地铁商业要考虑与周边商业环境的统一性

要点 4　商业规划服务业地铁沿线规划

要点 5　抓住客流这把利刃

图7-19　地铁商业开发的五个要点

要点 1：根据区位特点，进行个性化定位和设计

如前所述，与地铁站联系程度的不同将直接影响到商业项目所采用的具体形式。站厅内的商场与上盖物业在侧重点上会有明显区别。站厅的商场在于满足"乘客"的商业需求，而上盖物业则是面对以"乘客"为基础的商场顾客，因而需要采取不同的商业组合。一般而言，站厅内的商品和服务选择性较弱，而通道商业则需要适度增加选择性，地铁上盖物业还需要考虑到关联性和复合性。北京物美和香港太古城就是两个形成鲜明对比的例子。

要点 2：地铁商业应坚持特色化发展

需要说明的是，错位经营只是为了避免恶性竞争而采用的权宜策略，并不是商业的真理。体现在地铁商业项目上，就是应该坚持特色发展与适应地铁人群全面需求二者并举。地铁商业特色的塑造难度大于一般性商业项目。因为客群的相对稳定性与快速性将使许多商业形态和商品不适合地铁商业的发展。比如针对一个高档购物中心项目，地铁的引入可能只是带来旺盛的客流，而不能形成有效的购买能力。我们必须要看到，对于地铁尚在萌芽和初步发展的中国城市，由于线路上的局限，地铁还仅仅作为多种交通方式的一种，由于线路较少的局限，目前阶段还难以调动高收入阶层融合到地铁客群中来，这一点我们与国际上地铁高度发达的城市有很大的区别，在这些国际城市，地铁同样吸引着相当一部分的高收入阶层。我们在考虑地铁商业定位的时候必须要对这一特点给予考虑。当然，随着各城市地铁线路的逐渐拓展和网络体系的逐步发达，地铁面向高端消费市场的潜力就会得到一定程度的释放。

要点 3：地铁商业要考虑与周边商业环境的统一性

高档定位的项目在引入地铁以后，应该如何协调商业规划和商品组合是一个很重要的话题。由于高档定位的商业项目需要安静和幽雅的环境，所以在目前阶段，地铁的引入与高档商业项目的营业能力提升还难以形成正比关系。以北京为例，与地铁相连的国贸商城是一个高档的购物中心，而地处北京西二环的万通小商品批发市场也与地铁相连，从二者的比较上讲，地铁对万通的商业利用价值将远远高于国贸商城。

要点 4：商业规划服务业地铁沿线规划

中国传统的优势商圈大多被老的国有百货所占据，随着城市的外扩以及城市经济的迅速发展，城市间的差距正在逐渐缩小，各个城市商品的丰富程度也更加接近，使本地顾客难以吸引而观光者购买冲动又极度萎缩两个方面的矛盾充分暴露出来，这其实也是造成处于商业旺地的传统百货难以振作的重要外因。地铁发展与城市的发展是紧密联系在一起的，因此配合地铁的规划引导沿线商业设施的合理布局，将对商圈的调整和消费力的再分配发

挥重要的作用，其潜在的商业机会就会得到更好的释放。香港购物中心的分布就是一个很好的例证。

要点5：抓住客流这把利刃

这是一个双向关联的因素，也就是说我们需要同步考虑乘客结构以及站位所处区位的特点两个因素，所以地铁商业的定位不能仅仅局限于地铁的乘客因素，如果认为有了地铁和地铁客流，商业就一定会红火是有局限的。乘客的流动并不直接表明消费的到来，消费的吸引和创造必须要靠合理的商业规划和卖点塑造才能完成。这就是我们所说的，必须注重把"乘客流"转化为有效"顾客流"的问题。

6. 地铁商业开发的模式及开发的原则

（1）开发模式

如前所述，将地铁建设与土地综合开发相结合，统一规划，一同实施，对城市的发展有着积极的作用，所以地铁的建设之初应多加考虑，并根据当地的特点选择与之相协调的开发模式。开发的模式各地有不同的特点，总的来看大致有以下3种：

1）地铁公司自行组织开发

这种模式是由地铁公司自行开发的形式。就是地铁公司作为开发商具体操作沿线土地的物业开发的全过程，开发所得利润和所冒的风险均有地铁公司独自承担。由于前期投入资金较大，风险也大，这种模式比较少用。

2）地铁公司和开发商联合开发

这种模式是由地铁公司和开发商合作开发的形式。一般由地铁公司提供用地，开发商提供资金和开发经验，并负责具体操作，双方按协议的规定分享增值利益。地铁公司得到的开发利润内部转化为地铁的建设投资。这种模式比较常用，香港地铁就是采用这种方式进行运作的。例如香港地铁机场线的香港站的物业开发就是一个由中国银行、恒基地产和新鸿基地产组成的发展财团承担的，分6期进行，合作协议是5万 m^2 的物业归地铁公司拥有，其余的都归开发商拥有。

3）开发商承担地铁设施建设

这种模式由开发商承担地铁设施建设的形式是通过法律，要求相关的开发商负责地铁设施的工程或承担建设费用。比如，要求开发商负责修建进入该地块的出入口通道或其他设施，提供建设用地（包括结构用地和临时施工用地）。再比如，当一个新发展区的开发商要求地铁线延伸到其开发地块时，则延伸部分的工程费用可由该开发商承担等。

总之，开发的模式主要是地铁公司和开发商的合作关系。开发的前提是地铁公司在建设前期就完成沿线有关车站、车场上盖或周边地区的土地发展权，然后邀请地产商签订协议合作发展沿线车站及车场上盖的物业。

（2）地铁商业开发的原则

地铁和物业的综合开发涉及面广，成功的经验值得参考借鉴，但也要在实践中探索、研究符合当地实际情况的有效的开发方案。要充分考虑土地综合开发的可行性，对地铁经过的地点，尤其在郊区，开发什么性质的建筑，多少容量，与地铁站如何衔接等问题都应仔细研究。还有车站综合开发和空间利用的形式内容也是多方面的，如前所述，可以结合车站的施工技术和车站的多余的空间进行车站内的综合开发，也可以以车站为载体与其相结合进行车站上盖及周边的物业开发，内容灵活多样，可以建商业办公楼、公共设施、住宅等。设计中应把握好如图 7-20 所示的原则。

图7-20 地铁商业开发的四条设计原则

新手知识总结与自我测验

总分：100 分

第一题：你印象中最知名的购物中心有哪几个？请写出 6 个。（4 分 / 个，共 24 分）

_____

_____

_____

第二题：商业街可分为哪几种形式？（16 分）

_____

_____

_____

第三题：大悦城、万象城、万达广场、宝龙城市广场、来福士广场等很多商业地产项目开始走异地扩张之路，它们成功的关键是什么？（30 分）

_____

_____

_____

思考题：地铁商业以及未来的高铁商业其前景如何？其主要客户群、商业建筑、体量、经营业态上有何独特性？（30 分）

_____

_____

_____

_____

得分：   签名：